高等学校科技文献检索丛书

丛书主编　杨守文　季淑娟

科技文献检索实用教程

（本科分册）

主编　邓要武　励燕飞　康延兴

科学出版社

北京

内 容 简 介

本书是按照教育部对文献检索课程的基本要求，在吸取国内外最新研究成果和教材精华的基础上，结合作者长期从事文献检索课程教学和信息检索实践撰写完成的科技文献检索教材。

全书内容主要涵盖：文献检索的基础知识，图书、期刊等十类文献资源的检索与利用，SCI、CNKI 等国内外主要综合性检索平台，工具类软件，几十个学科的资源导航，学术论文写作及相关注意事项如国内期刊遴选体系，如何选择研究主题等实际案例解析，科技查新。

本书具有全面、系统、实用的特点，适合作为本科生科技文献检索课程的教科书，也可作为从事教学、科研、管理及其他与信息检索相关的广大读者的参考工具书。

图书在版编目(CIP)数据

科技文献检索实用教程. 本科分册/邓要武，励燕飞，康延兴主编. —北京：科学出版社，2018.8

（高等学校科技文献检索丛书）

ISBN 978-7-03-057888-4

Ⅰ. ①科… Ⅱ. ①邓… ②励… ③康… Ⅲ. ①科技情报-情报检索-高等学校-教材 Ⅳ. ①G254.97

中国版本图书馆 CIP 数据核字（2018）第 127835 号

责任编辑：任俊红 / 责任校对：王　瑞
责任印制：吴兆东 / 封面设计：华路天然工作室

科学出版社出版
北京东黄城根北街 16 号
邮政编码：100717
http://www.sciencep.com

天津市新科印刷有限公司印刷
科学出版社发行　各地新华书店经销
*
2018 年 8 月第　一　版　开本：787×1092　1/16
2026 年 1 月第九次印刷　印张：16
字数：360 000

定价：46.00 元

（如有印装质量问题，我社负责调换）

序　言

北京高科大学联盟，简称北京高科（Beijing Tech），于 2011 年 10 月 19 日在北京组建成立，是全国规模最大的进行全方位合作的高校联盟。联盟高校包括西安电子科技大学、北京科技大学、北京邮电大学、北京交通大学、北京化工大学、北京林业大学、华北电力大学、哈尔滨工程大学、中国地质大学（北京）、中国矿业大学（北京）、中国石油大学（北京）11 所高水平行业特色型大学，燕山大学于 2015 年成为北京高科第 12 所成员高校。北京高科的 12 所大学在学科设置上涵盖了电子信息、网络与通信、铁路公路交通、新材料、化学化工、新能源、冶金、电力、地质、矿业、石油、林业、生态环保、造船业、核工业、重型机械等国家战略工程领域。

北京高科大学联盟图书馆（简称高科联盟图书馆）是由北京高科大学联盟主导推动的高校之间协同共建的文献资源生态系统，于 2012 年 10 月 25 日正式成立，成员馆包括北京高科院校所属 12 个大学的图书馆。工作目标是构建文献资源共建、共知、共享的信息服务战略合作平台。自成立以来，高科联盟图书馆依托联盟内各高校鲜明的行业办学特色和突出的学科群优势，以实现资源联合共建共享为宗旨开展了一系列卓有成效的工作。

2016 年 1 月 22 日，在高科联盟图书馆解决方案分享会上，联盟各馆达成共识：围绕文献检索课教材聚集体智慧策划组织出版一套丛书，旨在为联盟各馆普遍面临的文献信息检索教育问题，提出解决方案。在高科联盟图书馆第九次委员会议上正式批准启动文献检索课教材编纂工作，参会的 10 个成员馆均参与了丛书的编写。随后组建了编写委员会，并由联盟高校中有丰富文献检索课教学经验的教师组成了写作团队。高科联盟图书馆第十次委员会议上，进一步明确了写作目标，提出走精品路线，务必保质保量完成新书编写工作。

丛书编委会对本套丛书的编写工作给予高度重视，先后召集了三次编委扩大会议，为本丛书把关定向。2016 年 7 月 13 日，举行了新书编委第一次会议。编委会成员一致认为应针对学生分层次编写，分别面向本科生、专业硕士和学术硕士，以丛书分册形式出版，以“出精品、创品牌”为宗旨。此次会议明确了编写思路，落实了牵头馆和主编单位。2016 年 10 月 19 日在科学出版社召开了丛书编委会第二次会议。最终确定丛书名为“高等学校科技文献检索丛书”，四个分册名分别是《科技文献检索实用教程》（本科分册）、《文献信息检索与案例分析》（学术硕士分册）、《科技文献检索实用教程》（专业硕士社会科学类分册）、《科技文献检索实用教程》（专业硕士自然科学类分册）。会议明确了各分册写作思路及时间节点，按 32 学时编写。本科分册和学术硕士分册侧重文献信息检索的基本方法培训，按通识教育课程编写；专业硕士分册则侧重具体数据库操作。2017 年 3 月 22 日在科学出版社举行丛书编委会第三次会议。各分册第一主编汇报了编写内容、编写进度、存在的问题及下一步安排，共同商讨丛书的体例、架构、风格、时间进度及质量把控，就丛书编写过程中存在的问题提出了相应的解决办法，进一步明确了写作思路，为本套丛书的最终完成铺平了道路。

《科技文献检索实用教程》（本科分册）是由长期从事文献检索课第一线教学的教师与长期从事图书馆培训、科技查新、查新审核、信息咨询等工作背景的作者们合力打造。首先，该书具有全面、系统、务实、实用的特点，严格按教育部对文献检索课的基本要求编写，并吸取了国内外最新研究成果和教材精华，其内容与知识点覆盖全面。其次，从科技文献检索的基础知识入手，各章节内容逐步深入，归类编排并提出具体问题的解决方案，从而充分彰显了该书的系统性。另外，根据编者多年教学与工作的经验，归纳总结并着眼解决读者在文献信息检索和利用方面可能遇到的实际问题，使读者学有所用。最后，该书图文并茂，以案例分析、常见问题的解决方案、具体问题的解决方法等编写方式，编者从实用的角度出发，针对读者常见问题提出行之有效的解决思路和方法，“授人以渔”，使读者真正成为科技文献检索与利用的驾驭者和信息资源的享用者。总之，该书既适合作为本科生科技文献检索课的教科书，也可作为从事教学、科研、管理及其他与信息检索相关的广大读者的参考书。

《文献信息检索与案例分析》（学术硕士分册）是以读者在文献检索中的应用为出发点，第一篇注重文献检索理论知识及检索原理等的阐述；第二篇重点介绍高校图书馆的资源和服务，讲述工学专业常用的各类信息源，并将理论与实践结合，分析总结文献信息检索的应用方法；第三篇结合学术硕士学科研究方向，以具体检索实例进一步阐述学科文献检索方法技能等。该书具有以下几个显著特点：一是以丰富的教学经验为基础，立足课程中学生对文献内容、资源、服务等的实际需求，融入图书馆资源评价、文献传递等工作的分析，紧密切合学术硕士文献检索的需要；二是关注前沿热点，内容新颖，介绍了大量的最新检索平台、分析工具及应用软件，有助于学生灵活运用文献分析，发散思维进行学术研究；三是理论密切联系实践，从基础知识到资源概括及服务介绍，再联系实际应用，内容详实有序，能有效帮助学生提高文献信息检索及综合利用的技能；四是实践应用部分突出，选择与学术硕士学习科研相关或应用度高的资源、服务、检索平台及应用软件等编撰内容，梳理出科研工作思路，实践指导性非常强。

《科技文献检索实用教程》（专业硕士社会科学类分册）深度分析了文献信息检索的基本知识及相互关系，并根据文科类专业学生在校学习期间及未来走上工作岗位的需要，按文献出版类型分别介绍了资源获取的方法和途径。该书融入了中外常用数据库的最新检索利用方法，以崭新的角度和视野给出了人文社会科学类文献检索案例，深层次地讲述了信息素质、信息检索对科学研究及终身学习的价值。

《科技文献检索实用教程》（专业硕士自然科学类分册）紧跟新环境的需求与信息检索及管理的新技术发展，把信息检索和工程硕士研究生的各个培养阶段紧密联系起来，使得信息检索的功能得以充分发挥，从而加强学生主动获取信息和知识的能力。第 1 章论述了工程硕士培养过程中对于文献需求的特点；第 2 章注重文献检索理论知识及检索原理等的阐述；第 3～5 章按照网络资源的出版形式重点介绍了目前国内外著名学术资源的特点、使用方法及国内主要的文献保障及服务系统、学术资源的最新评价工具；第 6 章介绍了最新文献资源的管理工具，以提高学生阅读文献的效率。第 7 章结合工程硕士学科研究方向，以各学科文献检索的应用实例进一步阐述文献检索及分析的方法和技能。

本套丛书的编写与出版得到了社会各界的大力支持，特别是科学出版社为丛书的编写提供了全方位的支持和帮助，在此一并表示致谢！

编　者

2017 年 11 月

前　　言

在教育部印发的《普通高等学校本科专业目录（2012 年）》249 个专业的培养要求中，有 218 个专业明确规定学生应“掌握资料查询、文献检索及运用现代信息技术获取相关信息的基本方法”，专业数量占专业设置总数的 87.55%。随着科技的不断发展，网络信息检索已经逐步成为人们检索和利用信息资源的主要途径之一，这为文献检索课程的深入普及与发展带来了新的机遇，同时也给文献检索课程的教学带来了新的挑战。因此，加强文献检索课程建设，增强学生的信息意识，重视培养学生收集和处理信息的能力、获取知识的能力、从事科研工作的能力和创新能力，已成为培养 21 世纪人才的强烈要求。

本书是按照教育部对文献检索课程的基本要求，针对当前信息检索发展的新趋势和新特点，吸取国内外最新研究成果和教材的精华，在结合作者长期从事科技文献检索教学、科技查新、图书馆培训、信息咨询等工作经验和对读者文献信息需求认识的基础上写成的科技文献检索教材。

本书遵循“授人以鱼，不如授人以渔”的宗旨，力求帮助读者系统地掌握科技文献的检索原理与检索方法，深入了解各种检索工具、检索系统的适用领域和使用技巧，针对读者的常见问题，采用案例分析的方式，图文并茂地提出行之有效的解决思路和方法，使读者真正成为科技文献检索的驾驭者和信息资源的享用者。

本书侧重于网络信息资源的检索与利用，内容全面、系统，取材新颖、精练，写作务实、实用。本书适合作为本科生科技文献检索课程的教科书，也可作为从事教学、科研、管理等读者的参考书。

本书由北京交通大学邓要武、崔雁、方翔宇，中国石油大学（北京）励燕飞、景民昌、陈新花，西安电子科技大学康延兴、林强、王静，北京邮电大学许兵，北京林业大学李锐、游晓斌编著而成。其内容涵盖：科技文献检索的基础知识和理论；图书、期刊、学位论文、专利文献、科技报告等十类文献资源的检索与利用；Ei、SCI、CNKI 中国知网等国内外主要综合性检索平台或数据库介绍；常用工具类软件、信息资源的开放获取等网络信息资源检索与利用；电子类、机电类、数理化类、地质、矿业、石油、土木、建筑等几十个学科专业的网络信息资源导航；国内期刊遴选体系、国外著名检索工具收录期刊、学术论文写作规范、科研立项及申请报告撰写、学术论文收录引证检索等学术论文写作及相关知识；科技查新；如何挑大学选专业、撰写文献综述、选择论文题目和研究主题、开展学术研究等实际案例解析。

本书的编写大纲由邓要武拟订；邓要武、励燕飞、康延兴、许兵、李锐参与了本书编写大纲的细化工作，最后由主编邓要武负责完成了全书编写的详细目录、写作规范制定、写作任务分配、书稿审核方案等日常管理工作。各位作者写作情况具体分工如下。

邓要武撰写了内容简介、前言、绪论、1.1 节、1.2 节、2.1 节、2.3 节、3.1 节、5.1 节、6.1 节、6.5 节、7.1 节、7.3 节的内容。

崔雁撰写了 1.3 节、2.2 节、2.8 节、3.2 节、6.2 节、6.3 节、7.2 节、7.4 节的内容。

方翔宇撰写了 2.7 节、3.3 节、3.7 节、3.9 节、5.3 节、5.7 节的内容。

励燕飞撰写了 1.5 节、1.6 节、2.4 节、2.5 节、2.10 节、5.2 节、6.6 节、7.5 节、7.6 节的内容。

景民昌撰写了 1.7 节、5.6 节、6.4 节、6.7 节和第 8 章的内容。

陈新花撰写了 4.6 节、5.10 节、附录 4、附录 5、附录 6 的内容。

康延兴撰写了 1.8 节、2.9 节的内容。

林强撰写了 3.4 节、5.8 节、5.11 节、附录 7 的内容。

王静撰写了 4.5 节、5.12 节、附录 1、附录 2、附录 3 的内容。

许兵撰写了 1.4 节、2.6 节、3.8 节、5.5 节、7.7 节、7.8 节的内容。

李锐撰写了 1.9 节、3.10 节、4.1 节、4.2 节、4.4 节、5.4 节、5.9 节的内容。

游晓斌撰写了 3.5 节、3.6 节、4.3 节的内容。

主编邓要武、励燕飞、康延兴，副主编许兵和李锐对书稿进行了审核。全书最后由主编邓要武统稿。

本书在撰写过程中得到了北京高科大学联盟领导、丛书编委会、参编单位领导及出版社等各级领导的大力支持，任俊红编辑为本书的出版提供了契机。在此笔者代表本书所有作者对给予本书支持、帮助的所有相关人员表示衷心的感谢！

本书在编撰的过程中参考、借鉴了已出版的各种文献检索课教材、网络资源及其他相关文献，在此恕不一一注明，谨向相关单位、作者致以诚挚的谢意！

由于作者水平有限，加之编写与修订时间仓促，书中难免有不足之处，恳请同行专家、学者和广大读者批评指正。

邓要武

2017 年 7 月 9 日于北京交通大学

目　录

绪　论

0.1　信息爆炸带给人们的思考

21 世纪是信息化时代，网络的普及已经改变了人们的工作、学习和生活方式，信息化、数字化、网络化等构成了人们生存的信息社会。信息爆炸带来了数字化、多媒体、跨时空、跨行业、跨语种等多样化的信息资源，这使得人们的大脑无法容纳如此多的信息，人们的知识结构需要不断地更新、充实与完善。信息剧增和知识老化，使得一次教育的概念已经过时，再次教育的概念也稍显不足，终身教育的概念势在必行。

在信息化时代，信息已经成为现代社会发展的重要支柱之一。谁先获得最新的信息，谁便获得发展的主动权、谁便拥有成功的机会和未来。对于科研人员来说，了解国内外同行的研究动态和研究进展，避免造成人力、财力、物力和时间的巨大浪费。

如何独具慧眼，快速准确地从浩如烟海的信息海洋中找出我们所需要的信息，已成为摆在科研人员面前亟须思考和解决的问题。随着科技的日新月异，人类获取和利用信息的方法发生了很大的改变。本书试图从科技文献信息资源的检索、获取、评价和利用的角度帮助读者提升文献信息资源检索、获取、评价和利用的能力。

0.2　信息资源的获取案例

信息专家认为：信息的 95%来自公开资料，4%来自半公开资料，仅 1%或更少来自机密资料。让我们看一看日本情报专家是如何破解大庆油田的秘密。

中华人民共和国成立后，为了摆脱中国石油落后的状况，在以李四光、黄汲清为代表的一批科学家和以王进喜为代表的石油人的共同努力下，在艰难困苦的条件下，从 1959 年的“松基三井”喷油开始算起，仅用三年时间就初步拿下了大庆油田。

大庆油田最初的勘探与开发处于保密阶段，那么日本的情报专家是如何破解大庆油田相关秘密的呢?

在 20 世纪 60 年代初，大庆对外称号一直是“农垦场”。1964 年 4 月 20 日《人民日报》全文转发《大庆精神大庆人》，由此，大庆油田的存在被公之于众。但出于保密报道刻意避开了油田的位置等敏感信息，但是日本的情报专家还是通过各种细节推断出了大庆油田的基本信息，以及下一步中国可能需要什么设备，最终从中国获得了巨大的商业利益。

1964 年《中国画报》上王进喜头戴狗皮帽，身穿厚棉袄，握着钻机手柄眺望远方，在他身后散布着星星点点高大井架的照片进入日本情报机构的视野，他们由此推断，大庆油田位于冬季–30℃的中国齐齐哈尔和哈尔滨之间。通过王进喜所握手柄的姿势，推断出油井的直径；从王进喜所站的钻井与背后油田间的距离和井架密度，以及国务院政府工作报告，推断出油田的大致储量和产量。此后，从相关报道中提到马家窑及钻机是人推、肩扛搬到现场等信息，推断油田离火车站不会太远并查到马家窑是位于黑龙江海伦县（今海伦市）东南的一个小村，在北安铁路上一个小车站东边十多公里处。日本情报机构认为，马家窑是大庆油田的北端，即北起海伦的庆安，西南穿过哈尔滨与齐齐哈尔之间的安达附近，包括公主岭西南的大喷，南北四百公里的范围内。后经证实，这一分析与实际情况基本吻合。

经过对大量信息的定量和定性分析，日本决策机构推断出“中国在近几年中必然会感到炼油设备不足，买日本的轻油裂解设备是完全可能的，所要买的设备规模和数量要满足每天炼油一万吨的需要”。之后，日本立即组织相关专家和技术人员，全面设计了适合中国大庆油田的设备，并做好了充分的夺标准备。当中国政府向世界各国招标采购时，日本的炼油设备以其符合中国实际生产能力等优势而一举中标。

0.3 信息素养与终身学习

2015 年，美国大学与研究图书馆协会（ACRL）在发布高等教育信息素养框架中，对信息素养描述的是包括信息的反思发现、理解信息如何生产与评价，以及利用信息创造新知识、合理参与学习社区的一组综合能力。信息素养的本质是全球信息化需要人们具备的一种基本能力。

终身学习是指每个社会成员为适应社会发展和实现个体发展的需要，贯穿于人的一生的、持续的学习过程。活到老学到老，学无止境。终身学习已在全世界范围内达成共识，在全球化、可持续发展和多元文化的背景下，各国都在竭力推进终身学习教育。

在信息爆炸的今天，作为终身学习核心的信息素养是自主学习的基本条件，也是一个人学会学习的重要标识。而作为信息素养重要组成部分的信息检索与利用，它能使人们在整个一生中有效地寻求、评价、利用和创造信息，以实现个人、社会、职业和教育的目标。因此，提升学生检索、获取、评价和利用文献信息能力也为人们进行终身学习奠定了基础。

0.4 课程教学的目的和教学达到的目标

“信息检索”或称“科技文献检索”，是培养学生的信息意识，提升学生检索、获取、评价和利用文献信息能力的一门科学方法课。该课程作为系统提高学生信息素养的主干课程得到了国内高校的高度重视。课程教学目标为：①培养学生的信息意识，掌握获取和利用各自专业及相关专业文献信息资源的基本方法；②熟悉与本专业相关的常用检索系统和数据库使用方法，学会检索分析、评价检索结果及获取原始文献的方法；③培养学生的自学能力，为终身学习奠定基础；④培养学生从事科研工作的能力、创新意识；⑤教育和培养学生注重保护知识产权，自觉遵守获取和利用信息资源的法律法规和政策。

通过本课程的学习，系统地提高学生的信息素养，使学生真正成为科技信息检索的驾驭者，为更好地完成科研工作奠定坚实的基础。

0.5　课程教学相关事宜

0.5.1　课程教学安排

作者根据多年从事“信息检索”课或“科技文献检索”课的教学经验，建议安排教学时考虑以下几方面内容：①按学科或专业分班授课；②课程教学包括授课和实习；③对本科生，建议在大学一年级下学期至大学四年级上学期期间开设；对研究生，建议研究生一年级入学即可开设；④采用多媒体有网络支持的教室授课。

0.5.2　课程学时分配

本书适用于 16～32 学时的“信息检索”课及相关课程，教师可根据实际情况选用本书相关内容。有关写作、授课学时的分配建议，详见表 0-1。

表 0-1　有关写作、授课学时分配表

章节	内容	32 学时写作	16 学时讲课	24 学时讲课	32 学时讲课
绪论	科技信息检索概述	0.5	0.2	0.5	0.5
第 1 章	基础知识和理论	4	1.8	2.5	3.5
第 2 章	不同出版类型文献资源的检索与利用	12	5	7	10
	实习课	0	0	0	2
第 3 章	国内外主要综合性检索平台或数据库选介	3.5	2	3	4
第 4 章	网络信息资源检索与利用选介	3.5	0.5	1	1.5
	实习课	0	0	2	2
第 5 章	网络学科资源导航及相关免费资源选介	1	0.5	0.5	0.5
	实习课	0	2	2	2
第 6 章	学术论文写作及相关注意事项	4	0.5	1	1
第 7 章	案例分析	3	1	1.5	2
	实习课	0	2	2	2
第 8 章	科技查新概述	0.5	0.5	1	1

0.5.3 课程学习方法

实践性强是本课程的重要特点，因此理论联系实际必不可少。建议学生在加强课程理论学习的同时，务必针对相关内容进行实际操作，通过实际操作进一步加深对本书相关内容的理解，从而不仅能达到学用结合的目的，也能促进学习者文献信息检索和利用能力的提升。

将本书作为教材使用的学校，授课教师可结合专业特点布置实习作业，并集中指导学生实习，学生通过独立完成实习作业，发现问题，进而促进对相关教学内容进一步深入的理解。在学习本书之前，要求读者具备计算机操作和网络应用方面的基础知识。

0.5.4 课程考核

建议课程考核采取综合作业、实习情况、实习作业和上课出勤情况相结合的测评方式，综合给出学生本课程的期末总成绩。

第 1 章　基础知识和理论

1.1 基 本 概 念

1.1.1 信息、知识和文献的概念

1. 信息的概念

信息（information）是由事物发出的、体现它存在和运动状态的信号和消息。信息普遍存在于自然界、人类社会和思维方式中。信息的主要功能包括以下两个方面。

1）信息和材料、能源一样，是一种重要的资源。

2）材料、能源提供的是具体的物质，而信息提供的是知识和智慧。

2. 知识的概念

知识（knowledge）是人类在改造客观世界的实践中所获得的认识和经验的总和，是信息的一部分。人类认识的成果是在实践的基础上产生并经过实践检验的对客观实际的反映，由现象到本质，从感性到理性，从而掌握客观事物的规律性，产生知识。

3. 文献的概念

文献（document）是记录有知识的一切载体（GB/T 3792.1—2009《文献著录 第 1 部分：总则》），即用文字、图形、符号或声频等技术手段记录知识信息的物质载体，或称固化在载体上的知识信息。

文献的内涵是指具有一定的知识内容，用以保存和记录知识的记录手段，有记录知识的物质载体。文献所记录的知识内容、记录知识的符号、用于记录知识的物质载体、记录的方式或手段，成为文献的四个组成要素。

文献的外延是指不同的知识内容、不同的记录方式和不同的物质载体，可形成不同类型的文献。文献的功能是存储和传播知识信息。文献的作用概括起来有三个方面：①文献是人类最宝贵的知识宝藏；②文献是传播、交流知识的主要渠道，也是情报信息的重要来源；③文献是人类学习的工具，通过文献可以超越时空的局限，了解历史、探索未来，也可以深入微观的物质结构和宏观的宇宙空间，真正做到“足不出户而知天下事”。

1.1.2 信息、知识和文献之间的相互关系

信息、知识和文献之间的关系是事物的发生就会发出相关信息；信息经过人脑的加工就转变为相关的知识；知识被记录下来形成不同类型的文献；文献经过传递、应用于理论与实践又会产生新的信息。

1.1.3 文献信息资源的特点

文献信息资源是特指以文献为核心的信息资源。对文献上所记录信息的检索与利用，可以帮助我们打开知识信息宝库的大门，其有六个特点。

（1）文献数量大，增长速度快

文献数量的激增，一方面表明文献信息资源的丰富，另一方面也给人们有效地选择、利用文献，获取所需信息造成了一定的障碍。

（2）文献分布集中又分散

现代科学技术的日益综合与细化，使各学科之间的严格界限日趋淡化，学科之间的相互联系、交叉渗透逐渐增强。曾有人对美国《化学文摘》进行统计发现：500 种期刊集中了全部论文的 62%；而全部论文的 90%，分散在 3000 多种期刊中；余下 10%的论文，则分散于另外的 9000 多种期刊中。文献的这种分布现象是普遍存在的，它提示人们在收集文献信息时，应首先选择本专业的核心期刊。

（3）文献时效性增强

科技的迅速发展，使得新知识、新技术、新产品等层出不穷。这种现象加速了知识的新陈代谢，随之造成了文献的新陈代谢，使文献的老化速度加快。

（4）文献内容交叉重复

现代科技呈综合交叉、彼此渗透的特点，导致文献的内容也相互交叉、彼此重复。其具体表现为同一内容的文献以不同的文字发表，同一内容的文献以不同的形式出版，这种现象导致在激烈的商业竞争中许多畅销书的内容雷同，出现选题重复的现象。

（5）文献载体及语种增多

随着声、光、电、磁等技术和新材料的广泛应用，新型文献载体不断涌现。传统的纸张型文献已失去了“一统天下”的局面，文献“家族”日益繁荣。多种文献载体相互依存、相互补充、共同发展已成为新的发展趋势。各国文献所用的语种不断增多。

（6）传播速度快

现代科技的发展，特别是网络技术的飞速发展，突破了时空界限，使跨地区和国家的世界范围内的文献信息交流成为现实，由此极大地提高了文献信息的传播速度。

思考题

1. 简述信息的主要功能。
2. 文献的内涵指什么？
3. 文献的四个组成要素是什么？
4. 简述信息、知识和文献之间的相互关系。

1.2 文献信息资源的分类

文献信息资源特指以文献为核心的信息资源。文献大体可分为自然科学文献（又称科技文献）和社会科学文献。自然科学文献一般是指记录科技活动或科技知识的文献。社会科学文献是社会科学领域中诸学科文献的总称。随着科学研究的深入发展，出现了学科之间交叉渗透的现象，因此自然科学文献与社会科学文献之间已经没有不可逾越的界限了。

根据文献的构成要素，文献可按载体形式、加工层次、出版形式和语种等分类。

1.2.1　按载体形式划分

按载体形式可划分为印刷型、缩微型、声像型（或称视听型）和机读型（或称电子型）。

1.2.2　按加工层次划分

（1）一次文献

凡是人们以自己的经验、研究或研制成果为依据而创作形成的文献即原始文献，经公开发表或交流后，称为一次文献（primary document）。它是检索的对象。其特点是论述比较详细、具体和系统化，有观点、有事实、有结论。它能直接在科研、教学、生产、设计中起到参考和借鉴的作用，是科技交流中主要的信息源。一般包括期刊论文、科技报告、专利说明书、会议论文、学位论文等。

（2）二次文献

二次文献（secondary document）是信息部门通过对大量分散、无组织的一次文献进行加工、提炼、压缩和组织后所形成系统的、便于查找一次文献的工具。二次文献是对一次文献的浓缩和有序化，主要作用是存储和报道一次文献线索、提供查找的途径索引。它是重要的指示性信息源，特点是有组织、有系统。例如，书目、题录、文摘、索引等。

（3）三次文献

三次文献（tertiary document）是在利用二次文献的基础上，对检索到的一次文献进行广泛、深入的分析研究后，选用相关一次文献经再次加工编写出来的文献。其主要是信息研究的产物和成果，特点是从新的高度和深度揭示相关一次文献，它是一次文献的浓缩，也是科技信息的重要来源。例如，专题述评、动态综述、学科年度总结、进展报告及数据手册、百科全书、年鉴等。

一次文献、二次文献和三次文献之间的相互关系是：一次文献是文献的基本形式，是检索的主要对象，也是二次文献和三次文献的基础；二次文献是检索一次文献的工具；三次文献是相关一次文献的浓缩，它从新的高度和深度揭示相关的一次文献，是科技信息的重要来源。

总的来说，科技文献经过加工、压缩，从一次文献到三次文献，使科技文献由分散到集中，由无组织到系统化。

1.2.3　按出版形式划分

文献的出版类型是文献信息单位进行组织、管理和服务的重要依据。科技文献按其出版形式可划分为以下十大类，通称为“十大文献信息源”。各类文献依据中华人民共和国国家标准《GB/T 7714—2015 信息与文献　参考文献著录规则》进行著录。

（1）图书

图书（book）是以传播知识为目的，用文字或图画记录在一定载体之上的著作物。一般篇幅达 48 页以上并构成一个书目单元的文献称为图书。

有资料统计，在科技人员阅读的文献中，图书占 14%～19%。以科技图书为主，可分为阅读型图书和工具型图书两种。其版本形式多样。图书具有内容全面、系统、基础理论性强、论点成熟、定型、可靠等特点，但图书的时效性差，传递信息的速度较慢。

（2）期刊

期刊（journals/magazine/periodical）是指定期连续出版，并编有时序号或数序号的出版物。有资料统计，在科技人员阅读的文献中，科技期刊占 65%以上，是科技人员主要的信息源。期刊可以按内容性质、时间长短等进行分类。同科技图书相比，期刊具有出版周期短、刊载论文速度快、品种多、数量大、连续性强、内容新颖、发行与影响面广，能及时反映国内外科技发展水平等特点。因此，自 1665 年第一种期刊问世以来，其发展十分迅速，被称为“整个科学史上最成功的无处不在的科学信息载体”。

（3）会议文献

会议文献（conference document/conference paper）是指在各种会议上发表的文献。会议文献按出版时间的先后可分为会前文献（如会议通知等）、会间文献（如开幕词、讨论记录等）和会后文献（如会议论文集等）三种。按会议规模可分为国际性会议、全国性会议、地区性会议和基层会议。

（4）学位论文

学位论文（dissertation/thesis）是表明作者从事科学研究取得创造性的结果或有了新的见解，并以此为内容撰写而成、作为提出申请授予相应的学位时用于评审的学术论文。

在中国，学位论文可分为学士论文、硕士论文和博士论文。它具有内容比较专一，阐述较为系统、详细等特点。学位论文一般不公开出版。

（5）科技报告

科技报告（science/technical report）是有关科研工作的记录或成果的报告。有资料统计，科技人员对科技报告的需求量占其全部文献量的 10%～20%。在流通范围上，大部分科技报告都有严格的控制，仅有小部分可以公开发表或半公开发表。科技报告具有单独成册，所报道成果一般必须经过其主管部门组织有关单位审定或鉴定，其内容专深、可靠、详尽，而且不受篇幅限制，同时具有可操作性强、报道信息迅速等特点，有些科技报告会涉及尖端技术或国家机密等问题。著名的科技报告有美国政府四大报告、英国航空委员会报告等。

（6）标准文献

标准文献（standard literature）是经过权威当局批准的，用文件形式表达的统一规定。它是反映标准的技术文献。其可分为国际标准、区域性标准、国家标准、专业性标准、企业标准。其特点在于有一定的制定、审批程序；适用范围明确专一；有一定的法律效力；有一定的有效时间；一个标准只解决一个问题，文字比较简练。

（7）专利文献

专利文献（patent document）是指基于专利制度所产生的各种文件的总称，即在专利形成过程中产生的一系列官方文件和有关出版物的总称，如专利公报、说明书等。专利文献的特点在于形式上具有统一的格式；作为具有法律效力的专利文献在文字上较简练；在内容上具有广泛性、实用性、新颖性、独创性及较强的系统性、完整性和报道及时性等特点。

（8）政府出版物

政府出版物（government publication）是指各国政府部门及其专设机构所发表出版的文献。其可分为行政性文件（如国会记录、政府法令、政策、统计等）和科技文献（如科普资料、技术政策等）。由于政府出版物与其他类型科技文献有一定的重复，有图书、报告、会议记录等多种形式，因此可根据具体情况按具体出版形式加以识别。

（9）公司产品资料

公司产品资料（company/products data）主要是指各国厂商为了推销产品而出版发行的一种商业性宣传资料。其包括厂商介绍、产品目录、样本和说明书等类型。

（10）其他文献

除上述出版类型以外的属于其他文献。其包括技术档案、工作札记、广播、电视、报纸等大众传媒、卫星资料。

1.2.4　按语种划分

据不完全统计，现在世界上各种科技文献所用文字不下六七十种，常用文字有英、德、法、俄、日、中等语种。

思考题

1. 文献按加工深度如何划分？
2. 文献按出版形式划分成几类？
3. 简述一次文献、二次文献和三次文献之间的相互关系。

1.3　信息组织的方法与模式

1.3.1　信息组织概述

1. 信息组织的界定

目前学界对“信息组织”并无统一定义。国内有诸多学者对信息组织总结过定义，如尚克聪提出“信息组织就是指采用一定的方式，将某一方面大量的、分散的、杂乱的信息经过整理、序化、优化，形成一个便于有效利用系统的过程”；周宁提出“信息组织一般是指信息序化或信息整序，也就是利用一定的科学规则和方法，通过对信息外在特征和内容特征的描述和序化，实现无序信息流向有序信息流的转换，从而保证用户对信息的有效获取和利用及信息的有效流通和组合”等。本节采用马张华的定义，即“信息组织泛指使信息有序化的一切活动”。

2. 信息组织的功能

对信息进行有效组织，实现特定功能，从而满足用户的需求，相应的组织机制具有必备的功能，比较有代表性的是张晓林教授提出的观点，其主要包括以下几方面的内容：①根据语义、应用和结构的需要对任何信息内容（包括数据、文件、规则、过程、体制）进行定义、标记、描述、识别、验证和解释；②运用逻辑、语义、语法或结构方法对这些信息内容进行指向、确认、检索和传递；③运用逻辑、语义、语法或结构方法对这些信息内容及其集合进行过滤、析取、链接、合并集成或重组；④按照语义关系、知识体系、应用需要或用户对象对信息内容的组织格式和表现形式进行定义、标记、识别和转换；⑤以计算机可识别、解析和理解的方式实现上述功能，支持智能代理对信息内容及其交流处理过程的自动处理；⑥在多语种分布式开放环境中实现上述能力；⑦根据用户的具体需要和应用环境调整上述能力及其实现方式，根据新的媒体形式、文献形式、技术能力和系统形态调整和发展上述能力及其实现方式，以方便、经济和灵活的方式实现上述能力及其调整。

以这样的方式建立起来的信息系统，有可能充分组织信息，从而满足用户信息活动中的各项需求，如获得、组织、转换、交换信息等。

1.3.2 信息组织的方法

信息组织方法随着信息技术的发展变化而变化。这主要体现在两方面：首先，传统的信息组织方法，如分类法与主题法不断改变以适应新的环境，自身在不断演进；其次，信息技术发展又衍生出适应新的信息环境的组织方法，从以语义为基础的传统信息组织方法，逐步转变为数据单元为基础的信息组织方法，再发展到以语义网为基础的信息组织方法，以及大众分类组织方法等互相补充、融合的多层次、多维度的体系，见表 1-1 信息组织方法体系。

表 1-1 信息组织方法体系

信息组织工具	信息组织方法	起源时间	主要代表	目的与功能	应用范围
分类法	采用特定的标识号码系统表示类目之间多种逻辑关系	1876 年	DDC、UDC、《中国图书馆分类法》	从学科知识门类提示和组织信息资源，满足用户族性检索的需要	图书馆分类检索工具建立，网络资源组织
主题法	通过一些分属、代、参、用等关系关联起来成为一个完整的知识体系	1959 年	《美国国会图书馆标题表（LCSH）》、汉语主题词表	从词汇选择、词形控制、词义控制、词间关系控制等方面组织信息资源，满足用户特性检索的需要	主题检索工具建立
搜索引擎	计算机软件（网络爬虫）	1994 年	Lycos	建立索引库，信息检索	网络上的电子资源
元数据	提供关于信息资源或数据的一种结构化数据的方法	1995 年	都柏林核心集	信息资源的描述、定位、发现、评估、选择、组织与检索	数字图书馆

续表

信息组织工具	信息组织方法	起源时间	主要代表	目的与功能	应用范围
本体	用声明、公理、概念、属性、函数和实例组织某一领域的知识	1993 年	WordNet、SUMD	知识组织与检索、语义网的建立	数字信息资源、语义网的建设
语义网格	构建中间的环境，使负载的语义能够为机器所解析和认识，使知识实现负载平衡与松散耦合	2001 年	—	提供资源内容（信息）共享能力	网络数据信息资源

1. *以语义为基础的信息组织方法*

传统信息组织模式以语义为基础，主要包括分类法与主题法，二者以图书馆实体文献资源为中心，是传统图书馆组织和揭示文献信息资源的内容和本质属性的重要组织工具。

分类法是一种按照事先规定好的学科或体系范畴，依照一定的属性将信息分门别类组织成系统以便于查检的方法。分类作为组织文献资源的方法，符合人类认识事物的逻辑思维方式，长期以来在揭示文献内容、聚集相同文献、区分不同文献方面有着十分广泛的应用。其代表主要有《中国图书馆分类法》《杜威十进分类法》等。

主题法作为一种信息检索工具，主要用来处理信息和知识、编制检索工具及系统，表达文献主题概念和检索课题概念的概念标识系统。主题法通过详尽的参照系统等方式揭示主题词之间的关系。按照选词方法划分为标题法、元词法、叙词法、关键词法等。其代表主要有《汉语主题词表》《美国国会图书馆标题表》等。

2. *以数据单元为基础的信息组织方法*

以数据单元为基础的信息组织方法，主要包括搜索引擎与元数据两种方式。

搜索引擎可以为用户提供关键词检索。当用户通过检索界面进行检索时即会得到含有相关信息的大量网站，通过所提供的超链接即可访问这些网站。搜索引擎是目前网络数字环境下对信息资源进行组织的主要方式之一。搜索引擎采用主题法原理，通过网络搜索机器人定期或不定期地在网上自动搜寻网络中公开区域的相关信息，通过扫描网页中的每一个词（单元信息），自动对采集到的数字资源进行标引、著录，以此建立起以词为单元的网页索引数据库。

元数据是关于数据的数据，是一种结构化的描述信息资源的方法。元数据具有可选择性、可重复性、可限定性、易用性等特征，描述信息灵活，可用于揭示不同领域、不同类型的资源，尤其适合描述数字资源的特征。其中，都柏林核心元数据已成为国际上通用的元数据。

3. *以语义网为基础的信息组织方法*

语义网的基本思想是提供机器可处理的数据语义，并应用这些元数据的启发式进行自动化的信息访问。

1.3.3 信息组织的模式

信息组织模式随着信息环境、信息技术的发展不断发生变化，主要有下面三种模式。

1. 传统信息组织模式

在纸本环境下，图书馆馆藏资源主要以图书、期刊等实体资源为主，图书馆员根据分类、主题标引和编目规则对文献资源进行分类标引和编目，编制各种目录、索引、文摘，并按照分类号将图书排列上架，供读者查阅，形成了以文献单元为基础、面向图书馆实体文献的传统信息组织模式。

2. 多层次信息组织模式

在图书馆传统环境下，卡片目录得到进一步发展，产生了联机检索目录系统，这是一种通过网络查询馆藏信息资源的联机检索系统。而众多分散于网络的信息资源，以一种多媒体的、多格式的、没有统一规范控制的形式出现，搜索引擎也应运而生，如谷歌、百度、必应等。用户通过搜索引擎检索界面进行检索时会得到含有相关信息的大量网站，通过所提供的超链接即可访问这些网站。

3. 个性化组织模式

目前已出现多种个性化组织模式，如面向学科领域用户的学科信息门户模式，面向用户主体的信息组织模式等。

总之，信息组织是一个信息增值的过程。在这个过程中，无序的原始信息变成一个有序的信息系统，相对粗放型的信息集转化为集约型的信息集，并为信息的进一步增值（如信息的分析及知识的挖掘）提供必要的基础。

思考题

《中国图书馆分类法》共有几个大类？请查阅相关资料指出与自然科学相关的基本大类。

1.4 文献检索工具或系统

1.4.1 检索工具或系统概述

1. 检索工具的定义

检索工具是根据所收录文献的外部和内部特征对文献进行组织，用于报道、存储和查找文献的工具，通常指书本或目录卡片等印刷型手工检索工具。检索工具是附有检索标识的某一范围文献条目的集合，具有存储和检索功能。不同类型的检索工具其内容安排的框架层次有所不同，但主要框架基本一致，主要包括前言、凡例、正文、辅助索引、附录。

2. 检索工具的特征

1）有明确的收录范围。
2）有完整的、可供检索的文献特征标识。
3）文献条目按一定规则组成一个有机整体。
4）可提供多种检索途径。

3. 检索工具的排检方法

排检方法是指检索工具内容的编排结构和检索方法，常用的排检方法有字顺法、主题法、分类法、时序法和地序法。

1）字顺法：是按照一定顺序排检单字或词的方法，可分为形序法和音序法两大类。形序法包括部首法、笔画和笔顺法、四角号码法；音序法是按照汉语拼音字母排序的方法。

2）主题法：是以规范化的语言（主题词）标引文献中心内容，使论述同一主题的内容集中在一起的排检方法。通常结合字顺法，按主题词首字母的拼音或笔画顺序进行排列。主题法能把属于不同学科、不同知识体系的同一主题文献集中起来，因此对内容的揭示比较深入。

3）分类法：是按照文献的内容性质或学科分类体系加以组织的方法，是目前应用最广泛的一种方法。这种分类法可以体现知识的学科属性和逻辑次序，能较好地反映事物概念之间的派生、隶属和平行关系。

4）时序法：是以时间的先后顺序编排和检索文献的一种方法，年表、大事记等工具书均采用此方法。

5）地序法：是按照行政区域的次序编排文献的一种方法。其可全面地反映某一地区、某一国家的历史和现状。地理、物种分布和年鉴等大多采用这种方法。

4. 检索系统

检索系统通常指机器检索系统，即计算机检索系统，是指根据对信息资源中不同对象和层次揭示上的需要，由文献目录、索引、机读数据库、网络搜索引擎等构成，以不同检索需求为目标、形式多样的完备系统。检索系统是根据特定的信息需求而建立起来的一种有关信息搜集、加工、存储和检索的程序化系统，如光盘数据库、联机检索系统、网络数据库及各类网络搜索引擎等。

随着科技的发展，传统的文献检索工具和文献检索系统已经没有明显界限，本书统一将用于报道、存储和查找文献的印刷型出版物和数据库系统统称为文献检索工具或系统。

1.4.2　数据库系统

信息检索系统中的数据库是指经计算机处理的一定数量同类信息的有序集合。数据库既是信息源，也是检索对象。通常按收录内容可将数据库分为以下几种。

1）题录-文摘数据库（biblio-graphic database）：是二次文献数据库。以单篇文献为单位，著录一次文献的题名、作者、来源和摘要等信息。文摘库收录范围比较广，便于全面掌握某一主题领域文献信息。

2）全文数据库（full-text database）：指收录有原始文献全文信息的数据库，属于源数据库。利用全文数据库可直接获取期刊论文、会议论文、图书等全文信息。

3）事实数据库（factual database）：可直接向用户提供可用的数据，通常包括年鉴、手册、字典词典、百科全书、名录、图录、表谱等参考工具书。

4）数值数据库（numeric database）：可提供各类原始数据及经过处理的数字表格信息，如财务数据、气象数据、人口统计资料等。

5）多媒体数据库（multimedia database）：是数据库技术与多媒体技术相结合的产物，收录包括图形、图像、音频、视频、动画等数据信息。

1.4.3　检索工具或系统的类型

根据划分标准的不同，检索工具有多种不同的分类方法。

按加工文献和处理信息的手段可分为手工检索工具、计算机检索系统；按收录范围可分为综合性检索工具、专业性检索工具；按收录内容的著录格式可分为目录型、题录型、文摘型、索引型检索工具。

1. 目录型

目录型检索工具是记录具体出版单位、收藏单位及其他外表特征的工具。它以一个完整的出版或收藏单位为著录单元，一般包括著录文献的名称、著者、文献出处等。目录的种类很多，对于文献检索来说，国家书目、联合目录、馆藏目录等尤为重要。

2. 题录型

题录型检索工具是以单篇文献为基本著录单位来描述文献外表特征，如文献题名、著者姓名、文献出处等。题录型检索工具无内容摘要，是一类快速报道文献信息的检索工具。它与目录型检索工具的主要区别是著录的对象不同。目录著录的对象是单位出版物，题录著录的对象是单篇文献。

3. 文摘型

文摘型检索工具是从大量分散的文献中选取重要内容做成摘要，并按特定的方法进行组织排序。按照文摘的编写人，可分为著者文摘和非著者文摘。著者文摘是指按原文著者编写的文摘；而非著者文摘是指由专门熟悉本专业的文摘人员编写而成的。按照摘要的详简程度，又可分为指示性文摘和报导性文摘。指示性文摘以最简短的语言写明文献题目、内容范围、研究目的和出处等内容，一般在 100 字左右；报导性文摘以揭示原文论述的主题实质为宗旨，基本上反映了原文的内容，讨论的范围和目的，采取的研究手段和方法，所得的结果或结论等。

4. 索引型

索引型检索工具是根据需要，把特定范围内某些重要文献中的有关款目或知识单元，如书名、刊名、人名、地名等，按照一定的方法编排，为用户提供文献线索的一种检索工具。常用的索引型检索工具有分类索引、主题索引、关键词索引、著者索引等。

5. 其他类型

其他类型的信息索引工具如表 1-2 所示。

表 1-2 其他类型信息检索工具表

工具类型	名称	网址	工具类型	名称	网址
文档资源搜索与分享平台	百度文库	https://wenku.baidu.com	百科知识搜索工具	维基百科	https://www.wikipedia.org
	豆丁文库	http://www.docin.com		百度百科	https://baike.baidu.com
	MBA 智库文档	http://doc.mbalib.com		搜狗百科	http://baike.sogou.com
	道客巴巴	http://www.doc88.com		MBA 智库百科	http://wiki.mbalib.com
	360doc 个人图书馆	http://www.360doc.com	公开课分享网站	网易公开课	https://open.163.com
				新浪公开课	http://open.sina.com.cn
	爱问共享资料	http://ishare.iask.sina.com.cn		爱课堂	http://www.icourses.cn
	资源分享网	http://www.ziyuan.tv		腾讯视频淘课	http://bb.news.qq.com/open.htm
博客搜索工具	新浪博客	http://blog.sina.com.cn		中国公开课	http://opencla.cctv.com
	科学网博客	http://blog.sciencenet.cn		学堂在线	http://www.xuetangx.com
	搜狐博客	http://blog.sohu.com		Mooc 学院（慕课）	http://mooc.guokr.com
	博客搜索	http://www.blogso.cn			
	博客网	http://www.bokee.com		Coursera	https://www.coursera.org
				edX	https://www.edx.org

思考题

1. 文献检索工具的主要功能是什么？
2. 文献检索工具的主要特征有哪些？
3. 按著录格式划分，检索工具可分为哪几类？
4. 常见的数据库类型有哪些？

1.5 文献检索的方法、途径及步骤

1.5.1 文献检索的方法

文献检索的方法，即查找文献的方法，归纳起来大致有三种。

1. 常用法

常用法又称为工具法或直接法，是以主题、分类、作者、题名等为检索点，直接利用检索工具获得文献的方法。按检索需求，可分为顺查法、倒查法和抽查法。

顺查法是以问题发生的年代为线索，利用检索工具按时间由远及近逐年查找文献的方法。此方法查全率高，但查找起来费时费力。

倒查法是利用检索工具按时间由近及远逐年查找文献的方法，从近期文献入手，直到查到满足需要的文献为止。此方法查全率低，但查找起来省时省力。

抽查法是按照研究的不同发展阶段，抽取研究成果的重点时间范围，进行逐年查找的方法。此方法有助于提高查准率，节省检索时间。

2. 追溯法

追溯法又称为回溯法、引文法，是一种跟踪查找文献的方法。该方法不利用检索工具，而是利用原始文献所提供的参考文献，追踪查找参考文献的原文，其追溯过程可不断延伸。用追溯法检索文献，最好利用与研究课题相关的重要文献进行追踪。在检索工具不全或文献线索较少的情况下，可采用此法。

3. 综合法

综合法又称为循环法、交替法、分段法，是常用法和追溯法的综合。检索时，先利用检索工具查出一批文献，然后筛选出与课题针对性较强的文献，再按文后所附的参考文献进行回溯查找，不断扩大检索线索，分期分段地交替使用这两种方法，直到检索出需要的文献为止。这种方法兼具常用法和追溯法的优点，可取得较高的查全率与查准率。

在实际使用中，应根据检索条件、检索要求和检索背景等因素确定具体的检索方法。

1.5.2 文献检索的途径

文献检索的途径又称为检索点，是利用文献的内容特征和外部特征作为检索入口来查找文献的途径。

1. 内容特征途径

文献的内容特征是指文献所论及的事物、提出的问题、涉及的主题、所属的学科分类信息等，如主题词、分类号等。内容特征途径包括分类途径和主题途径（图 1-1）。

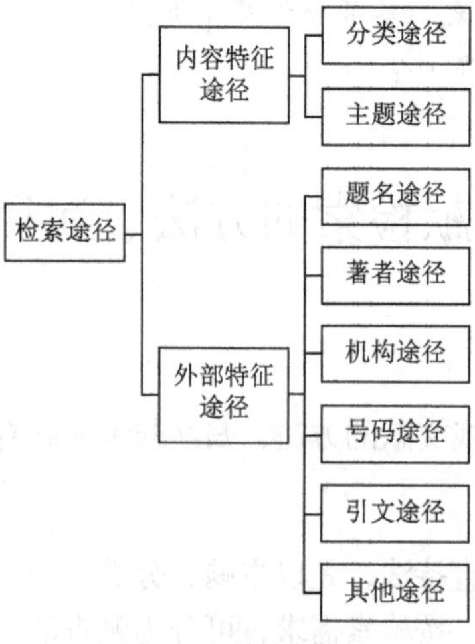

图 1-1 检索途径

2. 外部特征途径

文献的外部特征是指题目、作者、作者单位，以及某种特定文献的特征标识，如国际标准书号、国际标准刊号、专利号、报告号、标准号等。外部特征途径包括题名途径、著者途径、机构途径、号码途径、引文途径等。常见的检索途径的含义及其形式如表 1-3 所示。

表 1-3　检索途径的含义及常见形式

检索途径	含义	常见形式
分类途径	按照文献所属的学科分类体系进行检索的途径	分类目录或分类索引，如利用 IPC 分类表、中图分类法等分类体系进行查找
主题途径	利用文献的内容主题进行检索的途径，即将文献的主题按字顺编排来检索文献的途径	主题目录或索引，常利用从自然语言中提炼出来的关键词或经过人工规范化标引的主题词进行检索
题名途径	根据文献的名称（书名、刊名、篇名等）来检索文献的途径	书名目录、刊名目录、期刊联合目录等，常用书名、刊名、篇名等进行检索
著者途径	根据文献著者姓名来检索文献的途径，包括个人著者和团体著者	著者（个人）索引或团体著者索引，常用著者、编者、专利权人、团体作者等进行检索
机构途径	根据文献的机构名称来检索该机构的文献的途径，这里指的机构不包括团体作者	机构索引，如利用作者所在单位、图书的出版社或期刊的编辑单位等进行检索
号码途径	对事物的某方面特征，用某种代码表示和排列事物概念，从而提供文献检索的途径	如用专利号、报告号、标准号、国际标准书号、国际标准刊号等号码进行检索
引文途径	提供通过被引文献去检索引用文献的一种途径	引文数据库中经常用到引文途径检索，如 SCI 科学引文索引数据库、CNKI 中国知网等
其他途径	利用检索工具的各种专用索引来检索的途径	常见的有专用符号代码索引，如元素符号、分子式、结构式等；专用名词术语索引，如地名、商品名、生物属名等

1.5.3　文献检索的步骤

文献检索是从确立信息需求到满足信息需求的全过程。一般包括如下五个步骤。

（1）分析检索课题

分析课题是实施检索的第一步，也是重要的一步，是检索效果的关键。对课题进行分析时，要注意以下三点：①确定检索目标，弄清课题对文献查全、查准、查新的不同要求；②明确课题的检索范围和要求，即弄清楚课题涉及的学科范围和年代范围，检索要求则指对文献水平、类型、语种等方面的要求；③明确检索内容及涉及的主要概念。

（2）选择检索工具

根据课题的要求，选择专业对口、质量较高的检索工具是检索成功的前提。所选的检索工具应包含与检索课题相关的信息，此外还应考虑文献的收录量、文献的来源、文献的摘录和标引质量、文献报道的时效性及使用的难易程度等。一般先选择综合性的检索工具，后选择专业性的检索工具加以补充；在语种方面先选择中文检索工具，后选择外文检索工具。

（3）制定检索策略

检索策略的制定包括选择检索方法、选择检索途径、确定检索词，并构建检索表达式。

1）选择检索方式。根据检索条件、检索要求和课题的特点，选择一种或多种合适的检索方法，如顺查法、追溯法、综合法等。

2）选择检索途径。检索途径的选择主要取决于两个方面：一是课题范围、已知条件及课题对查全、查准的要求；二是检索工具所能提供的检索途径。例如，与内容特征相关的检索，如果考虑查全，可以选择主题、全文、分类号等途径；如果考虑查准，可以选择关键词、题名等途径。为了使检索结果更为精准，往往需用几种检索途径进行组配检索。如果已知作者、作者单位、专利号、报告号、标准号等，则可选择外部特征途径。

3）确定检索词。检索词是影响检索效果的关键因素。检索词可以从确定主要概念入手，在提取主要概念时必须准确反映课题内容，选择最适当、最主要的实质性概念，详见 7.5 节内容。

4）构建检索表达式。构建检索表达式是利用布尔逻辑算符、位置算符、截词算符、优先算符等各种检索运算符把检索词组配起来，并利用检索途径来限定检索范围的过程。注意每个数据库的检索运算符、字段标识符等各不相同，使用数据库前应先浏览一下数据库的帮助功能。

（4）实施检索并调整检索策略

实施检索的过程是不断调整检索策略的过程，目的是获得最佳的检索效果。当检索结果数量少甚至为零时，要想方设法扩大检索范围，提高文献的查全率；当检索结果数量多，相关性不高时，要缩小检索范围，提高文献的查准率。如何提高查全率和查准率见 1.6 节内容。

（5）获取全文

获取原始文献是文献检索的最终目的。如果是全文数据库可直接下载；如果是文摘数据库，需要根据文献线索，通过其他途径获取。获取全文一般遵循“先电子，后印刷”“先近后远”的原则。先从图书馆已有的电子资源入手，再考虑本单位图书馆馆藏纸质资源。先从本单位、本地区的文献资源着手，然后利用全国性的文献联合目录（如 CALIS 联合目录）查找。随着计算机网络资源的普及，许多文献收藏与服务机构提供文献传递或馆际互借服务。

思考题

1. 简述文献检索最基本的三种方法。
2. 简述文献的内容特征和外表特征分别包括哪几种途径。
3. 简述文献检索的步骤。

1.6　文献检索的效果

在利用检索系统进行检索时，涉及检索效果的问题，检索效果是利用检索系统进行检索时产生的有效结果。对检索效果的评价有利于检索者根据一定的指标，对检索活动所取得的成果进行科学评价，以进一步提高检索效率，完善检索过程。

1.6.1　检索效果的评价指标

克兰弗登（Cranfield）在分析用户基本要求的基础上，提出了 6 项评价系统性能的指标，分别是收录范围、查全率、查准率、响应时间、用户负担及输出形式。其中，查全率和查准率是最重要的评价指标。

1. 查全率

查全率（Recall Ratio，*R*）是指利用检索系统进行检索时，检索出的相关文献量与检索系统中相关文献总量的比例,它反映了检索系统中相关文献量在多大程度上被检出。

查全率 =（检出的相关文献量/检索系统中相关文献总量）× 100%

例如，系统中有相关文献量总量为 40 篇，检索出来其中的 30 篇，则查全率为 75%。

2. 查准率

查准率（Precision Ratio，*P*）是指利用检索系统进行检索时，检索出的相关文献量与检出文献总量的比例，它反映每次从该系统中实际检出的文献量中有多少文献是相关的。

查准率 =（检出的相关文献量/检出文献总量）× 100%

例如，检出文献总量为 50 篇，检出相关的文献为 40 篇，则查准率为 80%。

3. 查全率与查准率的关系

在检索过程中，最理想的检索结果是把全部相关文献都能检索出来，而且没有检出无关文献，即查全率与查准率均为 100%。但实际检索活动中，在文献储存及文献检索两个环节都会造成误差，检出的文献中总是夹杂一些无关的文献（即误检的文献），而且检索系统中的相关文献也没有全部被检出（即漏检的文献），查全率和查准率无法同时达到 100%。

著名的 Cleverdon 试验得出了查准率和查全率互逆关系的结论，即提高了查全率就会降低查准率；反之，提高了查准率就会降低查全率。因此，就一般的检索课题，通常会采用折中的方法，在查准率可以接受的情况下，尽可能地提高查全率。比较理想的检索效果会把查全率控制在 60%～70%，查准率控制在 40%～50%。

1.6.2　提高检索效果的措施

要提高检索效果，可以采取以下几个方面的措施。

1. 选择高质量的检索工具或检索系统

用户应根据信息需求，选择专业对口、文献收录质量高、文献标引质量好、检索功能强大的检索工具或检索系统。例如，著名出版商、专业学会或协会提供的全文数据库，一般质量较高；国际著名的文摘数据库，如 Ei、SCI 等，具有数据量大、收录范围广、质量好、检索功能强大等特点，是查找文献线索很重要的检索工具。

2. 提高用户的检索能力及充分发挥检索系统的功能

用户要全面、细致地分析检索课题，选择合适的检索词，并积极开拓思路，扩展检索词，使文献尽可能地查全；在此基础上，学习利用系统提供的高级检索、专业检索等功能及限制条件对文献进行精确检索，学会对检索结果进行筛选的方法，确保文献的查准率。

3. 合理调整查全率和查准率

根据课题对查全、查准的不同需求，适当调整查全率和查准率。普查型课题，如申请专利、科技查新、开题报告、科研立项、撰写综述等，要求文献查得越全越好，尽量不遗漏重要文献。而攻关型课题，如以解决某个生产技术难题为目的的课题，就需要把文献查准。

（1）提高查全率的措施

1）扩大检索课题的目标，使用主要概念，排除次要概念。

2）增加检索词的同义词、近义词、相关词、简缩写词，使用逻辑“或”对这些检索词进行连接。

3）降低检索词的专指度，可从词表中或检出的文献中选一些上位词、相关词补充到检索式中。

4）扩大字段的检索范围，如尽可能使用主题字段或全文字段。

5）将狭隘的位置算符改成宽泛的位置关系或逻辑“与”，这种方法在外文数据库检索中经常使用。

6）放宽或取消文献类型、出版物、语种、地理范围、年代范围等限制条件。

（2）提高查准率的措施

1）精确定位检索课题的目标，使用更加专指的词汇或换用下位词。

2）增加检索概念，用逻辑“与”连接。

3）利用逻辑“非”剔除不相关的文献。

4）缩小字段的检索范围，如尽可能使用关键词字段或题名字段。

5）将逻辑“与”改为更精确狭隘的位置算符。

6）利用括号等精确运算符，或选择精确匹配。

7）增加文献类型、出版物、语种、地理范围、时间、作者等限定条件。

思考题

1. 简述检索效果的主要评价指标是什么？它们呈现什么样的关系？
2. 简述提高查全率的措施。
3. 简述提高查准率的措施。

1.7　计算机检索基础知识

1.7.1　计算机检索原理

和手工检索相比，计算机检索（computer-based retrieval）具有检索方便快捷、检索功能强大、获得信息类型多样、检索范围广泛等优势，已经成了文献信息检索的主要方式。

计算机检索分为信息存储和信息检索两个过程。在存储过程，首先，将文献著录以一定的格式输入计算机使之成为文献记录；其次，经过计算机处理，将大量的文献记录以一定的结构存储在磁盘上，生成文献数据库或文档。在检索过程，首先，用户按一定的要求将检索词输入计算机，由计算机对其进行处理，并与数据库或文档中的文献记录进行匹配运算；其次，计算机将检索结果按要求的格式输出给用户。计算机检索过程如图 1-2 所示。

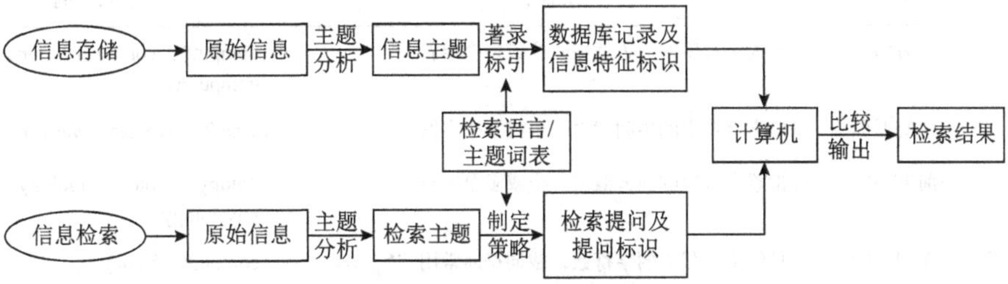

图 1-2　计算机检索原理

1.7.2　计算机检索技术

计算机检索技术有布尔检索、截词检索、位置检索、短语检索、限定检索、自然语言检索、图像检索、语音检索等。下面对几种常用的计算机检索技术进行简单介绍。

1. 布尔检索

布尔检索（boolean retrieval）是采用布尔逻辑算符将检索词、短语或代码进行逻辑组配的一种技术，在计算机检索中使用得最多。最常用的逻辑算符有三种——逻辑与、逻辑或、逻辑非，分别表示检索概念之间的交叉、并列、排斥关系（图 1-3）。其符号、表达式、作用见表 1-4。

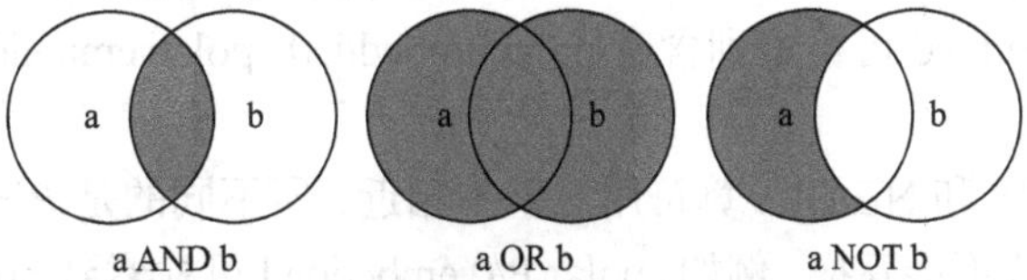

图 1-3　逻辑算符关系示意图

注：图中阴影部分为检索结果

表 1-4　布尔逻辑算符

名称	符号	表达式	作用	示例
逻辑与	AND 或“*”	a AND b 或者 a*b	缩小检索范围，提高查准率	beverage AND bottle
逻辑或	OR 或“+”	a OR b 或者 a+b	扩大检索范围，提高查全率	beverage OR bottle
逻辑非	NOT 或“–”	a NOT b 或者 a–b	缩小检索范围，提高查准率	beverage NOT bottle

2. 截词检索

截词检索（truncate retrieval）是用截词符进行词干检索，而忽略词的单复数形式、拼写方式、词尾变化等不同形态。截词检索可以扩大检索范围，提高查全率。

截词检索多采用“*”“?”“$”作为截词符。按照截断位置的不同，可分为后方截断、中间截断、前方截断；按照截断字符数量的多少，可分为无限截断和有限截断（表 1-5）。

表 1-5　截词检索的类别

类别		说明	检索举例
截断位置不同	后方截断	将检索字符串的后方截去一个或多个字符	comput*：computer、computers、computing
	中间截断	将检索字符串的中间截去一个或多个字符	wom?n：woman、women
	前方截断	将检索字符串的前方截去一个或多个字符	*ology：geology、biology、physiology
截断字符数量不同	无限截断	不具体指明截去的字符数，截词符通常用“*”表示	comput*、*ology
	有限截断	有具体截去的字符数，截词符通常用“?”来表示，一个“?”仅代表一个字符	acid?：acids acid??：acides、acidic、acidos、acidez

3. 位置检索

位置检索使用位置算符来限制所连接的各个检索词之间的位置关系，如先后顺序、相隔距离等，是实现全文检索的一种方法，也是缩小检索范围、提高文献查准率的一种手段。Web of Science 数据库中，位置算法有 NEAR/*x* 算符、SAME 算符；在其他系统，如 Dialog 中，有 *P*/*x* 算符。这里简要介绍 NEAR/*x* 和 *P*/*x* 算符。

1）NEAR/*x* 算符。NEAR/*x*，缩写为 *N*/*x*，可查找由该运算符连接的检索词之间相隔 0 到 *x* 个单词的记录，*x* 默认为 15。例如，检索式 salmon NEAR virus 和 salmon NEAR/15 virus 的检索效果是相同的。此外，NEAR/*x* 算符连接的两个检索词的顺序是可以互换的。例如，polar *N*/0 embedded 可检索到含有 polar embedded、polar-embedded、embedded polar 等词组的文献。

2）*P*/*x* 算符。*P*/*x* 和 NEAR/*x* 算符用法基本相近，所不同的是 *P*/*x* 要求两个单词在文献中出现的前后位置不能互换。例如，polar P/0 embedded 可检索到 polar-embedded、polar embedded，但是不能检索到 embedded polar。另外，在检索式的编写过程中，要注意检索算符的先后顺序。通常检索算符的优先级为：NEAR/*x* > SAME > NOT >AND >OR。但是，使用括号可以改变运算符的优先级。

思考题

1. 简述计算机检索的基本原理。和手工检索相比，计算机检索有什么优势？
2. 常用的计算机检索算符有哪些？试举例说明。

1.8　科技信息服务机构

1.8.1　科技信息服务机构概述

科技信息服务机构一般是指利用计算机、通信网络、信息存储等现代信息技术，对科技信息进行收集、整理、加工、存储并使之系统化，以向用户提供各种信息检索、信息获取及信息咨询的社会服务机构。

我国科技信息服务机构主要包括各种类型的图书馆、各级政府支持的科技信息研究院所、隶属于各研究院所的情报处（室）或信息中心，以及各种商业性信息咨询公司、数据库供应商、专利信息公司等社会服务机构。此外，一些标准馆、档案馆、博物馆等涉及文献信息收集与整理的机构也提供相关的信息服务。国外一些商业性信息服务机构，如美国的科学信息研究所（ISI）、兰德公司、斯坦福国际咨询研究所（SRI）等，主要面向政府和企业提供决策咨询服务，开展国内外战略性问题的分析预测研究，经常被称为“思想库”或“智囊团”。一个国家（地区）的科技信息服务体系的完善程度和服务能力，通常是反映这个国家（地区）科技发展整体水平的重要标志。

1.8.2　图书馆的资源与服务

1. 图书馆的概念

一般来说，可以将图书馆描述为一种专门从事文献信息收集、整理、加工、揭示、开发并向公众（用户或读者）提供使用服务的社会机构。作为一种社会机构，图书馆有相对固定的工作人员，履行相应的社会职责，即对文献信息进行系统性的收集、整理、加工、揭示和开发，并保障用户对文献信息的查询和获取，从而实现知识信息资源的社会共享。另外，图书馆通常也指某个特定的场所，即作为社会机构的某个图书馆所赖以运行和服务的馆舍或建筑物，这是图书馆的空间属性。此外，现代图书馆还是一种社会制度，这种制度保障社会公众能够平等自由地获取知识和信息，从而成为保障人们认知社会、行使民主权利的制度支撑。

随着电子图书馆、数字图书馆、移动图书馆的出现和成熟化运营，图书馆的存在形态逐渐由实体化走向虚拟化，因此图书馆概念的内涵和外延都发生了深刻的变化。考虑到本书的宗旨和教学目标，我们对此不做进一步的讨论，而仍然将图书馆理解为一种社会机构，它属于科技信息服务机构的一种类型，并将“数字图书馆”“移动图书馆”等新的图书馆发展形态理解为图书馆（作为一种社会机构）所提供的资源和服务。

2. 图书馆的资源与服务

（1）图书馆的资源

图书馆首要的资源是其所收藏和组织的各类文献信息资源，包括传统的纸质文献资源和各种可供用户存取的电子型、数字型信息资源。此外，图书馆的馆舍是保障文献存放和提供服务的空间资源，书架、办公设备、计算机、通信网络等属于设备资源，工作人员则是开展业务工作的人力资源，它们共同组成图书馆的资源体系。其中，文献信息资源在整个图书馆资源体系中处于核心地位，是图书馆开展各种业务工作和用户服务的基础和前提。

（2）图书馆的服务

图书馆向用户提供的服务丰富多彩，概括起来主要包括以下几个方面。

1）文献借阅与网络信息存取服务。现代图书馆既可以向读者提供纸质文献的外借或馆内阅览服务，也可以提供数字信息资源的网络访问、下载等存取服务。向读者提供文献信息的查询与获取服务，是图书馆的最基础功能。

2）馆际互借与文献传递。馆际互借是指当图书馆用户的需求文献在本馆未收藏时向外馆申请借入，或者应外馆用户的请求借出本馆所收藏的文献，以满足外馆用户的需求。馆际互借通常要求合作图书馆之间签署相应的协议，规定具体的实施方案和收费标准。馆际互借包括返还式文献互借和非返还式文献互借，非返还式文献互借一般通过复制后以文献传递方式提供。

文献传递是馆际互借的重要形式，它是将用户的需求文献复制或电子化（数字化）处理后，直接或间接传递给用户的非返还式文献服务，通常需收取一定的费用。当前，文献传递大多以数字化、网络化的方式进行，其优点是高效、快速，既可满足用户的多样化需求，同时也缓解了图书馆经费短缺和资源不足的困境，提高了图书馆资源的有效利用。例如，我国 Calis 旗下的“*e* 得文献获取”系统（http://www.yide.calis.edu.cn）就是一个面向我国高校读者的文献传递系统。

3）信息咨询服务。信息咨询服务是图书馆向用户提供的一种较深层次的咨询服务，即针对用户的特定需求，对相关领域的信息和数据，进行系统性的收集、加工、归类、整理、汇总、分析和研究，形成具有创新价值的结论、建议或研究报告，供用户在研究、决策等活动中予以参考。许多高校图书馆所提供的查新、查收、查引、投稿导引、学科服务等都属于信息咨询的范畴。

4）其他服务。其主要包括举办各类信息素养培训讲座、学术报告、阅读推广等培训教育服务，向用户提供有关的信息设备利用服务，提供阅览、学习、研究、展览等活动所需的空间利用服务。

在图书馆的实际工作中，上述每一项服务都不是孤立的，而是有机结合在一起的，如文献信息服务是图书馆的基础服务，培训服务主要是围绕文献信息资源的利用而开展的，信息咨询是对文献信息资源的深度开发和利用。

1.8.3　其他信息服务机构的资源与服务

1. 科技信息研究院（所）

科技信息研究院（所）隶属于我国各级政府科技行政部门，其主要职能是为政府部门提供决策支持，为科技创新主体（企业、高等院校、科研院所和科研人员）提供全方位的信息服务，诸如信息查询与获取、情报研究、市场分析、科技查新、创新评估、决策咨询等服务。

2. 信息咨询公司

信息咨询公司一般指从事信息咨询服务的商业性公司，提供的主要服务包括信息查询代理、专利事务代理、商务咨询、情报分析、市场分析等。

3. 数据库提供商

数据库提供商主要指从事各类数据库（包括文献型、数据型、事实型、多媒体型）研发、建设和营销的商业性公司，著名数据库提供商如国内的中国学术期刊（光盘版）电子杂志社有限公司（CNKI）、北京万方数据股份有限公司、重庆维普资讯有限公司、北京世纪超星公司，国外的如科睿唯安（Clarivate）、爱思唯尔（Elsevier）、ProQuest 等公司。

4. 专利文献服务机构

专利文献服务机构指主要提供国内外专利文献的查询、阅览、获取、分析、翻译、咨询等服务的机构。例如，各国专利局或知识产权局通常提供相关的专利文献服务，还有一些商业性的专利文献服务公司，如广州奥凯信息咨询有限公司（智慧之光专利大数据系统）、英国德温特公司（Derwent）、美国 ProQuest 公司（Dialog 专利系统）等。

5. 标准馆、档案馆、博物馆

标准馆主要提供国内外各种标准文献的查询、阅览、获取、咨询等服务。档案馆隶属于各级政府部门及相关的企事业机构，主要提供档案文献的查阅利用服务。博物馆有时也会收藏一些见证历史变迁的图书、报刊、书法、拓片、绘画、照片、纸币、票证（如布票、粮票、邮票）等文献资料，这些资料在一定情况下也可供人们研究利用。

思考题

1. 科技信息服务机构主要有哪些类型？
2. 图书馆主要提供哪些资源和服务？
3. 如何理解馆际互借与文献传递？

1.9　信息安全防范措施及相关法律法规

1.9.1　信息安全及其防范措施

1. 信息安全

随着计算机技术和网络技术的不断发展和普及，互联网已成为人们工作和生活中的一部分。互联网在为人们带来便捷的同时也滋生了不少问题，信息安全就是其中非常突出的一个问题，不法分子利用互联网进行作案的案件时有发生，严重损害了互联网使用者的权益。

信息安全目前还没有统一的定义，国际标准化组织（International Organization for Standardization，ISO）对信息安全的定义是："为数据处理系统建立和采用的技术和管理的安全保护，保护计算机硬件、软件和数据不因偶然和恶意的原因遭到破坏、更改和泄露。"

信息安全的最终目标就是通过各种技术与管理手段实现网络信息系统的可靠性、保密性、完整性、有效性、可控性和拒绝否认性。

狭义的信息安全通常涉及设备和技术，而广义的信息安全，除了涉及设备和技术外，还涉及相关的人、措施、法律等。

根据《信息安全等级保护管理办法》（公通字[2007]43 号），信息系统的安全保护等级分为五级，其中第一级是最低一级，这一级别的信息系统受到破坏后，只会对个人、部门或者单位带来损害；安全级别越高的信息系统，受到破坏后带来的损失就越大。

对个人用户而言，所涉及的信息安全一般是属于广义层次的，个人所采取的防范措施主要是应对信息安全等级中的第一级所面临的问题和危险。

2. 防范措施

计算机（包括各种手持终端、智能手机）利用互联网在现代社会已经成为文献检索的基本工具和途径，进行文献检索，就会面临信息安全的问题，如何保障信息安全是每一个文献检索者必须面对和解决的问题，因此采取必要的防范措施是非常重要的。

（1）做好硬件和软件系统的安全工作

1）做好硬件安全运行保障。为硬件运行提供必要的保障条件：安全稳定的电源、适宜的温度和湿度；掌握各类硬件的开关顺序，对于不支持长时间运行的设备，使用完毕后要及时关闭；了解专用硬件的使用方法；遇到硬件问题要请专业的技术人员来处理，不要随意拆卸。

2）安装反病毒软件和防火墙软件。反病毒软件（也称杀毒软件）是一种专业软件，用来清除已知的对计算机安全构成威胁的计算机病毒、木马程序和恶意软件等。防火墙是指由软件和硬件设备组合而成、在内部网络和外部网络之间、专用网与公共网之间构造的保护屏障。就个人用户而言，防火墙通常指的是软件防火墙。

国内用户常用 360、腾讯、金山、瑞星、卡巴斯基、诺顿等厂商提供的安全软件（排名不分先后，也未包括全部的相关安全厂商）。

3）及时安装系统漏洞补丁程序。系统漏洞（system vulnerabilities）是指操作系统软件或应用软件在逻辑设计（或者编写）上的缺陷或错误。不法分子利用这些缺陷或者错误，可以通过多种方式来攻击或控制计算机，窃取和破坏计算机中的资料和信息。规范的软件厂商都会及时发布修补这些漏洞的补丁程序。计算机用户应及时安装补丁程序，以应对系统漏洞所带来的安全问题。

4）分别设置各类密码并尽可能设置复杂的密码。在使用计算机和互联网的过程中，不同的应用软件要尽量避免使用相同的密码。对于重要的系统和应用软件的密码一定要单独设置，不要与其他密码混用。

（2）安全用网

1）不下载来路不明的软件及文件。应选择信誉好、知名度高的网站来下载软件和文件，下载的软件和文件最好集中存放在系统盘之外的磁盘目录下，在下载后要用反病毒软件来检查下载的软件和文件。现在，主流的反病毒软件，一般都具有实时监控功能，可自动扫描病毒和木马等。

2）慎用陌生 WIFI。随着网络特别是移动网络的普及，在很多场所都配置有 WIFI。首先，不要轻易使用不熟悉的 WIFI；其次，手机、计算机不要设置自动连接 WIFI，应先进行识别，再连接；再次，手机和计算机都要安装杀毒软件和防火墙并及时更新；最后，如果要使用陌生 WIFI 来连网，尽量不要进行账号登录等操作。

3）要重视浏览器“不安全网页”的提醒。现在大部分主流浏览器都可以自动识别网站（网页），当我们访问某个网站（网页）弹出不安全提醒时，一定要注意辨识网站是否为“钓鱼”网站，不要轻易地就继续访问。

4）不要轻易打开手机短信中提供的链接。无论是朋友还是陌生人发来的短信，如果短信中含有超级链接，不要轻易打开这些链接，要判断一下短信内容是否符合常理，若不符合直接删除。

一旦点击了短信中挂有木马或者病毒的超级链接，建议采取以下措施：提醒自己手机通讯录中的联系人小心被骗；若手机上关联有支付宝、网上银行等应用软件，要尽快更改密码；对重要信息和资料进行备份后，通过恢复手机出厂设置或请专业的技术人员重装系统来清除这些病毒和木马；如有必要，可以报警。

5）慎重接收陌生的电子邮件。尤其要注意电子邮件中的附件，其中可能含有病毒或木马程序，会导致各种账号和密码的泄露，甚至带来严重损失；对于来路不明的邮件可以直接删除，或者在邮箱的设置中，将陌生人的邮件直接拦截。

6）保护好个人信息。不要轻易在网络上公开或者提交提供包括电子邮箱、电话、地址等在内的个人信息。要养成保密个人资料的习惯，尤其是对唯一标识身份类的个人信息，如身份证号码、驾驶证号码等，不要轻易提供。

（3）重要数据定期备份

对数据进行备份是为了保证数据的一致性和完整性，要定期备份重要数据，做到有备无患。就个人用户而言，通常需要备份的就是各种格式的文件，可以选择云备份、U 盘（移动硬盘）备份、光盘备份等方式，为了保险起见，可以同时以多种方式进行备份；如果有更高的备份要求，还可以选择专业的备份设备和软件来进行备份。

（4）信息安全意识很重要

保障信息安全不能仅依靠设备和技术，还要遵循各种操作规范、规章制度及相关法律法规，最关键的是要有信息安全的观念，不断增强信息安全意识很重要。著名的黑客凯文·米特尼克在《欺骗的艺术》一书中说：“使用再多的安全技术也不能解决人为的安全因素。”不管设备多么先进、系统多么严密，如果使用者的信息安全意识不足，都容易导致信息或者数据外泄，甚至带来严重损失。

1.9.2　信息获取和利用遵守相关法律法规

在获取和利用信息的过程中，我们需要了解和遵守相关法规和制度，才能最大程度上得到获取和利用信息的自由。

在我们国家，已经颁布了不少关于合理使用和获取信息方面的法律条文，下面介绍其中几种。

1. 著作权

《中华人民共和国著作权法》是关于著作权的主要法律，专门为保护文学、艺术和科学作品作者的著作权，以及与著作权有关的权益而制定，共六章，分别是第一章“总则”、第二章“著作权”、第三章“著作权许可使用和转让合同”、第四章“出版、表演、录音录像、播放”、第五章“法律责任和执法措施”和第六章“附则”，共六十一条。

2. 传播权

2013 年 1 月 30 日修订的《信息网络传播权保护条例》的第六条、第十二条明确了著作权人之外的自然人或法人所拥有的传播权，选取第六条介绍如下。

第六条　通过信息网络提供他人作品，属于下列情形的，可以不经著作权人许可，不向其支付报酬：

（一）为介绍、评论某一作品或者说明某一问题，在向公众提供的作品中适当引用已经发表的作品；

（二）为报道时事新闻，在向公众提供的作品中不可避免地再现或者引用已经发表的作品；

（三）为学校课堂教学或者科学研究，向少数教学、科研人员提供少量已经发表的作品；

（四）国家机关为执行公务，在合理范围内向公众提供已经发表的作品；

（五）将中国公民、法人或者其他组织已经发表的、以汉语言文字创作的作品翻译成的少数民族语言文字作品，向中国境内少数民族提供；

（六）不以营利为目的，以盲人能够感知的独特方式向盲人提供已经发表的文字作品；

（七）向公众提供在信息网络上已经发表的关于政治、经济问题的时事性文章；

（八）向公众提供在公众集会上发表的讲话。

3. 个人隐私保护

2017 年 6 月 1 日起施行的《中华人民共和国网络安全法》中的第十二条、第十四条、第四十三条、第四十四条对于个人隐私保护，做出了明确的规定。

以上是部分法律条文的介绍，法律是道德的底线，作为信息的使用者，在遵守相关法律法规的前提下，更应该不断提高自身的信息素养水平和信息道德水平。

思考题

1. 广义信息安全和狭义信息安全的区别有哪些？
2. 信息安全防范措施中最关键的因素是什么？
3. 在什么情况下可以不经著作权人许可、不向其支付报酬而使用其作品？

第2章　不同出版类型文献资源的检索与利用

2.1　图书资源的检索与利用

2.1.1　图书的概述

1. 图书的定义

以传播知识为目的，用文字或其他信息符号记录于一定形式材料之上的著作物。一般篇幅达48页以上并构成一个书目单元的文献称为图书。

2. 常见的图书类型

图书的数量多、类型复杂，在整个文献中占有重要地位。现在正式出版的图书都有国际标准书号（International Standard Book Number，ISBN），如ISBN 978-7-5135-8971-0。

按图书的功能可分为阅读型图书（如教科书、专著、论文集、普及读物等）和工具型图书（如字典、辞典、百科全书、年鉴、手册等）；按图书的内容和部头大小可分为全集、选集、丛书、论文集、史志、政书、类书、方志、参考资料等。

3. 图书的特点

图书的内容比较系统、全面、可靠，有一定的新颖性；编辑出版时间相对较长，信息更新的速度相对较慢。

电子图书是继纸质图书之后出现的一种全新的图书展示方式。较传统的纸本图书，电子图书主要有获取与携带方便、易于检索与互动、个人定制、出版周期短等特点。

4. 联机公共查询目录

“联机公共查询目录”（On-line Public Access Catalogue，OPAC）的前身是“开放的公共查询目录”（Open Public Access Catalogue），而“开放的公共查询目录”是传统手工读者目录查询的自动化。

随着科技的发展，目前联机公共查询目录实际是一种通过网络查询馆藏信息资源的联机检索系统。用户可以不受时间地点的限制，通过联机公共查询目录查询各个图书馆的馆藏信息资源。目前，读者可通过网络终端检索和利用世界各地图书馆的联机公共检索目录。读者通过联机公共查询目录可以了解到某一种图书是否被某个图书馆收藏，以及馆藏地点、索书号和当前馆藏状态及该书的相关信息。

5. 图书资源的获取途径

图书资源的获取途径主要有通过馆藏资源、利用数据库资源、利用网上资源等。

2.1.2 中文图书资源检索的主要工具

1. 利用图书馆导航检索图书资源

1）清华大学图书馆提供的图书馆资源。查找方法：登录清华大学图书馆主页（http://www.lib.tsinghua.edu.cn）→国内外图书馆→选择目标图书馆即可。

2）中国国家图书馆提供的图书馆资源。查找方法：登录中国国家图书馆（http://www.nlc.cn）→站点地图→图书馆界→图书馆导航→选择目标图书馆即可。

3）中国科学院图书馆提供的图书馆资源。查找方法为：登录中国科学院图书馆主页（http://www.las.ac.cn）→国内外大型图书馆→选图书馆即可。

4）CALIS 提供的图书馆资源。查找方法：登录 CALIS（http://www.calis.edu.cn）→图书馆导航→选图书馆即可。

2. 利用各馆的馆藏目录或数据库查找馆藏图书资源

（1）中国国家图书馆及其联机公共查询目录

中国国家图书馆位于北京市海淀区。国家图书馆由总馆北区、总馆南区、古籍馆三处馆舍组成，总建筑面积 28 万平方米，是亚洲规模最大的图书馆，居世界国家图书馆第三位。它是综合性研究图书馆，是国家总书库。其承担搜集、加工、存储、研究、利用和传播知识信息的职责。它是世界收藏中文图书最丰富的图书馆，截至 2014 年，馆藏总量为 3370 万余册（件）。其覆盖中外文图书、期刊、报纸、特藏专藏、缩微文献、视听文献、中外电子资源等。

目前作为中国最大的数字文献资源库和服务基地，数字资源总量超过 1000TB，并以每年 100TB 的速度增长。截至 2014 年底，数字资源总量 1024.45TB。其主要覆盖电子图书、电子期刊、电子报纸、学位论文、会议论文、音频资料、视频资料等。外购数据库共计 277 个，包括中文数据库 127 个、外文数据库 150 个。网址为 http://www.nlc.cn。

查找方法：登录国家图书馆主页（http://www.nlc.cn）→馆藏目录检索→查找目标图书即可。

（2）CALIS 联合目录中心数据库

CALIS 联合目录中心数据库建于 1997 年，目前由 CALIS 联机合作编目中心的 470 多家成员馆上传数据。该目录数据库涵盖印刷型图书和连续出版物、电子期刊和古籍等多种文献类型；覆盖中文、英文和日文等语种。其中，图书的书目内容囊括了教育部颁发的关于高校学科建设的全部 71 个二级学科，226 个三级学科。目前 CALIS 联合目录数据库含书目记录 676 万条，通过其联合目录公共检索系统提供检索服务。网址为 http://opac.calis.edu.cn。

其查找办法为：登录 CALIS 主页（http://www.calis.edu.cn）→书刊联合目录→检索

图书即可。

（3）CASHL 图书期刊联合目录

1）中国高校人文社会科学文献中心。中国高校人文社会科学文献中心（China Academic Humanities and Social Sciences Library，CASHL）由项目管理中心和 2 个全国中心、7 个区域中心及 8 个学科中心组成。网址为 http://www.cashl.edu.cn。

2）CASHL 提供的高校人文社科外文图书联合目录。高校人文社科外文图书联合目录收录了 70 所“教育部文科图书引进专款”受益院校共计 129 万种人文社会科学外文图书和 34 万种电子图书，涉及人文社会科学各个学科领域。CASHL 图书面向 CASHL 馆际互借成员馆提供馆际互借服务。此外，CASHL 还收录了上海图书馆 10 万种人文社科外文图书，面向全国 CASHL 成员馆用户提供馆际互借服务。

查找办法 1：登录 CASHL（http://www.cashl.edu.cn）→图书→图书检索与浏览界面→查找目标图书即可。

查找办法 2：登录 CASHL（http://www.cashl.edu.cn）→为您服务→图书借阅→高校人文社科外文图书联合目录→查找目标图书即可。

（4）国家科技图书文献中心及其收藏

国家科技图书文献中心（National Science and Technology Library，NSTL）由中国科学院文献情报中心、中国科学技术信息研究所、机械工业信息研究院、冶金工业信息标准研究院、中国化工信息中心、中国农业科学院农业信息研究所、中国医学科学院医学信息研究所、中国标准化研究院标准馆和中国计量科学研究院文献馆组成。其是经国务院领导批准于 2000 年成立的一个基于网络环境的科技信息资源服务机构。

NSTL 收集国内外期刊论文、学位论文、会议论文、专利文献、标准文献和科技丛书等资源,其中外文科技丛书数据库主要收录该中心自 2006 年以来订购的以英文出版的科技丛书类型文献的文摘数据，收藏外文科技丛书总量为 29 万余条，覆盖自然科学、工程技术和医学等各个学科领域，数据每周更新。通过该馆提供的检索平台可以检索到其题录和文摘等信息。网址为 http://www.nstl.gov.cn。

查找办法：登录 NSTL 主页（http://www.nstl.gov.cn）→文献检索→查找目标图书即可。

（5）中国科学院文献情报中心的图书资源

该中心拥有馆藏图书、电子图书，以及该中心购买的中外文图书数据库。通过在中国科学院文献情报中心主页“资源集成发现”平台的“学术搜索”查询图书，进入检索结果界面后，在资源类型栏中选择“图书”即可获得相应的图书检索结果；也可以在“学术搜索”检索框右侧点击进入“高级检索”界面，选择图书进行查询。图书查询的数据源来自学术资源发现系统（Summon）、中国科学院统一自动化系统、中国科学院联合目录及其购买的中外电子图书。

还可通过其提供的链接查找对应中心的馆藏资源，网址如下：

中国科学院文献情报中心	http://discovery.las.ac.cn
中国科学院成都文献情报中心	http://www.clas.ac.cn
中国科学院武汉文献情报中心	http://www.whlib.ac.cn

中国科学院兰州文献情报中心　　http://www.llas.cas.cn
中国科学院上海生命科学信息中心　　http://www.sicls.ac.cn
中国科学院大学图书馆　　http://lib.ucas.ac.cn

查找办法 1：登录该中心主页（http://www.las.ac.cn）→查找资料→查找图书→查找目标图书即可。

查找办法 2：登录该中心主页（http://www.las.ac.cn）→资源集成发现→馆藏纸本或电子图书→查找目标图书即可。

（6）清华大学图书馆联机公共数据库

清华大学图书馆建于 1912 年，目前该馆由校图书馆及文科、经管、法律、建筑、美术和金融 6 个专业图书馆组成。截至 2015 年底，实体馆藏总量约 491.2 万册（件），形成以自然科学和工程技术科学文献为主体，兼有人文、社会科学及管理科学文献等多种类型、多种载体的综合性馆藏体系。各类数据库 550 余个；全文电子期刊 6.9 万余种；电子图书 840 万余册，电子版学位论文 353 万余篇。提供馆藏目录检索系统和电子图书检索系统。网址为 http://www.lib.tsinghua.edu.cn。

（7）北京大学图书馆联机公共数据库

北京大学图书馆建于 1898 年，目前该馆由总馆、医学馆、38 个分馆、储存馆组成，总面积约 9 万平方米。截至 2015 年底，总、分馆文献资源累积量约 1100 万余册（件）。其中，纸质藏书 800 万余册，引进和自建的国内外数字资源，包括各类数据库、电子期刊、电子图书和多媒体资源约 300 万册（件）。网址为 http://www.lib.pku.edu.cn。

查找纸本图书资源方法：登录北京大学图书馆（http://www.lib.pku.edu.cn）→馆藏目录→可查找该馆收藏的纸本图书资源→查找目标图书即可。

查找中外电子图书方法：登录北京大学图书馆（http://www.lib.pku.edu.cn）→电子资源→电子图书或电子教参书→可查找该馆购买的中外电子图书资源→查找目标图书即可。

3. 利用电子图书数据库获取相关图书资源

（1）中华数字书苑的电子图书

中华数字书苑是北京方正阿帕比技术有限公司推出的服务平台。该平台收录了中华人民共和国成立以来大部分的图书全文资源、全国各级各类报纸及年鉴、工具书、图片等特色资源产品；200 万余种书目信息；85 万余种图书全文资源。提供在线阅读、全文检索、离线借阅、移动阅读、下载、打印等数字内容和知识服务。如图 2-1 所示，网址为 http://www.apabi.cn。

（2）书生之家数字图书馆的电子图书

书生之家数字图书馆由北京书生数字技术有限公司于 2000 年创办，目前有电子图书 100 万余种，内容覆盖各学科领域，多数是 1999 年以后出版的图书。阅读书生之家数字图书馆的电子图书全文需安装书生阅读器。检索与阅读全文如图 2-2 所示。网址为 http://www.sursen.com。

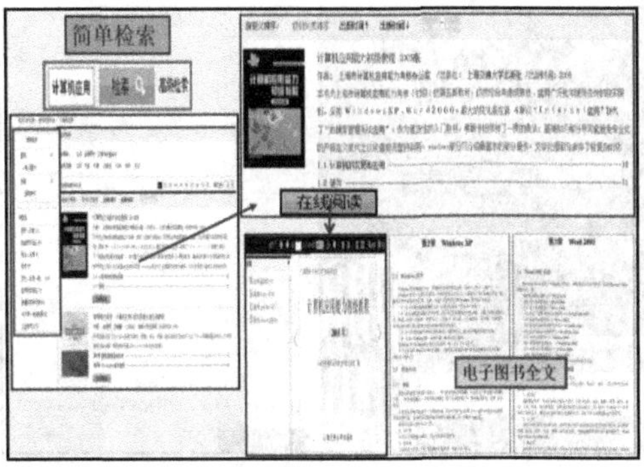

图 2-1 中华数字书苑检索及阅读全文界面

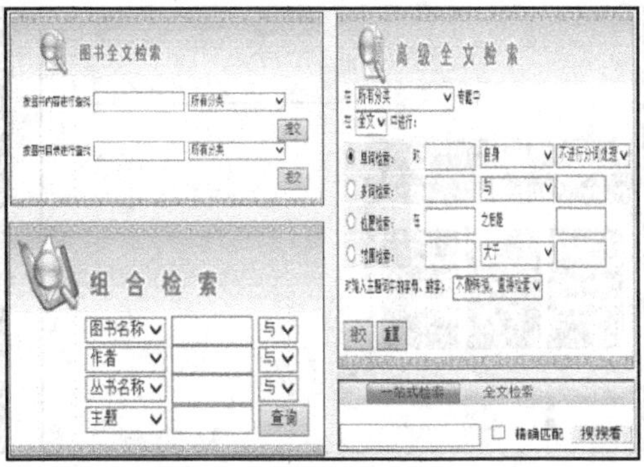

图 2-2 书生之家数字图书馆的检索界面

4. 网上图书资源

学习资料库	http://www.xuexi111.com
超星读书	http://book.chaoxing.com
北京图书大厦网络书店	http://www.bjbb.com.cn
当当书店	http://www.dangdang.com
中关村图书大厦网上书店	http://www.zgcbb.com
京东商城	https://book.jd.com

5. 其他电子图书资源

清华大学图书馆电子图书资源	http://www.lib.tsinghua.edu.cn/database/ebook.html
北京大学图书馆数据库导航	http://www.lib.pku.edu.cn/portal
中国科学院图书馆提供的中外电子图书资源	http://www.las.ac.cn/subpage/Information_Content.jsp?InformationID=6156
中国国家图书馆	http://www.nlc.cn/dsb_zyyfw/ts/tszyk

2.1.3 外文图书资源检索的主要工具

1. 利用图书馆导航检索图书资源

参见 2.1.2 节相应部分内容。

2. 利用馆藏目录查找馆藏图书资源

1）美国国会图书馆。美国国会图书馆是世界上最大的图书馆之一，其中的目录检索服务，为您检索该图书馆的馆藏提供方便。其联机目录界面如图 2-3 所示。网址为 http://www.loc.gov。

2）大英图书馆。大英图书馆是英国国家图书馆，目录检索如图 2-4 所示。网址为 http://www.bl.uk。

3）欧洲图书馆。欧洲图书馆（The European Library，TEL）是一个覆盖欧洲 48 个国家的图书馆联盟。网址为 http://www.theeuropeanlibrary.org/tel4。

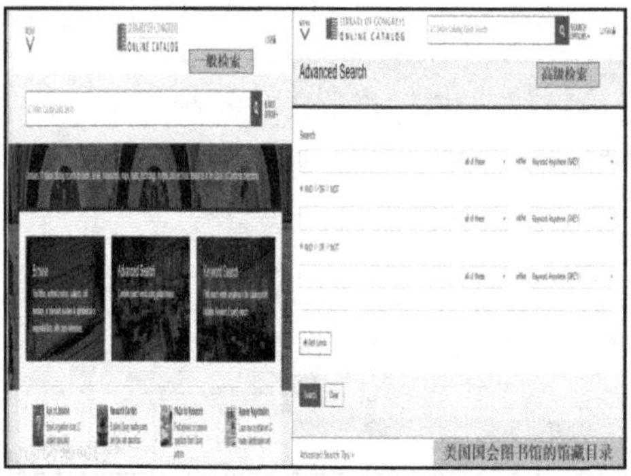

图 2-3 美国国会图书馆的馆藏目录检索界面

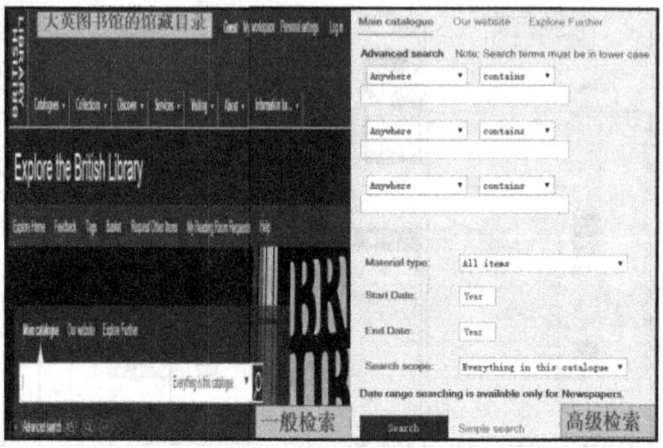

图 2-4 大英图书馆的馆藏目录检索界面

3. 利用电子图书数据库获取相关图书资源

（1）Springer 电子图书

施普林格·自然（Springer Nature）集团是目前全球最大的学术书籍出版公司。SpringerLink 平台收录文献超过 1000 万篇，包括图书、期刊、参考工具书、实验指南和数据库，其中收录电子图书超过 22 万种，最早可追溯至 1840 年。其涵盖行为科学、工程学、生物医学和生命科学、人文、社科和法律、商业和经济、数学和统计学、化学和材料科学、医学、计算机科学、物理和天文学、地球和环境科学、计算机职业技术与专业计算机应用、能源等学科，如图 2-5 所示。网址为 https://link.springer.com。

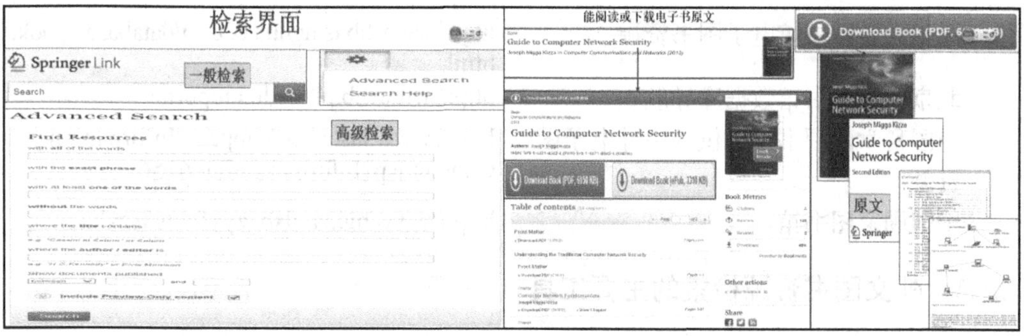

图 2-5 SpringerLink 平台检索及阅读原文界面

（2）World eBook Library

世界电子图书馆（World eBook Library，WeL）成立于 1966 年。WeL 的资源覆盖了 31 个学科大类，152 个学科种类的资源，有全球 240 余种语言的超过 340 余万册 PDF 格式电子图书与 2.3 万余种有声读物。已购买该数据库的单位用户可以查看原文，如图 2-6 所示。网址为 http://worldlibrary.org。

（3）Ebrary 电子图书数据库

Ebrary 公司由 McGraw-Hill Companies 等三家出版公司 1999 年共同投资组建。Ebrary 电子图书数据库整合了来自 500 多家学术、商业和专业出版商的权威图书和文献，覆盖商业经济、社科人文、历史、法律、计算机、工程技术、医学等多个领域。2017 年初，ProQuest Ebook Central 完成了 Ebrary 及 EBL 电子书的整合，并统一定名为 ProQuest

Ebook Central（EBC），收藏图书已增至 14 万多册，如图 2-7 所示。网址为 https://www.proquest.com/APPC-CN/CN-products-Services。

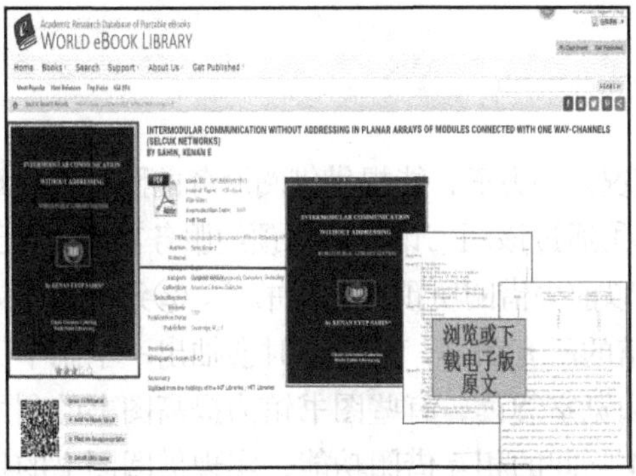

图 2-6　WeL 阅读或下载电子版原文

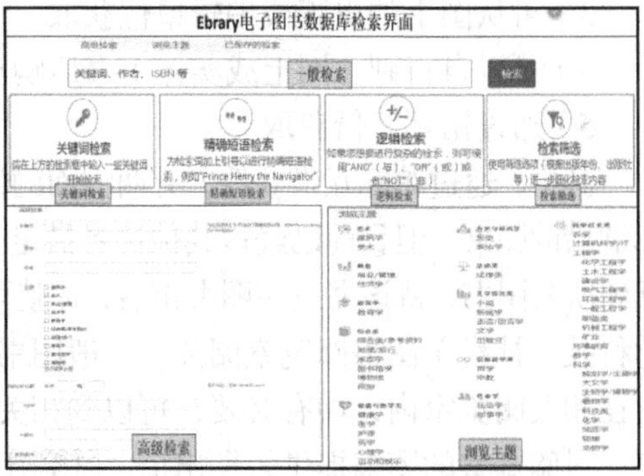

图 2-7　Ebrary 电子图书数据库检索界面

（4）WISEBOOK 电子图书

WISEBOOK 外文电子图书数据库是由北京维思博文科技有限公司与美国德诺美集团（美国数字联盟成员）合作引入的高端电子图书数据库，由北京维思博文科技有限公司负责在中国大陆地区的销售。该数据库涵盖了近百家知名出版社所出版的 10 万多种外文电子图书，覆盖计算机、通信、工业工程、生物科技、经济管理等领域。

目前，中国矿业大学图书馆与徐州师范大学图书馆联合引进了 WISEBOOK 外文图书资源数据库，中国矿业大学图书馆网址为 http://lib.cumt.edu.cn/main.htm。

4. 网上图书资源

美国国家科学院出版社免费电子图书	http://www.nap.edu/browse.html
亚马逊网上书店	http://www.amazon.com
学习资料库	http://www.xuexi111.com
牛津大学出版社	http://www.oup.co.uk
Knovel Library	http://www.knovel.com
Wileg Online Library	http://onlinelibrary.wiley.com
EBSCO eBooks & Audiobooks	https://www.ebscohost.com/ebooks
IOP 电子图书	http://iopscience.iop.org/booklist/10/1
WorldCat	http://www.oclc.org/worldcat.html
Elsevier SD 电子图书	http://www.sciencedirect.com/science/bookbshsrw

5. 其他电子图书资源

前文已有论述，此处不再赘述。

2.1.4　获取图书资源的方法

图书资源的获取一般通过以下几种方法。

1）到能够为你提供服务的图书文献收藏单位借阅。

2）为你提供服务的图书馆，如果购买了相关图书数据库或电子版的图书，你可以通过其提供的数据库使用其电子图书。

3）可从图书的出版或编辑单位获取。

4）可以自行到（网上或实体）书店购买。

5）通过馆际互借获取。

其中，通过馆际互借获取，有两方面的情况。一方面，能提供借阅服务的图书馆收藏你欲借的图书，但目前已经被其他读者借走。①通过该图书馆提供的预约服务功能，自己预约所需图书，待该书返还图书馆后，你就可以前去借阅所预约的图书了。②到该图书馆的科技（社科）图书阅览室阅读。一般图书馆的所有图书，在管理时会抽出一个副本保留在相关阅览室内，如有必要，可以到相关阅览室阅读，有些图书馆为提高图书的利用率，对阅览室的图书提供短期出借。③利用馆际间的相互借阅功能，实现借阅图书的目的。目前国内大部分图书馆均提供图书的馆际互借功能，馆际互借是在协议图书馆之间实行的一种返还式馆际文献资源共享的服务方式。当本馆没有该文献或该文献已被读者借走时，一般图书馆会为本馆读者提供这种馆际互借服务。具体操作方式可咨询图书馆相关部门。④自己购买或由图书馆代购。

另一方面，能提供借阅服务的图书馆没有收藏你欲借的图书。①利用图书馆提供的馆际互借功能，实现借阅图书的目的。②自己购买或由图书馆代购。③推荐图书馆购买。一般图书馆都会提供图书的推荐功能，可以把你需要的图书或你认为比较好的图书推荐给图书馆。

思考题

1. 中文图书资源检索的主要工具有哪些？
2. 请列出两种外文图书数据库。
3. 简述如何获取图书资源。

2.2　期刊及期刊论文资源的检索与利用

2.2.1　期刊及期刊论文概述

1. 期刊的定义

对期刊的定义有多种讨论。1964 年，联合国教育、科学及文化组织（简称联合国教科文组织）提出“凡是用同一种标题连续不断（无限期）地定期或不定期出版下去，每年至少在一期（一次）以上，每期均有期次编号，或注明日期的出版物，均称为期刊”。1977 年，国际图书馆学会联合会（IFLA）在大力推进国际图书文献工作标准化的过程中，将“期刊”（periodical）这一概念发展为“连续出版物”（serial）。在我国的国家标准《信息与文献　参考文献著录规则（GB/T 7714—2015）》中，将连续出版物定义为，“通常指载有年卷期或年月日顺序号，并计划无限期地连续出版发行的印刷或非印刷形式的出版物”。

本节所指的期刊，是定期或不定期连续出版的、有统一的名称、固定的开本、版式、有连续的序号、汇集了多位作者分别撰写的多篇文章，并由专门的机构编辑出版的出版物。

2. 期刊论文的特点

自 1665 年第一种期刊问世以来，期刊的发展十分迅速，被称为整个科学史上最成功的、无处不在的科学信息载体。期刊总体来说，数量大、品种多；内容新颖、及时、广泛；出版周期短，报道速度快；发行面广；连续性强，伴随着相应的学科领域发展而前进。而电子期刊始于 20 世纪 70 年代，20 世纪 90 年代之后网络型电子期刊成为电子期刊的主流。电子期刊与传统印刷型期刊相比，其优点在于出版周期短，能够实现资源共享，存储量大，表现形式丰富，具有检索、复制和超文本链接、交互等功能。

2.2.2　中文期刊及期刊论文资源检索的主要工具

1. 中国学术期刊全文数据库（CNKI）

CNKI 中国学术期刊全文数据库（China Academic Journal Network Publishing Database，CAJD）以学术、技术、政策指导、高等科普及教育类期刊为主，内容覆盖自然科学、工程技术、农业、哲学、医学、人文社会科学等各个领域。产品分为 10 大专辑，基础科学、工程科技Ⅰ、工程科技Ⅱ、农业科技、医药卫生科技、哲学与人文科学、社会科学Ⅰ、社会科学Ⅱ、信息科技、经济与管理科学。十大专辑下又分为 168 个专题。收录自 1915 年至今出版的期刊，部分期刊可回溯至创刊。网址为 http://www.cnki.net。

（1）检索方式

CNKI 检索平台提供了一框式检索、高级检索、专业检索等多种模式，下面重点介绍一框式检索与高级检索。

1）一框式检索。检索平台提供了统一的检索界面，采取一框式的检索方式，用户只需在文本框中直接输入自然语言（或多个检索短语）即可检索。同时在输入检索词时，只需输入部分内容，系统会根据输入的词，自动提示相关的词，通过鼠标选中提示词，点击检索按钮（或者点击提示词，或者直接回车），即可实现相关检索。此外，在检索结果页面的下方，提供了输入检索词的相关词，点击相关词即可进行检索。

2）高级检索。高级检索中，提供了更多的组合条件，来源、基金、作者及作者单位等，以便用户准确描述检索思想。

（2）期刊导航

CNKI 目前共收录 10 834 种期刊（数据收集时间为 2017 年 4 月 14 日）。用户可根据刊名、国际刊号、域名、主办单位等途径进行检索，或根据数据库提供的导航功能选择相关期刊。

导航内容覆盖自然科学、工程技术、农业、哲学、医学、人文社会科学等各个领域，囊括了基础研究、工程技术、行业指导、党政工作、文化生活、科学普及等各种层次的期刊。读者可直接浏览期刊基本信息，按期数查找期刊文章。

（3）检索结果的查看

CNKI 平台采取了对多个不同数据库检索结果进行组合，再导出存盘。与此同时，具有分析、组合预览和生成检索报告的功能。在检索结果页面，可以选择需要的文献进行组合。

CNKI 检索结果可以进行分组与排序。检索结果中显示相关的分组详细情况，且分组中若包含年份，则默认展开，并且每一个分组后面都显示了该组的数量。点击某个分组之后，下方结果则发生相应的变化。在检索结果的下方，可以选择按照某个字段进行排序，默认为“主题排序”降序，再次点击之后则按照升序排列。

CNKI 提供的分组模式包括学科、基金、研究层次、作者、单位、全部类别等；排序模式包括发表时间、相关度、主题排序、被引、下载次数排序等。数据库提供了文献分析功能，可分析选择的文献的互引关系、参考文献、引证文献、文献共被引分析、关键词文献分析、读者推荐分析、*H* 指数分析、文献分布分析（来源分析、机构分布）等。

2. 万方数据知识服务平台

万方期刊资源包括中文期刊和外文期刊，其中中文期刊共 8000 余种，核心期刊 3200 种左右，涵盖了自然科学、工程技术、医药卫生、农业科学、哲学政法、社会科学等各个学科；外文期刊主要来源外文文献数据库，收录了 1995 年以来世界各国出版的 20 900 种重要学术期刊。万方数据平台中还包括 OA 论文。网址为 http://new.wanfangdata.com.cn/index.html（新版），数据库提供基本检索、高级检索与专业检索等模式。万方期刊检索界面如图 2-8 所示。

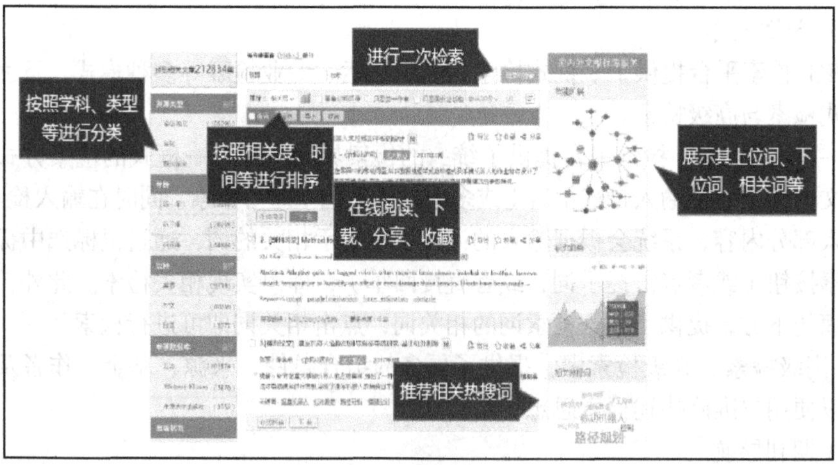

图 2-8　万方期刊检索界面

3. 维普中文期刊服务平台

维普中文期刊服务平台，由重庆维普资讯有限公司提供，前身为中国科技情报研究所重庆分所数据库研究中心，是中国第一家进行中文期刊数据库研究的机构。1989 年研发并推出了中文科技期刊篇名数据库（CB ISTIC/CEPC Periodicals China Base），之后相继研发并推出了中文科技期刊数据库、中国科技经济新闻数据库等数据产品。目前收录有 14 000 余种期刊，数据可回溯到 1989 年，部分期刊可回溯至 1955 年。提供包括文献检索、期刊检索、主题检索、作者检索、机构检索、基金检索、学科检索、地区检索等检索方式。网址为 http://qikan.cqvip.com。

4. 全国期刊联合目录

全国期刊联合目录数据库创建于 1983 年，由中国科学院文献情报中心牵头研建。从 2002 年起，全国期刊联合目录数据库依托中国科学院知识创新工程重大项目——中国科学院国家科学数字图书馆建设项目的支持，有了更大的发展。现在全国期刊联合目录数据库已经发展成一个多学科、多文种的大型数据库，包括全国西文期刊联合目录数据库、全国日文期刊联合目录数据库、全国俄文期刊联合目录数据库、全国中文期刊联合目录数据库 4 个子库；学科范围覆盖数学、物理、化学、天文、地理、生命科学、农业、医药、信息科学、工业技术、社会科学等；成员馆遍布全国，包括 562 家主要的大型公共图书馆、中国科学院系统图书馆、中国社会科学院系统图书馆、各大部委的情报所、科研系统的图书馆、重点高校的图书馆和军队卫生系统的图书馆等。全国期刊联合目录是网上外文期刊的目次文摘及部分免费全文期刊的导引库；同时支持馆际互借和原文传递。用户在检索到某刊目次文摘或全文的同时可以清楚地了解到我国哪些图书馆收藏了此刊。网址为 http://union.csdl.ac.cn/index.jsp。

5. 网络免费中文期刊资源

在网络上还有很多免费的中文期刊论文资源可供用户使用。

1）百度学术搜索。百度学术搜索是百度旗下的提供海量中英文文献检索的学术资源搜索平台，于 2014 年 6 月上线。涵盖了各类学术期刊、会议论文等，旨在为国内外学者提供更好的科研体验。百度学术搜索可检索到收费和免费的学术论文，并通过时间筛选、标题、关键字、摘要、作者、出版物、文献类型、被引用次数等细化指标提高检索的精准性。网址为 http://xueshu.baidu.com。

2）中国科技论文在线精品论文。《中国科技论文在线精品论文》由教育部主管，教育部科技发展中心主办，依托中国科技论文在线网站高水平的学术委员会，精选出《中国科技论文在线精品论文》中发布的优秀科技论文，主要报道自然科学领域的基础研究和应用研究方面具有重要意义和创新性的最新成果。每期的论文在网站中分学科进行全文展示，并可在中国科技论文在线网站进行全文检索。网址为 http://www.paper.edu.cn。

2.2.3　外文期刊及期刊论文资源检索的主要工具

1. ScienceDirect 全文数据库

ScienceDirect 数据库是 Elsevier 公司的旗舰产品，是面向全学科的全文数据库，覆盖 24 个学科领域，包括近 2500 种期刊，超过 1000 万篇全文，最早可回溯到 1823 年，接近 2 万种电子图书。其得到了全球 130 多个国家 1100 万科研人员的认可，也是我国用量最高的外文全文数据库之一。数据库全面集成期刊（包含回溯文档）和图书（包括单行本、丛书、手册及参考工具书）等。网址为 http://www.sciencedirect.com。

ScienceDirect 数据库提供快速检索与高级检索方式，检索内容包括期刊论文、图书、图像等内容。同时，ScienceDirect 数据库包括大量的 OA 期刊论文。

2. SpringerLink 全文数据库

Springer 电子期刊数据库涵盖了施普林格所出版的 1400 多种期刊，也包括了原 Kluwer 出版社的全部期刊。SpringerLink 的所有资源可划分为 13 个学科：建筑学、设计和艺术；行为科学；生物医学和生命科学；商业和经济；化学和材料科学；计算机科学；地球和环境科学；工程学；人文、社科和法律；数学和统计学；医学；物理和天文学；专业和应用计算。网址为 https://link.springer.com。

数据库内容可按照学科及内容类型进行浏览，提供简单检索与高级检索模式。

3. EBSCO 全文数据库

EBSCO 出版公司是世界上最大的全文期刊数据集成出版商，通过 EBSCOhost 平台可以访问超过 375 种全文和辅助研究数据库，内含外文期刊、杂志、图书、产业报告、行业出版物、专著、市场研究报告等多类资源。EBSCOhost 数据库平台，包括 ASP、BSP、ERIC、MEDLINE 等数据内容。网址为 http://search.ebscohost.com。

Academic Search Premier（ASP），为跨学科数据库，可提供 4600 多种期刊全文，其中包括 3900 多种同行评审期刊的全文。其还提供 100 多种期刊回溯至 1975 年或更早期发表的 PDF 格式资料，以及 1000 多种期刊的可搜索引用参考文献。Business Source Premier（BSP）是行业中最常用的商业研究数据库，全文收录了 2300 多种期刊，其中包括 1100 多种同行评审期刊，全文内容最早可回溯至 1886 年，可搜索引文参考最早可回溯至 1998 年。相比其他同类数据库，Business Source Premier 的优势在于全文收录的内容涵盖市场营销、管理、MIS、POM、会计、金融和经济在内的所有商业学科。Education Resource Information Center（ERIC），可提供教育文献和资源，数据库中包含超过 130 万条记录。

4. IEL 期刊论文数据库

IEL（IEEE/IEE Electronic Library）数据库提供 1988 年以来，美国电气电子工程师学会和英国电气工程师学会出版的期刊、会议录和标准的全文信息。数据库包括超过 180 种 IEEE 期刊和杂志，每年超过 1500 种 IEEE 会议录，6000 种以上 IEEE 标准文档，超过 20 种英国工程技术学会（IET）期刊和杂志，每年 20 种以上英国工程技术学会会议录，德国电气工程师学会（VDE）会议录，Bell Labs 技术期刊，IBM 期刊，MIT 期刊，美国地球物理学会（AGU）期刊，IEEE-Wiley 电子书（即 IEEE 和 Wiley 合作出版的电子书近 800 本，横跨众多技术领域，包括生物工程、电力能源、通信技术等多方面研究），MIT 电子书（涉及计算机科学和工程技术方面电子书 600 多本），Morgan & Claypool 综述文集 700 多本（重点聚焦工程和计算机科学），美国电影电视工程师学会（SMPTE）期刊、会议、标准等。数据库还包括 OA 期刊内容。网址为 http://ieeexplore.ieee.org。

5. Wiley 期刊全文库

Wiley 数据库 1807 年创立于美国，是全球历史最悠久、最知名的学术出版商之一，享有世界第一大独立的学术图书出版商和第三大学术期刊出版商的美誉。Wiley 数据库是广泛的多学科在线资源平台,收录有 1500 余种同行评审的学术期刊和书籍,涵盖科学、技术、医学、社会科学及人文科学等各领域，包括化学、物理、工程、农业、兽医学、食品科学、医学、护理、口腔、生命科学、心理、商业、经济、社会科学、艺术、人类学等多个学科。该数据库提供简单检索与高级检索模式，资源内容可以按照学科与资源类型进行浏览。网址为 http://onlinelibrary.wiley.com。

6. 网络免费外文期刊资源

除商用数据库提供的期刊论文资源外，网络上还有很多可供用户免费使用的学术期刊论文资源。

（1）Google 学术搜索

Google 学术搜索是一个可以免费搜索学术文章的 Google 网络应用。2004 年 11 月，Google 公司发布了 Google 学术搜索的试用版。该项索引包括了世界上绝大部分出版的学术期刊，可广泛搜索学术文献。用户可以从一个位置搜索众多学科和资料来源，包括来自学术著作出版商、专业性社团、预印本、各大学及其他学术组织的经同行评论的文章、论文、图书、摘要和文章。网址为 http://scholar.google.com.hk。

（2）国家科技图书文献中心

国家科技图书文献中心提供包括 44 个机构（出版社、学协会）的相关资源，NSTL 依据学科和期刊质量有所遴选，为全国免费开通电子期刊共计 600 多种。

此外，国家科技图书文献中心的开放获取资源集成检索系统是集期刊、会议资源浏览与检索功能为一体的开放式资源集成揭示与检索系统。用户可对开放获取期刊和会议资源进行检索和浏览，系统涵盖农业、林业、工业、商业、医学等 17 个领域，现有期刊资源 6908 本、会议资源 1506 个，并在持续增加。网址为 http://www.nstl.gov.cn。

（3）开放获取期刊目录

开放获取期刊目录（Directory of Open Access Journals，DOAJ），2003 年 5 月由布达佩斯开放社会研究所（The Open Society Institute，OSI）支持，瑞典隆德大学图书馆与学术出版与学术资源联盟（The Scholarly Publishing and Academic Resources Coalition，SPARC）联合创建。

DOAJ 涵盖生物与生命科学、农业与食品科学、物理与天文学、化学、历史与考古学等 17 个一级学科领域，且每个学科领域又包含数个子学科。DOAJ 收录的期刊不仅可以通过自身的全文数据库访问，同时可以通过链接形式访问该期刊的网站。DOAJ 收录的均为学术性、研究性的同行评审期刊，并致力于覆盖所有学科、所有语种的、高质量的开放获取同行评审期刊，具有免费、全文、高质量的特点。DOAJ 提供系统内的期刊检索和文献检索服务，在检索的形式上，既可以通过期刊的全称、字母、所属学科、所在国家或地区等方式进行检索，又能够对期刊的国家分布和时间分布进行统计分析，据此可以得到不同国家或地区的期刊数量随年份的变化表等。此外，在对期刊的信息介绍上，可以看到期刊的 ISSN 号、所属学科、国家、出版社、语言、期刊关键词等信息。网址为 https://doaj.org。

（4）ResearchGate（研究之门）

免费学术资源库ResearchGate资源库收录了7个全球大型学术数据库的论文摘要和学术会议等信息，同时能够下载1000多个数据库的论文全文，此外ResearchGate还是全球最大的学者社交交流平台之一，学者可以上传自己在学术期刊上发表的论文，从而进行资源共享。目前全球有超过100万的学者加入了该平台。ResearchGate包含各个学科的资源，最大的两个板块是生物和医药。

ResearchGate是免费学术资源库和学者交流平台的结合，目前备受全球高校的青睐。许多世界一流大学的图书馆网站都收录了ResearchGate的信息。用户注册个人账户就可以免费下载资源。网址为https://www.researchgate.net。

2.2.4 如何获取期刊及期刊论文原文

获取期刊及期刊论文印刷版，可以到图书文献收藏单位借阅。电子版可从网上相关全文数据库获取。同时，用户可充分利用网络免费获取资源。

在所需资源文献收藏单位未收藏时，可通过馆际互借或文献传递方式从其他图书馆获取。目前，国家图书馆、上海图书馆、国家科技图书文献中心、中国科学院图书馆系统、CALIS主要高校图书馆及中国高校人文社会科学文献中心等均提供馆际互借与文献传递服务。其服务内容包括中外期刊、会议、图书、学位论文、科技报告、专利和标准等。

思考题

1. 用CNKI期刊数据库，查找2007～2016年核心期刊上刊载的有关“开放获取”方面的文章。
2. 利用维普数据库的期刊导航功能，查看交通运输专业被北大核心期刊要目总览（2014）收录的情况，并给出两种期刊的名称及ISSN号。
3. 利用Science Direct数据库查找2015年至今，有关数字图书馆的图片。

2.3 学位论文资源的检索与利用

2.3.1 学位论文概述

1. 学位及其分类

学位（degrees/academic degrees）是授予个人的一种学术称号或学术性荣誉称号，表示其受教育的程度或在某一学科领域里已经达到的水平，或是表彰其在某一领域中所做出的杰出贡献。由具备授予资格的高等学校、科学研究机构或国家授权的其他学术机构、审定机构授予。学位称号终身享有。

依据《中华人民共和国学位条例》，我国学位类别分为学术型学位与专业型学位。

学术型学位按照学科门类授予，分别为哲学、经济学、法学、教育学、文学、历史学、理学、工学、农学、医学、军事学、管理学、艺术学，级别分为学士学位、硕士学位、博士学位三级。专业型学位虽也分为学士学位、硕士学位和博士学位三级，但一般只设置硕士学位一级。各级专业型学位与对应的我国现行各级学位处于同一层次。专业学位按照专业型学位类型授予，专业型学位的名称表示为“××（职业领域）硕士（学士、博士）专业学位”（图 2-9、图 2-10）。

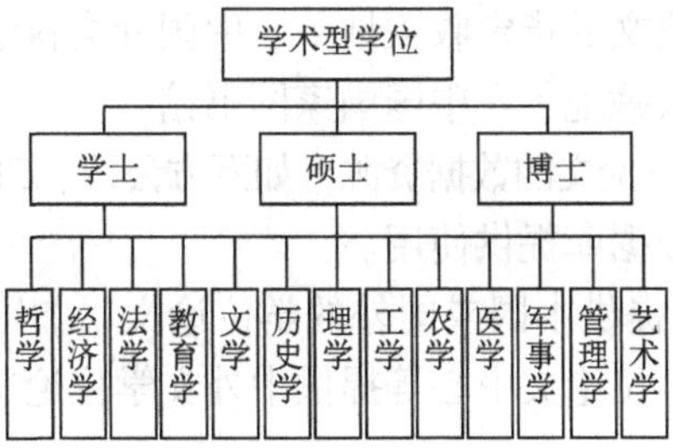

图 2-9　学术型学位示意图

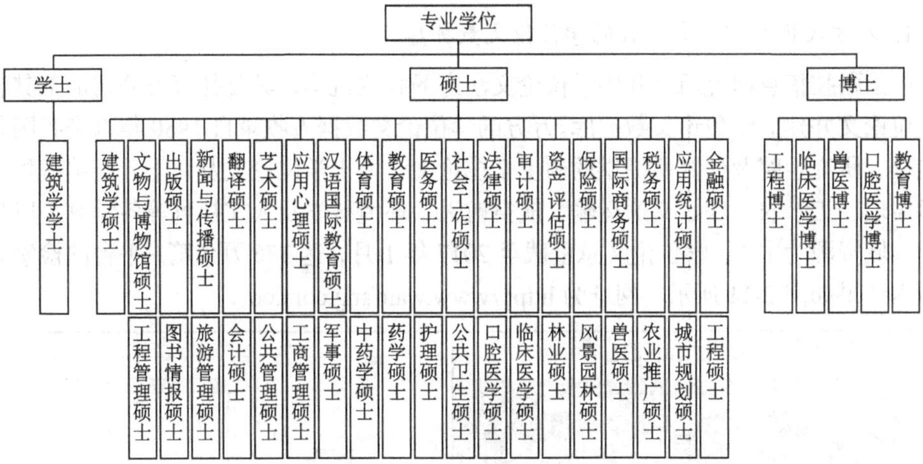

图 2-10　专业型学位示意图

2. 国内学位的授予

中华人民共和国的学士学位由国务院授权的高等学校授予。硕士学位、博士学位均由国务院授权的高等学校和科学研究机构授予。

3. 学位论文及其类型

学位论文是表明作者从事科学研究取得创造性的结果或有了新的见解，并以此为内容撰写而成、作为提出申请授予相应的学位时评审用的学术论文。

对应学位的级别，学位论文分为学士学位论文、硕士学位论文和博士学位论文。

4. 学位论文的特点

学位论文具有学术性强，内容比较专一，阐述较为系统、详细，其情报价值不亚于科技报告。它一般不公开出版，可以通过相关数据库获取学位论文原文。

5. 学位论文的收藏

学位论文一般由授予单位收藏，另外各个国家也指定专门机构收藏。

1）图书馆收藏本校的学士学位论文、硕士学位论文和博士学位论文。特别提示，学士学位论文一般只收藏在其学生毕业学校的图书馆中，博硕学位论文，不仅收藏在学生毕业的学校图书馆，还要按国家相关规定提交到国家相关部门予以收藏。

2）中国国内学位论文指定收藏单位。指定收藏单位有中国科学技术信息研究所（国内自然科学领域博硕学位论文的指定收藏地）、中国社会科学院信息所（国内社会科学领域博硕学位论文的指定收藏地）、中国国家图书馆。

3）一些数据商提供学位论文的数据资源，如万方公司、CNKI 公司、美国的 ProQuest 公司等，并通过其对应的数据库提供使用。

4）一些部门或单位也提供本国或国外的学位论文，如国家科技图书文献中心、中国高等教育文献保障系统学位论文中心等提供中外文学位论文检索和获取服务。

2.3.2　中文学位论文资源检索的主要工具

1. 万方数据知识服务平台的学位论文数据库

中国科技信息研究所是我国学位论文法定的收藏机构，其委托万方公司加工其收藏的学位论文并建立学位论文数据库。万方的学位论文数据库收录自 1980 年以来我国各高等院校、研究生院及研究所提供的硕士学位论文、博士学位论文及博士后出站报告，学科涵盖理、工、农、医、交通运输、航空航天、环境科学及人文社科等各学科（以自然科学领域资源为主），学位论文总量截至 2017 年 1 月，达 376 万余篇。平台的检索界面及检索结果如图 2-11 所示。网址为 http://www.wanfang.com.cn。

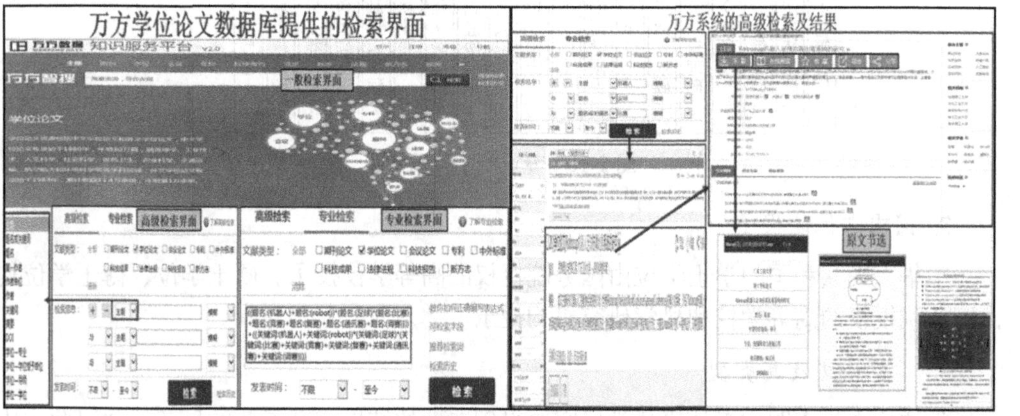

图 2-11　万方数据知识服务平台的检索界面及检索结果展示

检索入口 1：万方数据知识服务平台（http://www.wanfangdata.com.cn）→学位论文库。

检索入口 2：购买万方学位论文数据库的单位→万方的学位论文数据库。

2. CNKI 中国知网的中国优秀博硕士学位论文全文数据库

CNKI 中国知网的中国优秀博硕学位论文数据库收录 1984 年至今全国 430 余家的博士学位论文和 695 家硕士培养单位（涉密单位除外）的优秀硕士学位论文。“211”院校博硕学位论文覆盖率达到 100%。学科覆盖基础科学、工程技术、农业、医学、哲学、人文、社会科学等各个领域。截至 2016 年底，累积博士学位论文全文文献量 29.6 万余篇，硕士学位论文全文文献 277.4 万余篇。网址为 http://www.cnki.net。

检索入口 1：CNKI 中国知网入口（http://www.cnki.net）→博硕学位论文数据库。

检索入口 2：购买 CNKI 中国知网学位论文数据库的单位→博硕学位论文数据库。

购买 CNKI 中国知网的读者可采用分章下载、整本下载、分页下载、在线阅读等下载方式使用。

CNKI 中国知网的导航、检索及检索结果展示，如图 2-12～图 2-14 所示。

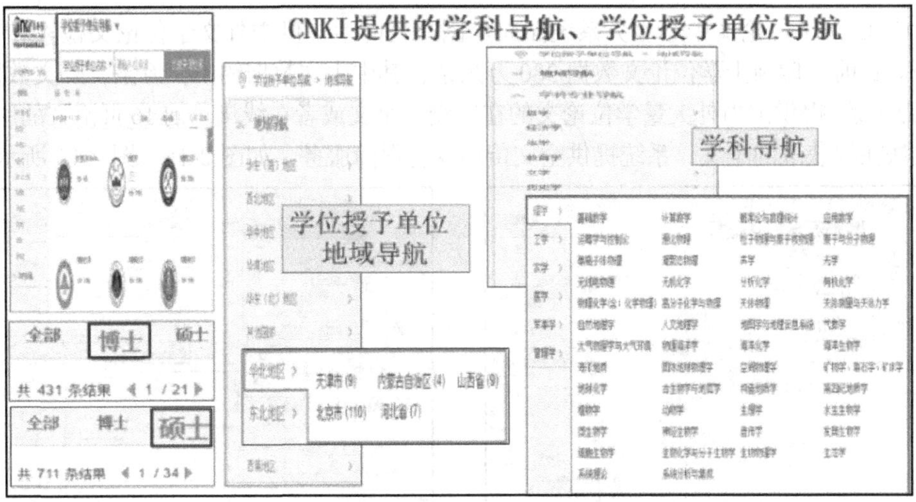

图 2-12　CNKI 学科导航、学位授予单位导航

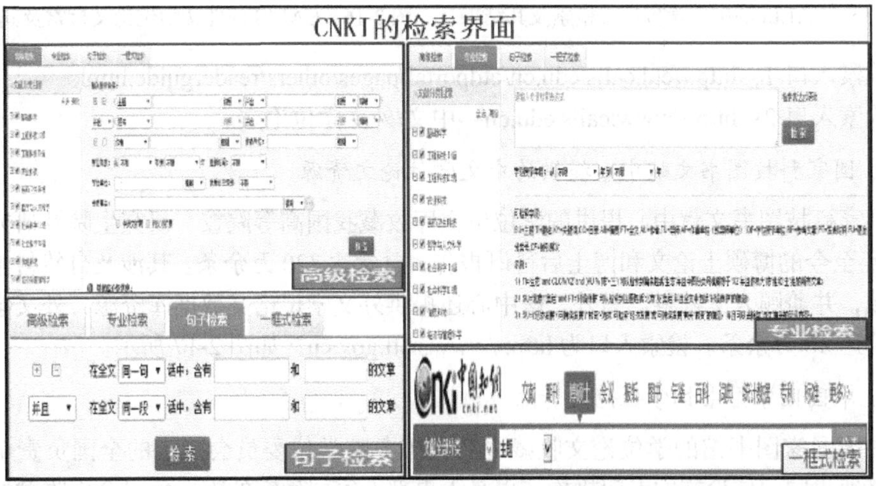

图 2-13　CNKI 提供的四种检索模式

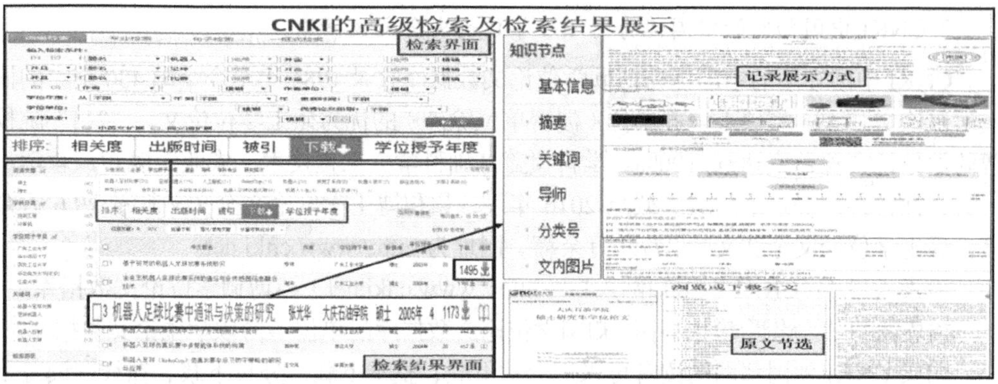

图 2-14 CNKI 的高级检索及检索结果展示

3. CALIS 学位论文中心服务系统

CALIS 学位论文中心服务系统面向全国高校师生提供中外文学位论文检索和获取服务。目前，博硕士学位论文数据 380 万余条，其中中文数据约 172 万条，外文数据约 210 万余条，提供国内外大量学位论文的在线浏览全文或者在线浏览前 16 页论文的服务，对无法在线获取的全文，系统提供全文传递联合保障服务，如图 2-15、图 2-16 所示。

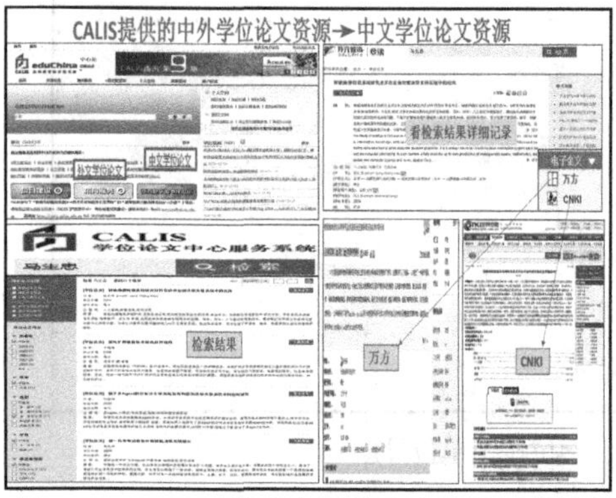

图 2-15 CALIS 的中文学位论文检索及其结果

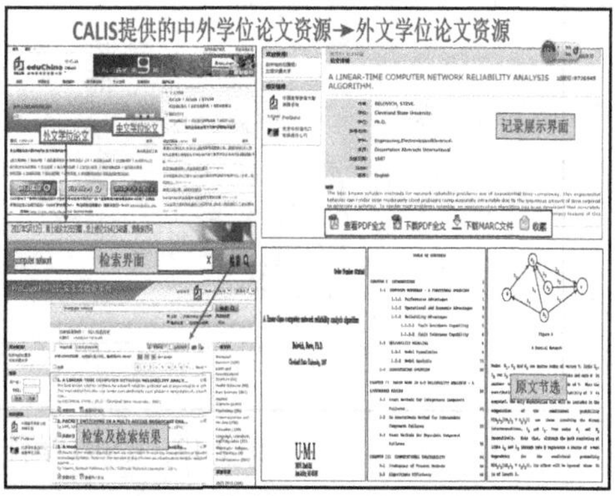

图 2-16 CALIS 的外文学位论文检索及其结果

检索入口 1：http://etd.calis.edu.cn/etdportal/pages/others/readerguide.html。

检索入口 2：http://www.calis.edu.cn→中文/外文学位论文。

4. 国家科技图书文献中心提供的中文学位论文资源

国家科技图书文献中心提供的学位论文库收藏我国高等院校、研究生院及研究院所 1984 年至今的博硕士论文和博士后科研报告，总量达 320 万余条。其涉及自然科学各专业领域，并兼顾人文社科。另外，该中心还提供外文学位论文数据库资源，外文学位论文总量达 48 万余条。检索入口为 http://www.nstl.gov.cn，如图 2-17 所示。

5. 中国国家图书馆学位论文资源

中国国家图书馆的学位论文收藏中心是国务院学位委员会指定的全国负责全面收藏和整理我国学位论文的专门机构；也是人事部专家司确定的唯一负责全面收藏博士后研究报告的专门机构。

中国国家图书馆的博士论文库是 1981 年以来馆藏博士论文与博士后研究报告的数字化资源库。读者可浏览该库提供的博士论文题录信息，登录用户可以浏览正文前 24 页的论文。

检索入口：国家图书馆（http://www.nlc.cn）→论文→中文论文栏目下的“博士论文”（http://mylib.nlc.cn/web/guest/boshilunwen），如图 2-18 所示。

图 2-17　国家科技图书文献中心主页

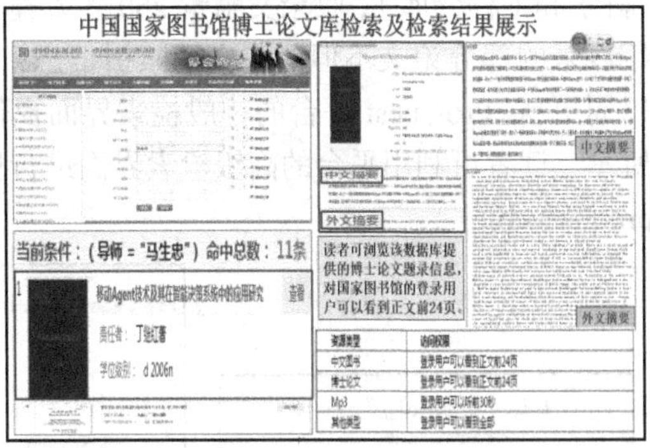

图 2-18　国家图书馆的学位论文检索界面

6. 各校学位论文检索系统

（1）各校学位论文检索系统概述

国内外高校图书馆都收藏本校毕业学生的学位论文，大部分学校将其公开解密的学位论文库放到该校网站上相关位置或通过该校的馆藏目录展示。校外用户可匿名登录进行检索。

通过各校的馆藏目录查找目标学校的学位论文数据，之后利用目标图书馆提供的服务方式，获取相关文献。预选择的目标图书馆的网址，可参考如下链接：

1）清华大学图书馆提供的国内外上网图书馆链接。网址为 http://www.lib.tsinghua.edu.cn/find/find_library.html。

2）中国国家图书馆提供的国内外图书馆导航链接。网址为 http://www.nlc.cn→站点地图→图书馆界→图书馆导航（http://www.nlc.cn/newtsgj）。

（2）部分图书馆提供的学位论文选介

1）中国科学院的中国学位论文数据库。中国科学院学位论文数据库收录了 1983 年以来中国科学院授予的博士、硕士学位论文及博士后出站报告，涵盖数学、物理、化学、地球科学、生物科学、农林科学、工程技术、环境科学等学科领域，截至 2017 年初收录 11 万余篇。网址为 http://www.las.ac.cn。

2）北京大学图书馆提供的本校学位论文。北京大学图书馆提供的学位论文库，收藏 1981 年以来自北京大学毕业的所有博硕士学位论文，以及部分优秀学士论文，可通过 OPAC 或北京大学学位论文库检索。检索入口为 http://www.lib.pku.edu.cn/portal/cn/zy/zzzy/xueweilunwen。

3）清华大学图书馆提供的本校学位论文。通过清华大学图书馆的馆藏目录系统可查询收藏的学位论文资源。检索入口为 http://innopac.lib.tsinghua.edu.cn。

2.3.3　外文学位论文资源检索的主要工具

1. 美国 ProQuest 博硕论文文摘数据库

美国 ProQuest 博硕论文文摘数据库由美国 ProQuest 公司出品。其收录了 1784 年至今全球 1700 多家研究院与综合大学的论文，分为 A 库（人文和社会科学分库）和 B 库（科学和工程分库），收录文献量 280 多万篇（A 库 120 多万篇，B 库 160 多万篇）。1997 年以来的部分论文不但能看文摘索引信息，还可浏览到前 24 页的学位论文原文。数据每周更新。ProQuest 平台的一般检索界面提供单库检索和跨库检索两种方式，如图 2-19 所示。读者可利用平台的高级检索界面进行检索，如图 2-20 所示。网址为 http://search.proquest.com。

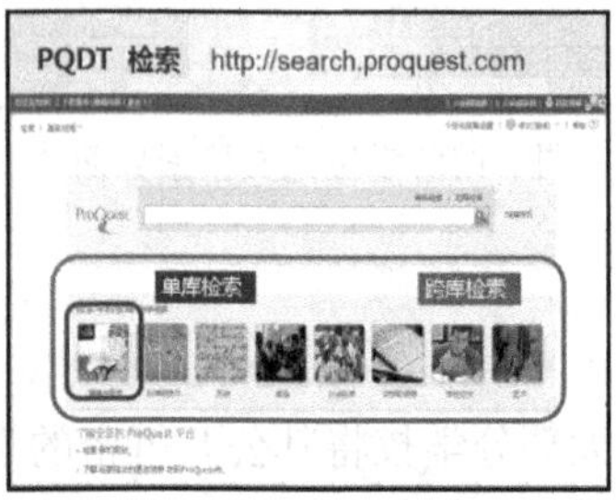

图 2-19　ProQuest 的检索界面

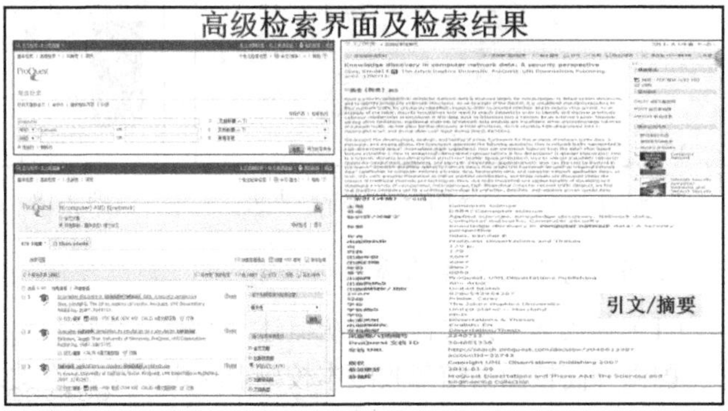

图 2-20　ProQuest 的高级检索界面及检索结果

2. PQDT 博硕士论文全文数据库

PQDT 博硕士论文全文数据库由中国北京中科进出口有限责任公司于 2002 年引入中国的。该库是目前国内最完备、高质量、唯一的可以查询国外大学（北美地区为主）优秀博硕士论文全文的数据库。该博硕士论文全文数据库覆盖自然科学、社会科学和生命科学在内的 11 个大的学科，下辖 31 个一级学科和 266 个二级学科。截至 2017 年 5 月 12 日，累积收集国外优秀博硕士论文全文 64 多万篇。CALIS 镜像站 PQDT 学位论文全文检索、检索结果及浏览或下载全文，如图 2-21、图 2-22 所示。网址为 http://pqdt.calis.edu.cn 或 http://pqdt.bjzhongke.com.cn。

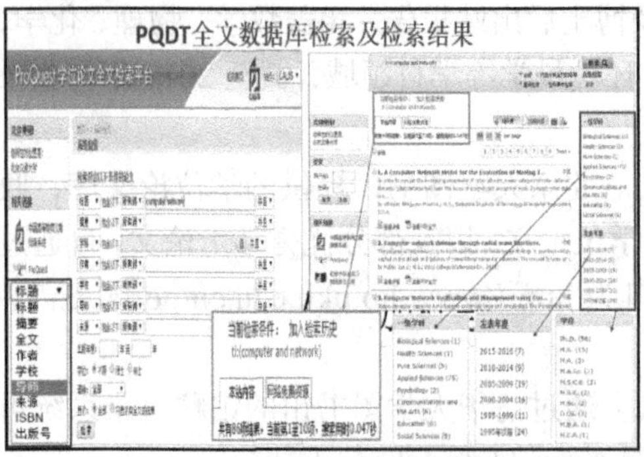

图 2-21　CALIS 入口检索及检索结果分析

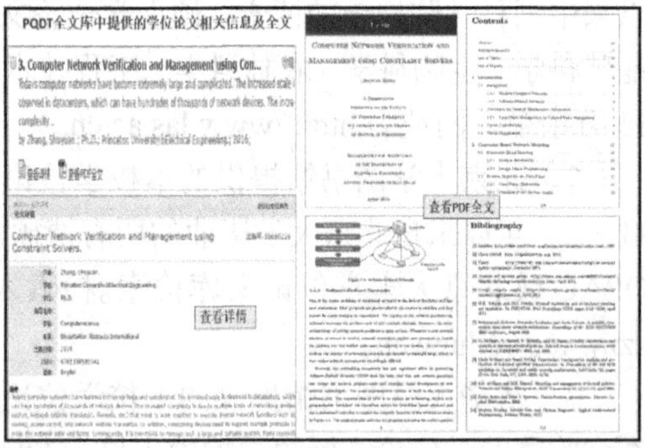

图 2-22　浏览检索结果的题录文摘和全文展示

（1）该数据库的使用途径

1）国内一些高校、科研院所或机构购买了 PQDT 博硕士论文文摘库或全文数据库，读者可以先看一下是否拥有使用权，如果是这些单位的合法用户，可以按要求使用。如果不是合法用户，可到该数据库提供的网站咨询，是否提供相关服务。

2）北京中科进出口有限责任公司是 PQDT 全文数据库的引进商，目前该公司在国内设有三个服务器站点：①CALIS 站点 http://pqdt.calis.edu.cn；②上海交通大学站点 http://pqdt.lib.sjtu.edu.cn；③中国科技信息研究所站点 http://pqdt.bjzhongke.com.cn。

（2）一般用户可通过以下方式联系该公司

1）北京中科进出口有限公司公众账号（微信搜索“BJZKIEC”或查找公众号“北京中科公司”）。

2）北京中科进出口有限责任公司官方网址为 http://www.bjzhongke.com.cn。

3）新浪微博 ID 为 marketing@bjzhongke.com.cn 或在微博中搜索“北京中科官方微博”。

4）官方 QQ 为 1930995741；咨询电话为 010-84039345-667。

3. OCLC 的 WorldCat 硕博士论文数据库

WorldCat 博硕士论文数据库收集了 WorldCat 数据库中所有博硕士论文和以 OCLC（Online Computer Library Center，OCLC）成员馆编目的论文为基础的出版物，涉及所有学科，涵盖所有主题。WorldCat 博硕士论文数据库最突出的特点是其资源均来自世界一流高校的图书馆，如哈佛大学、斯坦福大学、麻省理工学院、哥伦比亚大学、牛津大学等，共有 1900 多万条记录，其中 100 多万篇有免费全文链接，可免费下载。该数据库采用每日更新的方法。

检索入口 1：http://firstsearch.oclc.org/fsip。

检索入口 2：http://firstsearch.oclc.org/fsip?dbname=WorldCatDissertations&done=referer。

2.3.4　如何获取学位论文

学位论文的获取主要可以通过以下途径：

1）图书馆收藏本校学位论文。学士学位论文只能到该学生毕业的学校图书馆获取。

2）查找本馆购买的学位论文数据库，本校读者可以下载学位论文全文库的学位论文全文；没购买学位论文全文数据库的图书馆，读者可以通过检索本图书馆购买的学位论文文摘数据库，检索到目标论文，再通过图书馆提供的文献传递服务获取原文。

3）可与学位论文数据库提供商联系。

4）可与中国国家图书馆、国家科技图书文献中心、CALIS 学位论文中心等机构联系。

5）国外的学位论文可与 ProQuest 公司等国外学位论文数据库提供商联系或与北京中科进出口有限责任公司取得联系。

思考题

1. 中华人民共和国学位分几个级别?
2. 博士后的最高学位是什么?
3. 中文学位论文的主要检索工具有哪些?

2.4 科技会议文献资源的检索与利用

2.4.1 科技会议文献概述

随着科学技术的发展，世界上各个国家的学会、协会、研究机构及学术组织都会定期或不定期地召开各类学术会议，进行学术交流，形成了大量的会议文献，这些会议文献是了解各国科技水平及动态、跟踪和预测科技发展趋势的重要信息源。本节以科技会议文献为主进行介绍。

1. 科技会议文献的定义

科技会议文献是指在各种学术会议上宣读或交流的论文、材料、讨论记录、会议纪要等形成的文献。其包括会前、会中、会后产生的各类学术会议的资料及会议录等正式出版物。

2. 科技会议文献的特点

1）科技会议文献具有专业性强、学术水平高、内容新颖、信息量大、出版速度快及发行方式灵活等特点，更能反映某一学科或专业领域的最新研究成果、国内外的研究水平及发展趋势，但也存在观点不成熟的问题。

2）科技会议文献具有连续性的特点。大多数重要的学术会议都是连续性的，一届会议形成一版文集，连续出版。

3）科技会议文献具有“好用不好找”的特点。文献类型及出版形式多样，命名方式复杂，对用户来说，检索起来有一定的难度。

3. 科技会议文献的类型

1）按会议文献出版时间分类，可分为会前文献、会中文献和会后文献。会前文献是指在会议召开之前产生的有关会议的各类资料，如会议论文预印本、会议论文摘要、议程和发言提要、会议通知等；会中文献是指在会议召开过程中产生的资料，如会议的开幕词、闭幕词、发言稿、讨论纪录、会议决议、备忘录等，会议论文预印本及会议论文摘要若在会间发给与会者，也称为会间文献；会后文献主要是指在会议结束后正式出版的会议录或会议论文集，它是会议文献的重要组成部分，会后文献还包括会议纪要、会议总结等。

2）按会议规模分类，可分为国际性会议、全国性会议、地区性会议或基层会议。

3）按科技文献的内容性质分类，可分为常会、报告会、讨论会等。

4）按出版形式分类，可分为图书、期刊、科技报告、视听资料、在线会议等。

4. 科技会议信息及会议文献的获取途径

如果想预先了解会议召开的时间、地点、参加条件、会议主题等信息，或者需要阅读下载会议文献全文，则可以通过以下途径获取会议信息或会议文献。

1）商业数据库：是获取各类会议信息及会议文献的主要检索工具。

2）专业学会或协会的数据库或网站：是获取会议全文及即将召开的会议信息及投稿信息的重要检索工具。

3）会议信息发布系统：通常为用户免费提供国内外即将召开的会议信息的预报。

4）会议信息网站：通常免费提供即将召开的会议信息预报及已经召开的会议信息。

2.4.2 中文科技会议及会议文献资源检索的主要工具

1. CNKI 中国知网国内外重要会议论文全文数据库

国内外重要会议论文全文数据库重点收录了 1999 年以来中国科学技术协会系统及国家二级以上的学会、协会，高校、科研院所，政府机关举办的重要会议，以及在国内召开的国际会议上发表的文献。截至 2017 年 3 月，已收录出版国内外学术会议论文集超过 3.1 万本，其中国际会议文献占全部文献的 20%以上，全国性会议文献超过总量的 70%，部分重要会议文献可回溯至 1953 年。数据每日更新。

数据库提供一框式检索、高级检索、专业检索、导航检索等多种检索方法，其中导航检索提供学科导航、会议导航、论文集导航、主办单位导航、视频集导航（图 2-23、图 2-24）。检索字段除提供文献篇名、关键词、摘要等通用字段外，还提供会议论文集名称、会议名称、会议时间等字段。网址为 http://www.cnki.net。

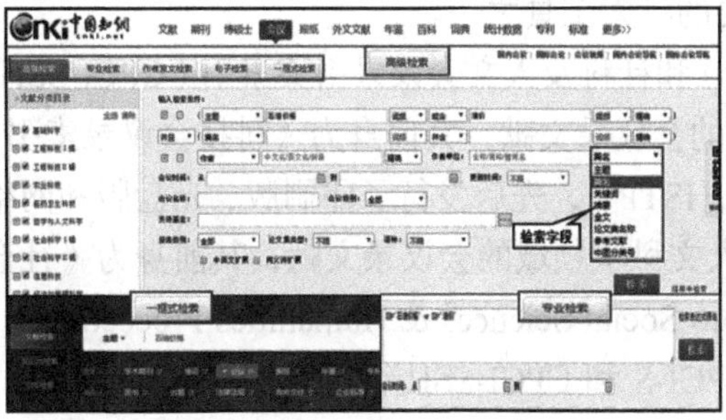

图 2-23　CNKI 会议论文检索界面

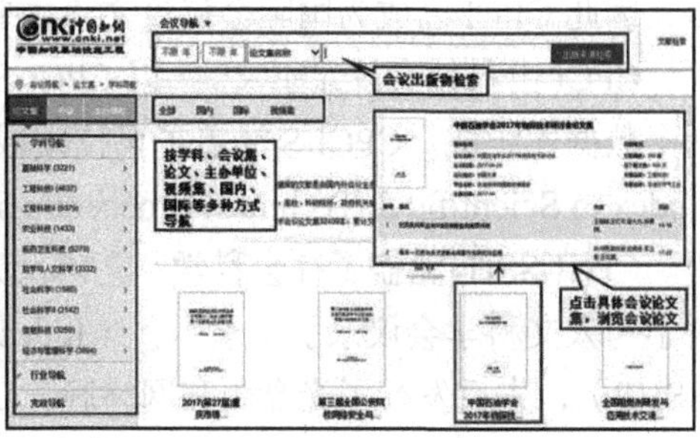

图 2-24　CNKI 会议论文导航界面

2. 万方数据中国学术会议文献数据库

中国学术会议文献数据库由中文会议全文数据库和外文会议全文数据库两部分构成，内容涵盖人文社会、自然、农林、医药、工程技术等各学科领域。中文会议全文数据库收录自 1982 年至今在国内主办的重要学术会议论文，以国家级的学会、协会、研究会组织、部委、高校召开的全国性学术会议论文为主，每年涉及 4000 多个重要的学术会议，每年增加约 20 万篇会议文献，数据每月更新。外文会议全文数据库收录 1985 年以来世界各主要学会、协会、出版机构出版的学术会议论文。数据库提供分类简单检索、高级检索、专业检索 3 种检索方法，同时提供这些检索方法的二次检索。检索字段包括论文标题、作者、关键词、摘要、会议名称、主办单位等。网址为 http://www.wanfangdata.com.cn。

3. 国家科技图书文献中心中外文会议论文数据库

中文会议论文数据库由国家科技图书文献中心提供，收录了 1985 年以来的我国国家级学会、协会、研究会及省部委召开的全国性的学术会议，以收录自然科学领域各专业的会议论文为主，每年涉及 600 多个重要的学术会议，每年新增论文 4 万余篇，数据每季或每月更新。国家科技图书文献中心的外文会议论文数据库主要收录了 1985 年以来世界各主要学会、协会、出版机构出版的学术会议论文，学科范围涉及工程技术和自然科学各专业领域。每年新增论文 20 万余篇，数据每周更新。国家科技图书文献中心提供普通检索、高级检索和分类检索 3 种检索方法，进入国家科技图书文献中心主页可访问国家科技图书文献中心中外文会议论文数据库，并通过文献传递获取会议文献全文。网址为 http://www.nstl.gov.cn。

2.4.3 外文科技会议及会议文献资源检索的主要工具

1. CPCI 会议录引文索引数据库

《会议录引文索引》（Conference Proceeding Citation Index，CPCI）是 Web of Science 平台中的会议论文引文索引数据库，收录 1990 年以来世界上最著名的国际会议、座谈会、研究会和专题讨论会的会议录资料，涵盖自然科学、社会科学及人文科学 250 多个学科的 17 万个会议录。其收录的国际会议学术水平高、学科范围广、文献数量多、检索途径多，因此 CPCI 已成为国际会议论文最主要的检索工具之一。

CPCI 由科技会议录引文索引（CPCI-S）和社科及人文会议录引文索引（CPCI-SSH）两个数据库组成。CPCI-S 涵盖了科技领域的会议录文献，其前身为《科技会议录索引》（Index to Scientific & Technical Proceedings，ISTP），先后发行了印刷版、光盘版和网络版。CPCI-SSH 涵盖了社会科学、艺术及人文科学领域的会议录文献，其前身为《社会科学与人文科学会议录引文索引》（Index to Social Sciences & Humanities Proceedings，ISSHP），先后发行了光盘版和网络版。CPCI-S 和 CPCI-SSH 合称为 ISI Proceedings，2008 年 ISI Proceedings 在扩充了会议论文的引文文献后，升级为 CPCI，并且并入 Web of Science^{TM} 核心合集。CPCI 升级后，不但可以检索会议论文的信息，还可以检索会议文献引用或被引的情况。

进入 Web of Science 平台，选择 Web of Science^{TM} 核心合集，勾选 CPCI-S 或 CPCI-SSH 数据库，即可进行会议文献的检索，平台提供基本检索、作者检索、被引参考文献检索、化学结构检索、高级检索检索方法。检索结果为会议论文的文摘信息，有些会议论文提供全文链接，左侧选项可对检索结果进行精炼，还可以通过排序方式进一步筛选检索结果，点击右上侧“分析检索结果”，可对文献按 12 个字段进行详细分析。点击会议论文题名，可以查看该会议论文的引用或被引情况及网络关系图，并提供检索结果全文获取途径（图 2-25）。网址为 http://apps.webofknowledge.com。

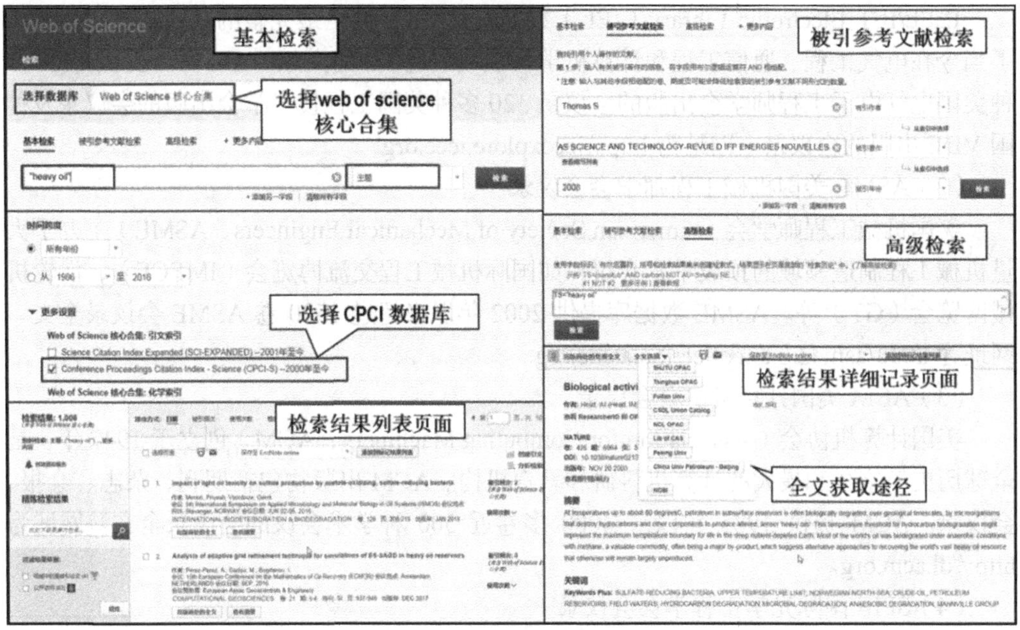

图 2-25　CPCI 数据库检索界面

2. OCLC FirstSearch 会议论文与会议录索引

OCLC FirstSearch 中的国际学术会议论文索引库（PapersFirst）包括在世界范围召开的大会、座谈会、博览会、研讨会、专业会、学术报告会上发表的论文的索引，收录了自 1993 年以来大不列颠图书馆文献提供中心（BLDSC）的会议录上已出版的论文，共有 810 多万条记录。数据每两周更新一次。

OCLC FirstSearch 中的国际学术会议录索引库（ProceedingsFirst）是 PapersFirst 的相关库，收录包括在世界范围召开的大会、座谈会、博览会、研讨会、专业会、学术报告会上发表的会议录的索引，共有近 46 万条记录。数据每周更新两次。网址为 http://firstsearch.oclc.org。

3. Ei 工程索引数据库的会议文献

Ei 工程索引是目前工程领域最常用的文摘数据库之一，侧重于工程技术领域的文献报道，涉及核技术、生物工程、交通运输、化学和工艺工程、照明和光学技术、农业工程和食品技术、计算机和数据处理、应用物理、电子和通信、控制工程、土木工程、机械工程、材料工程、石油、宇航、汽车工程，以及这些领域的子学科。截至 2016 年 12 月，Ei Compendex 数据库收录会议录 95 790 个，会议论文 690 万条，数据每周更新。

进入 Engineering Village 平台，勾选 Compendex 数据库，检索方法选择默认的快速检索（Quick Search），把文献类型（Document type）限定为 Conference article 或 Conference proceeding，即可检索出会议论文或会议录的相关信息。网址为 http://www.engineeringvillage.com。

4. 专业学会或协会的会议论文数据库

（1）IEL 会议录

IEEE/IET Electronic Library（IEL）数据库是 IEEE 旗下最完整的在线数据库，提供了当今在电气工程、通信工程和计算机学科领域中近 1/3 的文献。IEL 每年提供 1400 多种美国电气电子工程师学会出版的会议录、20 多种英国工程技术学会出版的会议录及德国 VDE 出版的会议录。网址为 http://ieeexplore.ieee.org。

（2）ASME 美国机械工程师学会会议录

美国机械工程师学会（American Society of Mechanical Engineers，ASME）主办了大量机械工程制造领域的顶级学术会议，如国际机械工程交流博览会（IMECE），涡轮机械博览会（GT）等。ASME 数据库提供 2002 年以来超过 1500 卷 ASME 会议录全文。网址为 http://asmedigitalcollection.asme.org。

（3）ACM 美国计算机协会会议录

美国计算机协会（Association for Computing Machinery，ACM）创立于 1947 年，是全球历史最悠久和最大的计算机科研和教育机构。ACM 出版物包括期刊、杂志、会报、会议录。ACM 提供 1985 年以来 4000 多卷近 300 种学术会议的会议录全文。网址为 http://dl.acm.org。

（4）SPIE 国际光学工程学会会议录

国际光学工程学会（International Society for Optical Engineering，SPIE）成立于 1955 年，是致力于光学、光子学、光电子学和成像领域的研究、工程和应用的著名专业学会。该数据库汇集了光学领域超过 10 000 卷 SPIE 会议录，每年新增 350 卷，首卷可回溯至 1963 年。网址为 http://spiedigitallibrary.org。

（5）AIP 美国物理联合会会议录

美国物理联合会（American Institute of Physics，AIP）数据库提供 2000 年以来的会议录全文，最早可回溯到 1970 年第一卷。其内容覆盖一般物理学、应用物理学、化学物理学、地球物理学、医疗物理学、核物理学、天文学、电子学、工程学、设备科学、材料科学、数学、光学、真空科学、声学等学科。网址为 http://aip.scitation.org。

（6）OnePetro 会议录

OnePetro 数据库是一个提供石油和天然气勘探及生产技术的科技文献在线数据库，收录的文献主要为会议论文及期刊论文，涵盖矿藏勘探、地质学、钻井、测井、油藏工程、采油工艺、油井完井、管道运输、矿场机械设计、自动化仪表、计算机应用、海洋开发技术等学科领域，对石油专业人员具有较大的参考价值。OnePetro 会议文献来自 19 个专业学会或协会，分别是 API、ARMA、ASSE、BHR GROUP、CMTC、IPTC、ISOPE、ISRM、NACE、OMC、OTC、PETSOC、PSIG、SEG、SPE、SPWLA、SUT、URTEC、WPC。网址为 http://www.onepetro.org。

（7）INSPEC 会议录

INSPEC 数据库是英国工程技术学会出版的文摘数据库，是物理学、电子工程、电子学、计算机科学及信息技术领域的权威性数据库，收录 1969 年以来的 2500 多种会议录的文摘信息，每年新增数据 50 万条，数据每周更新。INSPEC 常通过 Engineering Village 或 Web of Science 等平台进行访问。

（8）AIAA 美国航空航天学会会议录

美国航空航天学会（American Institute of Aeronautics and Astronautics，AIAA）成立于 1963 年，其使命是推动航空学和航天学领域中科学、技术、工艺的进步。AIAA 数据库提供 AIAA 每年出版的 20～30 个会议约 6000 篇会议论文，这些论文代表了最重要、最完整、最新的研究成果和创新思想，内容涵盖了航空航天领域的各个方面，数据可回溯到 1963 年。网址为 http://arc.aiaa.org。

2.4.4　如何获取会议信息和会议文献全文

1. 会议信息的获取

（1）国内外专业学会或协会的网站

若想获取各专业相关的会议日程等信息，首先可从各专业学会或协会的网站中查找，如美国化学学会、美国电气与电子工程师协会、美国物理联合会等。

1）ACS 美国化学学会网站。其提供美国化学学会即将举办的各种会议及 2004 年以后世界各地举办的化学化工方面会议信息。网址为 http://www.acs.org/content/acs/en/meetings.html。

2）IEEE 美国电气与电子工程师学会网站。进入 IEEE 会议网页，可检索 1996 年以来由 IEEE 主持的各种相关会议的时间、地点、内容等信息。网址为 http://www.ieee.org/conferences。

3）AIP 美国物理联合会网站。其提供美国物理联合会举办的各种会议及未来两年即将召开的会议信息预报，包括会议名称、时间、地点等信息。网址为 http://aip.scitation。org/apc/info/forthcoming。

（2）会议信息发布系统

1）中国学术会议在线。该网站是经教育部批准，由教育部科技发展中心主办，面向广大科技人员的科学研究与学术交流信息服务平台，为用户提供学术会议信息预报、会议分类搜索、会议在线报名、会议论文征集、会议资料发布、会议视频点播、会议同步直播等服务。用户还可以通过注册来免费定制会议信息。该网站提供按学科分类检索、按会议名称或关键字的检索及多条件组合检索三种检索方法。网址为 http://www.meeting.edu.cn/meeting。

2）ALL Conference.com 国际学术会议在线。该网站是提供世界范围内各种会议信息预报的目录型网站，涉及自然科学、人文与社会科学、计算机、商业、教育、地理等学科。用户既可以按学科、时间、地点等分类浏览，也可以按会议名称、地点、日期、关键词等检索。网址为 http://www.allconferences.com。

3）Calendar of Upcoming Technical Conferences。该网站提供世界范围内今后几年将要召开的专业技术会议信息。其可按时间顺序浏览，也可输入会议名称、主题、主办单位、国家等检索词进行检索。网址为 http://www.techexpo.com/events。

（3）会议信息网站

1）香山科学会议网站。香山科学会议由科技部（原国家科学技术委员会）发起，在科技部和中国科学院的共同支持下于 1993 年正式创办，其以探索科学前沿、促进知识创新为主要目标的高层次、跨学科、小规模的常设性学术会议。每年分两次（1 月 1 日、7 月 1 日）公布全年的会议安排。该网站可按关键词查找会议信息或点击“历次会议”浏览已经召开的会议。网址为 http://www.xssc.ac.cn。

2）中国学术会议网站。该网站由 CNKI 主办，为会议主办方、作者、参会者提供免费服务的网络学术会议平台。其提供创建会议网站、在线投稿审稿、在线注册参会等功能，还提供普通检索和高级检索两种检索方法。网址为 http://conf.cnki.net。

3）高登研究会议（Gordon Research Conferences）网站。高登研究会议由 Johns Hopkins 的 Dr. Neil E. Gordon 于 1931 年发起，旨在为生物学、化学、物理等前沿领域的研究人员提供自由的学术交流机会。会议于每年夏季举行，每年都有不同主题的会议召开。高登会议被看做是国际上学术水平最高的会议之一。其网站提供 1947 年以来的会议信息及未来两年内即将召开的高登研究会议的日程信息。网址为 http://www.grc.org。

2. 会议文献全文的获取

全文数据库可直接下载获取会议文献全文。部分数据库仅提供文摘信息，也可通过 CALIS 或 BALIS 公共目录检索系统、国家科技图书文献中心中外会议论文数据库、上海图书馆中国专业会议论文题录数据库等检索会议文献信息，并通过文献传递获取全文；也可利用本单位图书馆或一些情报服务机构的纸本馆藏，通过借阅、复印、购买等方法获取会议文献全文；还可以向会议主办单位或作者直接索取或购买会议文献全文。

思考题

1. 中文会议文献的常用检索工具有哪些？

2. 请利用 CNKI 中国知网数据库查找主办单位为清华大学土木工程系的三个学术会议的名称、召开时间及地点。

3. 请查找 IEEE 主办的未来一年的会议信息。

2.5 科技报告资源的检索与利用

2.5.1 科技报告概述

1. 科技报告的定义

科技报告是各国政府部门、科研机构、生产机构、专业学术团体围绕某个课题的科技活动所取得的阶段性进展或最终成果的记录及书面总结报告，注重详细记录科研活动的全过程。

2. 科技报告的特点

1）内容新颖、专深。科技报告往往涉及尖端学科或世界最新研究课题。

2）数据详尽、可靠、信息量大。科技报告记录科研活动全过程，常常附有大量的数据、图标、原始实验记录资料。

3）时效性强、传播速度快。以科技报告形式反映科研成果比在期刊上发表一般要早，有的成果则不在期刊上发表。

4）具有严格的密级划分及使用范围限制。大量的科技报告都与政府的研究活动、高新技术有关，使用范围控制较严，仅有部分可公开发表或半公开发表。

3. 科技报告的分类

按照不同的分类方法，科技报告有着不同的类型（表 2-1）。

表 2-1　科技报告的不同类型

分类方式	科技报告形式	说明
出版形式	技术报告（technical report）	科研成果的总结，公开出版
	技术札记（technical notes）	研究中的临时记录或小结，是编写报告的素材
	技术论文（technical paper）	准备在会议或期刊上发表的报告，常以单篇形式发表
	技术备忘录（technical memorandum）	原始试验报告、数据资料、会议记录等，不出版
	技术译文（technical translations）	译自国外具有参考价值的文献
	技术通报（technical bulletin）	内容较为成熟的摘要性文件，公开出版
研究进展	初期报告（primary report）	科研项目的计划性报告
	进展报告（progress report）	科研项目的工作进展情况报告
	中间报告（interim report）	科研项目的中间阶段的工作小结及下一阶段的建议等
	终结报告（final report）	科研成果的终结报告
流通范围	保密报告（classifical report）	指不对外公开只供少数人参阅的报告，按保密等级从高到低分为绝密报告、机密报告和秘密报告三个等级
	非保密报告（unclassifical report）	分为非密限制发行报告和非密报告
	解密报告（declassifical report）	保密报告经一定期限，经审查通过成为对外公开发行的文献

目前，世界上许多国家都出版本国的科技报告，美国是科技报告生产的主要国家，占世界上科技报告总量的 80%以上，其中以美国四大科技报告（AD、PB、NASA、DOE）最有名。此外，英国航空委员会（ARC）报告、英国原子能局（UKAEA）报告、法国原子能委员会（CEA）报告、联邦德国航空研究所（DVR）报告、日本的原子能研究所（JAERI）报告等欧洲和日本的科技报告也比较有名。

2.5.2　中文科技报告资源检索的主要工具

1. 万方数据资源系统的中外科技报告数据库

中外科技报告数据库收录中国科技信息研究所“国家科技报告服务系统”中科技

部已公开的科技报告及外文科技报告。其中，中文科技报告提供 1966 年以来科技部已公开的报告 20 000 余份（截至 2016 年底），分国家科技重大专项、国家重点基础研究发展计划、国家高技术研究发展计划、国家科技支撑计划、国家国际科技合作专项、国家重大科学仪器设备开发专项、国家科学技术奖励项目、国家重大科学研究计划 8 个大类。外文科技报告收录 1958 年以来的美国政府四大科技报告共计 110 万余份（截至 2016 年底），其中 AD 报告 42 万份，DOE 报告 31.9 万份、NASA 报告 11.7 万份、PB 报告 29.2 万份。

平台提供简单检索、高级检索、专业检索 3 种检索功能，检索结果为文摘信息，如果对检索结果不满意，可以进行二次检索，或按地域及报告类型进一步筛选（图 2-26、图 2-27）。中文科技报告获取原文链接至国家科技报告服务系统（http://www.nstrs.cn），该网站提供原文免费在线阅读；外文报告获取原文链接至中国科技信息研究所网站（http://www.istic.ac.cn），该网站提供原文传递服务。网址为 http://www.wanfangdata.com.cn。

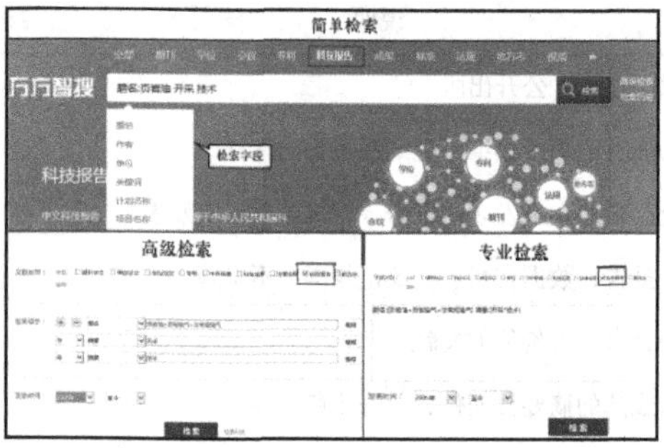

图 2-26　万方数据科技报告检索界面

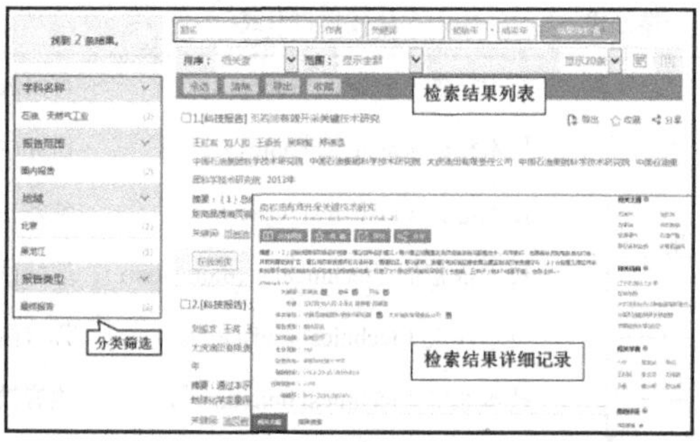

图 2-27　万方数据科技报告检索结果界面

2. *万方数据资源系统的中国科技成果数据库*

中国科技成果数据库（CSTAD）是科技部指定的新技术、新成果查新数据库，收录 1978 年以来各省、市、部委鉴定后上报国家科技部的科技成果及星火科技成果，涵盖新技术、新产品、新工艺、新材料、新设计等众多学科领域。网址为 http://www.wanfangdata.com.cn。

3. *CNKI 中国知网的中国科技项目创新成果鉴定意见数据库*

中国科技项目创新成果鉴定意见数据库（知网版）由中国化工信息中心提供，收录 1978 年至今正式登记的中国科技成果，按行业、成果级别、学科领域分类，数据每月更新。每条成果信息包含成果概况、立项、评价、知识产权状况及成果应用，成果完成人、完成单位等基本信息。目前已收录科技成果 70 万项，核心数据为登记成果数据。网址为 http://www.cnki.net。

4. *国研网系列研究报告*

国务院发展研究中心信息网（简称国研网）是由国研网公司开发的中国著名的大型经济类专业网站。目前提供《宏观经济月度分析报告》《宏观经济季度分析报告》《金融周评》《金融中国月度分析报告》《金融中国季度分析报告》《行业月度分析报告》

《行业季度分析报告》《行业年度分析报告》等系列研究报告全文，同时还提供国研网围绕互联网金融、智慧城市、新型城镇化等经济社会热点问题开发的专题研究报告内容介绍，以及国研网个性化定制报告服务领域及成功案例介绍。

目前，《行业分析报告》推出了 8 种行业月报、13 种行业季报和 8 种行业年报，涉及房地产、电力、汽车、钢铁、石油、化工、交通运输、通信、食品和医药等国民经济发展的热点（重点）行业（图 2-28）。网址为 http://report.drcnet.com.cn/www/report。

图 2-28　国研网系列研究报告数据库主页

5. 皮书数据库研究报告

皮书数据库保存整理了中国社会科学院近 20 年间数千名研究人员的年度报告类科研成果，内容涉及 100 余个行业，基本囊括了社会、经济、政治、文化、教育、国际问题等各个领域和层面。皮书数据库下设中国经济数据库、中国社会数据库、世界经济与国际政治数据库、中国区域数据库、中国行业数据库、中国文化传媒数据库 6 个子数据库，内容实时更新。报告可通过资源分类（全部子库、皮书分类、中图分类、区域分类、行业分类）逐级浏览获取，也可以在检索框中输入关键词查找，检索方法包括普通检索、高级检索、专业检索 3 种（图 2-29）。网址为 http://www.pishu.com.cn。

图 2-29　皮书数据库主页

6. 网络免费中文科技报告资源

（1）国家科技报告服务系统

国家科技报告服务系统已开通了针对社会公众、专业人员和管理人员三类用户的共享服务。社会公众不需要注册，即可通过检索科技报告免费浏览报告摘要和基本信息。专业人员需要实名注册，通过身份认证即可检索并在线浏览科技报告全文，但不能下载保存全文。科技报告作者实名注册后，将按提供报告页数的15倍享有获取原文推送服务的阅点。管理人员需要实名注册，并通过科研管理部门批准后，享有检索、查询、浏览、全文推送及批准范围内的相应统计分析等服务。该系统按部门、学科、地域、类型对公开科技报告进行导航。网址为 http://www.nstrs.cn。

（2）国家科技成果网

国家科技成果网（简称国科网）由科技部发展计划司于 1999 年创建，2006 年开始由国家科学技术奖励工作办公室管理。该网站是为科技成果登记管理提供工作性平台及为科技成果转化提供支撑性信息服务的综合性门户网站，分为成果登记和成果统计两个平台。集成的数据库有中国科技成果数据库、专家数据库和机构数据库。国科网提供普通搜索和高级搜索两种功能及 18 个检索字段，可分别对 3 个数据库进行检索。网址为 http://www.tech110.net。

（3）中国报告大厅

中国报告大厅提供针对企业用户的各类信息，提供服务有深度研究报告、市场调查、统计数据等。网址为 http://www.chinabgao.com。

2.5.3 美国政府四大报告资源检索的主要工具

科技报告主要是在第二次世界大战期间和战后迅速发展起来的。其中，美国政府部门出版的科技报告最有名，其数量和品种较多，报告的收集、加工、整理和报道工作做得较好，代表性的有 PB、AD、NASA、DOE 四大科技报告。

1. 美国四大科技报告概述

（1）PB 报告

第二次世界大战结束时，美国从德国、日本、意大利等战败国手中夺取了大量的秘密科技资料，其中有工厂实验室的战时技术档案、战败国的专利文献、标准和技术刊物、科技报告、期刊论文、工程图纸等。为了系统整理并利用这些资料，美国于 1945 年 6 月成立了商务部出版局（U.S. Department of Commerce office of Publication Board，PB）来专门负责搜集整理这些科技资料，并将资料编上顺序号，在号码前面冠以“PB”字样，即 PB 报告。此后 PB 报告出版单位几经变化，从 1970 年 9 月起，美国国家技术情报服务局（National Technical Information Service，NTIS）负责收集、整理、报道和发行美国研究单位的公开报告，并继续使用 PB 报告号。

PB 报告内容几经变迁，20 世纪 40 年代主要来自战败国的资料，20 世纪 50 年代来自美国各研究机构及有关单位发表的科技文献，20 世纪 60 年代内容逐步从军事科学转向民用工程技术，如土木建筑、城市规划、环境污染等方面，航空、电子、原子能利用和军械等内容所占比例较少。

PB 报告每年产生 14 000 件左右，均为公开资料，无密级。PB 报告的编号原来采用 PB 编码加上流水号，从 1980 年开始使用新的编号系统即“PB-年代-报告顺序号”，其中年代用公元年代后的末 2 位数字表示。

（2）AD 报告

AD 报告是美国国防科技报告的统称，是 1951～1963 年，由美国军事技术情报处（Armed Services Technical Information Ageny，ASTIA）搜集、编目、整理、出版的报告文献，称 ASTIA Documents，即 AD 报告。1963 年 3 月以后，ASTIA 改组为国防科技情报文献中心（Defense Documentation Center for Scientific and Technical Information，DDC）；1979 年，DDC 又改为国防技术情报中心（Defense Technical Information Center，DTIC），其收藏的报告继续称为 AD 报告，但其含义为“入藏文献”（accessions document）。

AD 报告主要来源美国陆海空三军科研单位、公司、企业、大专院校及国外一些科研机构和国际组织。其报道范围侧重于军事工程技术，几乎涵盖了国防相关的各个领域，如航空、空间技术、导弹技术、核技术、军事科学、军械、电气和电子工程、通信、数学、物理、化学、地球科学、海洋科学、生物医学等方面。DTIC 现拥有 AD 公开报告总数达 150 万余件。

AD 报告分为机密（secret）、秘密（confidential）、非密限制发行（unclassified/unmited）、非密公开发行（unclassified/unlimited）4 种，AD 报告的报告编号均以 AD 开头，并根据密级和年代不同，采用不同的号码系列，1975 年以后的报告编号采用“AD-密级-流水号”的方式，密级分别以 A（公开报告）、B（非密限制报告）、C（秘密报告）、D（美军专利报告）、E（临时实验号）等字母表示。

（3）NASA 报告

NASA 报告是美国国家航空航天局（National Aeronautics and Space Administration，NASA）收集、整理、报道和提供使用的一种公开科技报告。NASA 的前身是 1915 年成立的美国国家航空咨询委员会（National Advisory Committee for Aeronautics，NACA），是美国最主要的航空科学研究机构。1985 年 10 月正式成立 NASA，负责协调和指导美国航空及空间的科学研究机构。在工作过程中，所属机构或合同用户会产生大量的研究报告，这些科技报告的编号分别冠以 NASA（或 NACA）字样，故称 NASA（或 NACA）报告。

NASA 报告侧重于航空航天、空间科学技术领域，同时广泛报道许多基础学科。其主要报道空气动力学、发动机及飞行器结构材料、试验设备、飞行器的制导及测量仪器等，是航空航天科研工作者的重要参考资料。同时与机械、化工、电子、气象、天体物理、生物等学科都有密切的关系。

NASA 报告年发行量约为 6000 件，编写方式采用“NASA-报告出版类型代码-顺序号”，报告出版类型多数用简称，少数用全称，如 NASA-TP-XXX。

（4）DOE 报告

DOE 报告是美国能源部（Department of Energy，DOE）及其所属科研机构、能源情报中心、公司企业、学术团体发表的技术报告文献。DOE 报告最早称为 AEC 报告，即美国原子能委员会（Atomic Energy Commission，AEC）出版的科技报告，直到 1976 年，其被 ERDA（Energy Research and Development Administration）报告所替代，1978 年 7 月，才较多出现 DOE 字样的能源研究报告。

DOE 报告侧重于能源及其应用，包括能源保护、矿物燃料、环境与安全、核能、太阳能与地热能、国家安全等方面。

DOE 报告没有统一的编号，比较混乱，除能源部及其出版的合同报告冠以 DOE 字样外，其他报告一般采用单位名称的首字母缩写加顺序号形式。

2. NTIS 美国政府报告文摘数据库

美国政府报告文摘数据库是美国国家技术情报局（National Technical Information Service，NTIS）出版的文摘题录数据库，收录包括美国在内的超过 240 个国际政府机构的科技报告，其中以美国四大科技报告为主，少量收录西欧、日本及其他国家（包括中国）的科学研究报告，包括项目进展过程中所做的一些初期报告、进展报告、中期报告、最终报告等。NTIS 数据库提供 1899 年以来的 300 多万条文摘记录，每年新增 2.2 万条记录，覆盖 350 个学科领域，数据每周更新。用户需通过商业数据库 Engineering Village 平台（http://www.engineeringvillage.com）或 ProQuest 平台（http://search.proquest.com）进行检索。

3. NTRL 美国政府报告全文数据库

美国政府报告全文数据库又称国家技术报告图书馆（National Technical Reports Library，NTRL），是在美国国家技术情报局出版的 NTIS 美国政府报告文摘数据库的基础上推出的一个全新的网络服务产品。数据库以收录美国四大科技报告为主，包括了 300 万余条文摘信息，同时还包含了 80 万余篇数字化全文内容。报告覆盖 350 个学科及分支领域，数据每日更新。网址为 http://ntrl.ntis.gov/NTRL。

4. 国外科技报告信息资源服务系统

北京博图网络技术有限公司提供的国外科技报告信息资源服务系统以收录 AD、PB、NASA、DOE 美国四大科技报告为主，少量收录西欧、日本及世界各国（包括中国）的科学研究报告，还包括学科研究项目进展过程中所做的一些初期报告、中期报告、最终报告等反映最新的学科进展情况。该数据库收录 1960 年以来的科技报告全文 140 万篇，90%以上的文献是英文文献，专业内容覆盖科学技术各个领域。

数据库首页提供跨库检索和学科分类检索两种检索方法，检索结果提供索取号、题名、作者、来源机构、摘要、全文等信息（图 2-30、图 2-31）。网址为 http://117.34.104.70。

图 2-30　国外科技报告资源服务系统主页

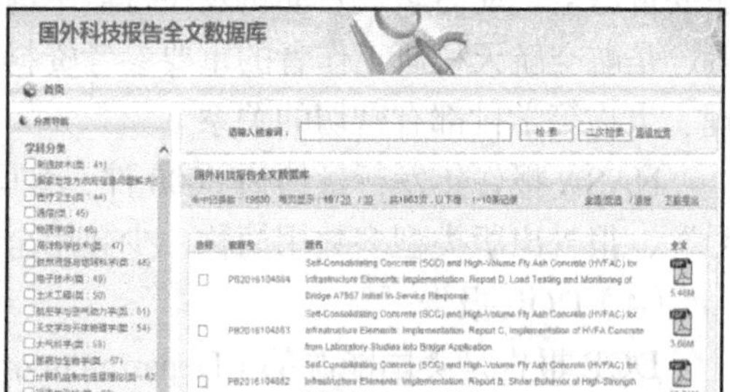

图 2-31　国外科技报告资源服务系统检索结果页面

5. 国家科技图书文献中心的国外科技报告数据库

国家科技图书文献中心提供的国外科技报告数据库主要收录 1978 年以来美国政府四大科技研究报告，以及少量其他国家学术机构的研究报告、进展报告和年度报告等。学科范围涉及工程技术和自然科学各专业领域。该数据库提供全部字段、报告名称、作者、关键词、ISSN、分类号、出版年、出版者、文摘等检索字段，通过文献传递获取原文。网址为 http://www.nstl.gov.cn。

6. NASA Technical Reports Server

NASA Technical Reports Server（NTRS）是美国宇航局建立的用来发布非机密科技信息的站点，可检索并浏览有关航空航天方面的科技报告，部分有全文。网址为 http://ntrs.nasa.gov。

2.5.4　如何获取科技报告全文

全文型科技报告数据库提供全文直接下载服务。如果是文摘型检索工具，可以根据文摘信息到相关全文数据库、免费科技报告数据库、政府网站中查找；也可以直接从国外相关机构订购，如美国四大科技报告可通过 NTIS 订购号直接向 NTIS 机构订购；还可以从中国科技信息研究所、国家科技文献中心、上海科技信息研究所、中国国防科技信息研究所、中国科学院文献信息中心、核工业部等国内科技报告收藏机构通过文献传递获取全文。

思考题

1. 请列举国内科技报告的几个主要检索工具。
2. 美国四大科技报告是什么？并列举美国政府四大科技报告的几个主要检索工具。
3. 请利用国外科技报告数据库检索报告号为 DE95723044 的报告信息。

2.6　标准文献资源的检索与利用

随着科技的发展，标准文献作为一种重要科技出版物，已经广泛应用于生产、设计、管理、产品检验、商品流通、技术转让、科学研究等众多领域。标准文献对了解各国经济政策、技术政策、生产水平及资源情况，进而全面了解一个国家的工业发展状况有重要参考价值。

2.6.1　标准概述

1. 标准及标准文献

ISO/IEC 信息技术联合技术委员会（ISO/IEC Joint technical committee for information technology，JTC1）是国际标准化组织和国际电工委员会（International Electrotechnical

Commission，IEC）联合组建的第一个标准化技术委员会。ISO/IEC 在其指南 2-2004 有关标准化及标准化活动的通用术语中对标准的定义是：为了在一定范围内获得最佳秩序，经协商一致确立并由公认机构批准，为活动或结果提供规则、指南或特性，供共同使用的和重复使用的文件。

《世界贸易组织贸易技术壁垒协议》（Agreement on Technical Barriers to Trade of the World Trade Organization，WTO/TBT）中定义：标准是经公认机构批准的、非强制执行的、供通用或重复使用的产品或相关工艺和生产方法的规则、指南或特性的文件。该文件还可以包括或专门规定适用于产品、工艺或生产方法的专门术语、符号、包装、标志或标签要求。WTO 对标准的定义与 ISO/IEC 对标准的定义相比，其含义基本一致，但 WTO 主要是从国际贸易的角度考虑标准定义，WTO 规定标准是非强制执行的。

我国国家标准（GB/T 20000.1—2014）《标准化工作指南第 1 部分：标准化和相关活动的通用词汇》中对标准的定义是：通过标准化活动，按照规定程序经协商一致制定，为各种活动或其结果提供规则、指南或特性，供共同使用和重复使用的文件。此定义中的标准化活动是为了在既定范围内获得最佳秩序，促进共同效益，对现实问题或潜在问题确立共同使用和重复使用的条款及编制、发布和应用文件的活动。规定的程序是指制定标准的机构颁布的标准制定程序。

狭义的标准文献即指标准，广义的标准文献指与标准化工作有关的一切文献，包括标准形成过程中的各种档案、宣传推广标准的手册及其他出版物、揭示报道标准文献信息的目录、索引等。

2. 标准的特点

从标准的定义可以看出，标准有其独特的特点。

1）标准是标准化活动的产物，其对象包括产品、过程或服务。

2）标准具有共同使用和重复使用的特性。

3）标准以科学、技术和经验的综合成果为基础制定，在一定时期内反映最新技术水平。

4）标准制定需按发布机构颁布的程序进行，由利益相关方协商一致。

3. 标准的分类

依据参与标准制定的主体，标准可分为国际标准、区域标准、国家标准、行业标准、团体标准、地方标准、企业标准。其中，国际标准、区域标准和国家标准由于具有可以公开获得、必要时通过修正或修订保持与最新技术水平同步的特性，被视为公认的技术规则。

（1）国际标准

国际标准包括两个部分，第一部分是指由国际标准化组织、国际电工委员会和国际电信联盟（International Telecommunication Union，ITU）制定的标准，第二部分是指国际标准化组织确认并公布的其他国际组织制定的标准。国际标准通常按标准的专业领域或表现形式进行划分，ISO、IEC 国际标准类文件按表现形式共分为六类：国际标准、可公开提供的技术规范、技术规范、技术报告、工业技术协议和指南。

（2）区域标准

区域标准是指由区域标准化组织或区域标准化组织通过并公开发布的标准。区域标准化组织标准的种类通常按制定区域标准的组织进行划分。目前有影响的区域标准主要有：欧洲标准化委员会（Comité Européen de Normalisation，CEN）、欧洲电信标准学会（European Telecommunications Standards Institute，ETSI）标准等。

（3）国家标准

依据《国家标准 GB/T 20000.1—2014》，国家标准是指由国家标准机构通过并发布的标准。各国都有自己的国家标准机构和国家标准代号，我国的国家标准机构是中国国家标准化管理委员会（Standaradization Administration of the People's Republic of China，SAC），国家标准代号是 GB 或 GB/T。

依据《中华人民共和国标准化法》，我国标准分为国家标准、行业标准、地方标准、企业标准四个级别。国家标准、行业标准按标准性质又分为强制性标准和推荐性标准（/T），强制性标准有全文强制和条文强制两种形式。强制性标准具有法律属性，在一定范围内通过法律、行政法规等手段强制执行。强制性标准主要包括食品、药品、安全、卫生、工程建设、环境保护等方面内容。为适应某些领域标准快速发展和变化的需要，1998 年在国家标准四个级别之外增加“国家标准化指导性技术文件（GB/Z）”作为补充标准。

近几年出现的联盟标准属于企业标准性质，是联盟成员企业通过协商一致，制定同一技术指标要求的企业产品标准，经标准联盟共同批准，并由国家标准化主管部门登记备案，共同使用和重复使用的一种规范性文件。联盟标准通常比国家标准要高，目的是有利于规范企业间的有序竞争，提高产业的整体质量水平，促进产业结构升级。

4. 标准分类法

基于标准的特点，标准分类法通常采用按标准主题内容所属学科、专业进行归类。

（1）国际标准分类法

国际标准分类（International Classification for Standards，ICS）是由 ISO 编制的标准文献专用分类法。ICS 以专业划分为主设置类目，采用等级分类法，由三级类目构成。第一级包含 40 个标准化专业领域，各个专业又细分为若干二级、三级类目。ICS 采用数字编号，第一级和第三级采用双位数，第二级采用三位数表示，各级分类号之间以实圆点相隔。

（2）中国标准文献分类法

采用原国家标准局 1984 年编制的《中国标准文献分类法》（简称《中标法》CCS）。中标法类目设置以专业划分为主，并结合科学分类。中标法采用二级分类，一级主类主要以专业划分为主，二级类目采取非严格等级制的列类方法；一级分类由 24 个大类组成，每个大类有 100 个二级类目；一级分类由单个拉丁字母组成，二类分类由双数字组成。

5. 标准资源的检索方法

标准信息通常从信息源，即从标准信息发布和管理机构入手进行查找。

（1）纸本标准资源

纸本标准资源主要通过标准纸本图书的收藏单位进行手工检索。

1）《ISO 国际标准目录》（ISO Catalogue）每年出版，检索途径有主题检索、TC 分类号检索和国际十进分类号（Universal Decimal Classification，UDC）检索。

2）《IEC 国际电工标准目录》（Catalogue of IEC Publication）每年出版，按 IEC 标准序号表排序。其既可通过正文后的主题索引找到标准号，也可通过 IEC 序号表查出标准名称和内容。

3）《中国国家标准汇编》收录 1983 年以来我国每年正式发布的全部国家标准，按国家标准顺序号分册汇编，分为制定卷和修订卷两种版本。制定卷收录上年度我国颁布及新制定的国家标准，修订卷收录上年度我国颁布及被修订的国家标准。

4）《中华人民共和国国家标准目录及信息总汇》按 CCS 的专业分类顺序编排，收录全部现行国家标准专业分类目录，被代替、被废止的国家标准目录，国家标准修改、更正、勘误通知信息及中英文目录标准顺序号索引。

5）《中国标准化年鉴》内容包括对前一年标准化工作的全面记录和总结。

6）《机械工业常用国家标准和行业标准目录》每年出版，收录与机械工业相关的现行有效国家标准和 20 余个行业标准 36 000 余条，机械、汽车国家标准、行业标准全部收录。

（2）网络标准资源

相比手工检索，网络标准数据库使标准文献的检索更加方便、快捷。标准数据库常用的检索字段包括标准名称、标准号、标准级别、标准发布日期等。大部分标准数据库只提供标准的相关题录信息，无法免费获取标准全文。标准号作为标准检索的特有检索途径，了解其构成方法将有助于缩小标准检索范围，有效提高检索效率。

我国标准编号由标准代号＋标准顺序号＋发布年号构成。国际及国外标准号形式各异，但基本结构为：标准代号＋专业类号＋顺序号＋年代号。其中，标准代号大多采用缩写字母，如 IEC 代表国际电工委员会（International Electrotechnical Commission，IEC）。专业类号因所采用的分类方法不同而有字母、数字、字母数字混合 3 种形式，如 ASTM A 121-1986、DIN 53992-3-2002、JIS B8032/13-1998。

2.6.2 中文标准及其标准文献检索的主要工具

1. *万方标准数据库*

万方中外标准数据库（Wanfang Standards Database，WFSD）收录 1957 年以来中外文标准 43 万余条，其中包括中国国家标准、建设标准及其他行业标准全文近 13 万条，国外标准题录 30 万余条。收录标准全文数据来源国家指定标准出版单位，综合了国家技术监督局、建设部情报所、建材研究院等单位提供的相关行业标准。文摘数据来自中国标准化研究院国家标准馆，数据每月更新。收录标准按 CCS 分类，采用一站式检索模式，可按题名、关键词、标准编号、起草单位、发布单位分别进行检索。其可免费查看数据库标准题录信息，提供全文浏览收费服务。网址为 http://www.wanfandata.Com.CN/

navigations/standards.do。

2. CNKI 中国知网标准数据总库

该库分为中国标准题录库（SCSD）、国外标准题录库（SOSD）、国家标准全文库（SCSF）和中国行业标准全文库（SCHF）4 个子库。SCSD 收录所有中国国家标准（GB）、国家建设标准（GBJ）、中国行业标准题录约 13 万条；SOSD 收录 ISO、IEC、欧洲及美、英、德、法、日国家标准及美国部分学会、协会标准题录约 31 万条；SCSF 收录 1950 年至今中国标准出版社出版，国家标准化管理委员会发布的所有国家标准，数据每月更新。SCHF 收录 1950 年至今现行、废止、被代替及即将实施的近 30 个行业标准近 2 万条，数据每季度更新。如图 2-32 所示，标准全文库按照 CCS、ICS 和 CNKI168 学科分类法进行分类，并提供高级、专业、一框式 3 种检索方式及标准名称、标准号、关键词、发布和实施日期等多种检索途径，可免费查看题录和知网节信息，全文需另外付费。网址为 http://kns.cnki.net/kns/index.html?code=CISD。

例如，检索近五年地理信息方面现行有效和即将实施的标准信息。

如图 2-32 所示，在 CNKI 标准库中选择高级检索，检索途径选择标准名称，在检索框中输入检索词“地理信息”进行精确匹配，标准状态选择“现行”和“即将实施”，检索日期限定为 2012 年 1 月 1 日至 2017 年 5 月 16 日。检索结果如图 2-33 所示，共检索到 32 条相关文献，其中国家标准 27 条，行业标准 5 条，现行有效的标准为 22 条。

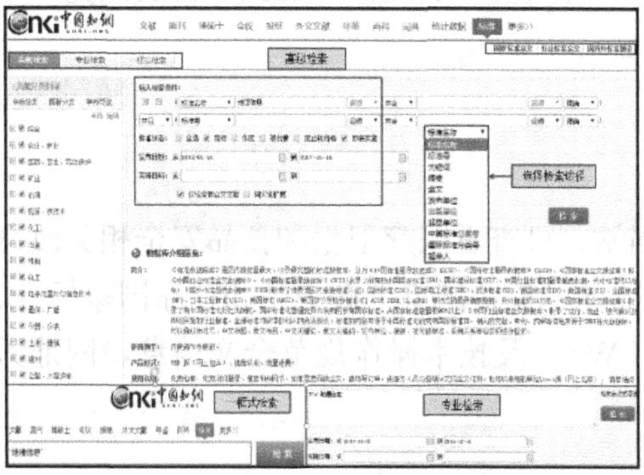

图 2-32　CNKI 标准数据库检索页面

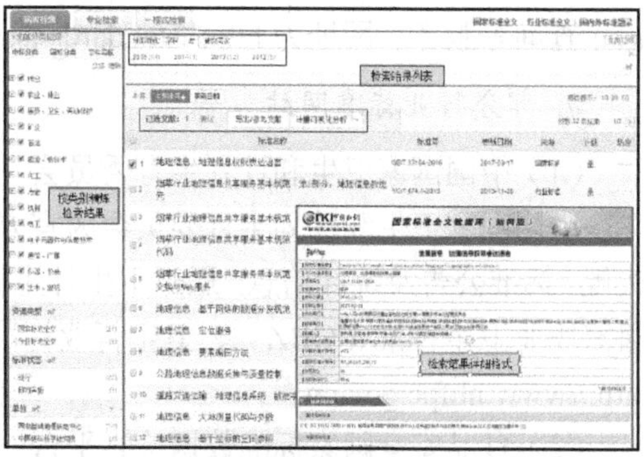

图 2-33　CNKI 标准数据库检索结果页面

3. 国家科技图书文献中心标准数据库

国家科技图书文献中心标准数据来源于中国标准化研究院国家标准馆和中国计量科学研究院，分为国外标准、中国标准、计量检定规程三个子库。其中，国外标准库内容包括英国标准（BS）、德国标准（DIN）、法国标准（NF）、日本工业标准（JIS）、美国机械工程师协会标准（IEEE）、美国电气电子工程师学会标准、美国机动工程师协会标准（SAE）、美国保险商实验室标准（UL），以及 ISO、IEC 国际标准题录信息。网址为 http://www.nstl.gov.cn。

4. 中国标准服务网

中国标准服务网为国家标准文献共享服务平台门户网站，提供标准检索及全文传递等服务，依托国家标准馆和中国标准化研究院提供标准查新、有效性确认、专题研究及培训服务。国家标准馆是我国唯一的国家级标准文献馆藏、研究和服务机构，也是国家标准文献中心，收藏 1931 年以来国内外各类标准 140 万余件，包括全部中国国家标准和 66 个行业标准，60 多个国家、70 多个国际和区域性标准化组织、450 多个专业协（学）会的成套标准，170 多种国内外标准化期刊及各类标准化专著近 1 万册。网址为 http://www.cssn.net.cn。

5. 中国国家标准化管理委员会

中国国家标准化管理委员会是我国标准化工作主管机构，通过其业务管理平台可检索国家标准目录、标准计划、标准公告等信息。通过国家标准全文公开系统可查看除食品安全、环境保护、工程建设外的现行有效强制性国家标准，其中采用国际标准和国外先进标准的采标标准只可在线阅读，非采标可在线阅读和下载；现行有效推荐性国家标准中非采标可在线阅读，采标只提供题录信息。网址为 http://www.sac.gov.cn。

6. 深圳市标准信息公共服务平台

深圳市标准信息公共服务平台为深圳市标准技术研究院门户网站，目前馆藏全套国家标准、行业标准、主要国际标准化组织标准、主要发达国家的国家标准、国外主要专业团体标准等 50 多万件标准文本，以及超过 470 个国内外标准化组织发布的超过 100 万条标准题录信息。可免费查询标准题录信息，为付费会员提供标准文本在线预览、专题库查询等服务。网址为 http://standard.sist.org.cn。

7. 部分行业标准网站

（1）中国国家卫生和计划生育委员会

中国国家卫生和计划生育委员会为官方网站，可查看医疗卫生和食品安全相关政策法规、标准公告及统计信息。通过卫生计生标准库可免费浏览下载卫生和食品国家标准、国家职业卫生标准（GBZ）、卫生行业标准（WZ）及技术操作规范全文信息。网址为 http://www.nhfpc.gov.cn。

（2）食品安全国家标准数据检索平台

食品安全国家标准数据检索平台可免费浏览下载食品安全国家标准全文、地方标准全文及标准公告信息，提供一站式简单检索和高级检索两种模式，高级检索提供标准文本、标准公告和标准问答检索，所有数据均可免费浏览下载。网址为 http://bz.cfsa.net.cn/db。

（3）中国环境保护部

中国环境保护部提供环保相关标准发布、标准文本、标准修改解释、地方标准备案等信息，可通过标准号或标准名称检索并免费获取国家环境保护标准全文。网址为 http://kjs.mep.gov.cn/hjbhbz。

（4）标准网

标准网是我国工业行业标准化门户网站，提供 19 个行业的行业标准管理与技术服务信息，包括 2003 年以来国家发展和改革委员会及行业信息化部标准公告，标准化政策法规及国外标准、技术法规和合格评定程序等信息检索及技术咨询。网址为 http://www.

standardcn.com。

（5）中国工程建设标准服务平台

中国工程建设标准化协会（China Association for Engineering Construction Standardization，CECS）网站，可免费在线浏览现行工程建设相关的国家标准、行业标准、地方标准、企业标准、CECS 标准全文信息，以及工程建设相关标准动态、法律法规、部门规章、地方性文件、经典案例等内容。网址为 http://www.cecs.org.cn。

（6）通信标准与质量信息网

通信标准与质量信息网由中国通信标准化协会主办，可在线浏览通信电子相关的行业和国家法律法规全文。付费用户可下载通信行业标准（YD）、通信标准参考性技术文件（YDC）、中国通信标准化协会标准（YDB）、通信技术研究报告（SR）、ITU 标准、欧洲电信标准（ETSI）、Internet 协议（IETF）、第三代移动通信及 oneM2M 伙伴组织标准。该网站还提供 ISO、IEC、TIA 美国通信工业协会、WAP 开放移动（Open Mobile Alliance，OMA）、美国 T1 电信标准等标准代购服务。网址为 http://www.ptsn.net.cn。

8. 网络免费中文标准资源

（1）台湾标准网络服务系统

台湾标准网络服务系统是由台湾经济主管部门授权，可免费在线浏览所有现行台湾标准（CNS）全文，免费下载 2013 年起修订、废止的 CNS 标准全文。网址为 http://www.cnsonline.com.tw。

（2）食品伙伴网

食品伙伴网是烟台富美特食品科技有限公司旗下的网站。下载中心可检索查看食品相关行业国家标准、行业标准及地方标准，现行标准全文可免费下载。其提供国际食品法典委员会（CAC）标准、美国分析化学协会（AOAC）标准、EU/EC 欧盟指令条例、联合国食品添加剂专家联合委员会（UNECE）标准、澳新标准、食品化学法典（FCC）标准、食品添加剂专家联合委员会（JECFA）标准等国外食品相关标准的全文免费下载。网址为 http://www.foodmate.net。

（3）宁波市标准化公告服务平台

宁波市标准化公告服务平台是由宁波市标准化院建设的准公益标准服务平台，提供标准化新闻、政策法规、标准公告、TBT 通报等信息，可免费在线浏览国内标准和宁波农林牧渔及服务业地方标准全文信息。其提供标准号、标准名和关键词一站式检索及 ICS、CCS 分类检索。网址为 http://www.cnnbzj.com。

2.6.3　外文标准及其标准文献检索的主要工具

1. IEL 标准文献数据库

通过 IEEE Xplore 在线访问，内容涵盖电力、电子通信、计算机等学科领域。其收录超过 5100 个技术标准，其中 IEEE 现行标准约 1300 个，正在制定的 IEEE 标准超过 500 个。网址为 http://ieeexplore.ieee.org。

2. 国际标准化组织

ISO 成立于 1947 年，是世界最大的国际标准化机构之一，负责制定、发布和推广除电工、电子领域外的国际标准。ISO 已经发布超过 22 000 个国际标准和相关文件，内容从各种原材料到半成品和成品，技术领域涉及几乎所有行业。ISO 标准号由标准代号（ISO）＋顺序号＋年份构成。如图 2-34 所示，通过 ISO9001/ISO14001/ISO/IEC 27001 等栏目可查看该体系下的质量管理和认证的详细标准信息。如图 2-35 所示，ISO 在线浏览平台提供了多种检索途径，可免费预览标准目录及部分前沿介绍信息。ISO 标准每 5 年复审一次，使用时需注意选用最新版本。网址为 http://www.iso.org。

图 2-34　ISO 国际标准化组织主页

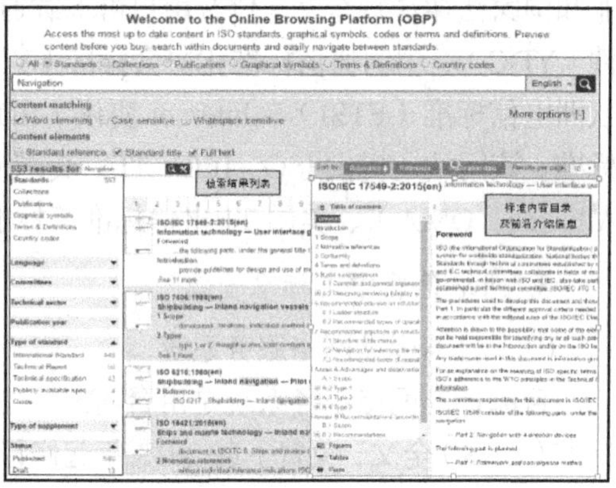

图 2-35　ISO 标准检索及检索结果页面

3. 国际电工委员会

IEC 成立于 1906 年，是世界上最早的国际电工标准化机构，主要负责研究、制定、批准电气和电子工程领域的国际标准，目前 IEC 工作领域已经扩展到电工技术的各个方面。IEC 每年召开 100 多次国际标准会议，世界近 10 万名专家参与 IEC 标准的制定、修订。除国际标准外，IEC 还出版 IEC 现有 103 个技术委员会（TC）；77 个分技术委员会（SC）标准。IEC 标准号由 IEC 代号＋标准顺序号＋制定或修订年份构成。在 IEC 主页点击 Webstore 下的“Search and buy IEC Standards”进入 IEC 标准检索界面，可检索 IEC 国际标准（IS）、技术规范（TS）、技术报告（TR）、公开可用规范（PAS）、指南、白皮书（WP）等内容。网址为 http://www.iec.ch。

4. 国际电信联盟

国际电信联盟为联合国主管信息通信技术事务（ICT）的专门机构，主要职责是促成技术、业务协议的订立和无线电频谱和卫星轨道位置等全球资源的划分。其主要工作由无线电通信（ITU-R）、电信标准化（ITU-T）和电信发展（ITU-D）承担，其中 ITU-T 居核心地位，负责制定发布标准化建议、标准手册和指南。ITU-T 每 4 年召开 1 次世界电信标准化大会，审议并通过标准化建设及与电信标准化有关的具体问题。ITU 每年约制定发布 210 个建议书，通过 ITU 官网可查阅 TU-T 现行规定、决议、意见和建议书。网址为 http://www.itu.int。

5. Techstreet 标准数据库

Techstreet 标准数据库为科睿唯安（Clarivate Analytics）旗下全球最大的标准数据集成商之一，可提供超过 50 万件标准相关文档，包括国际标准、国外主要国家标准和专业学（协）会标准，覆盖建筑、能源石化、电子电信、食品医疗等学科领域。标准全文实时更新，并提供免费追踪预警和了解标准更新情况的“标红”版。支持移动访问，为机构客户提供定制标准库。中小型企业和个人用户可在 Techstreet.com 网站上直接按需购买单篇标准。网址为 http://www.techstreet.com。

2.6.4 如何获取标准文献全文

国际标准、区域标准、国家标准、行业标准和地方标准的全文除可通过以上一些专业网站获取外，还可以通过制定这些标准的机构官网联系购买或索取。国内可通过图书馆、各省市地方的标准化研究机构、行业协会等查询、索取。联盟标准和企业标准需通过行业协会主管部门或制定标准的企业获取。

思考题

1. 我国标准文献分为哪几个级别？
2. 国家标准的定义、我国的国家标准机构和国家标准代号是什么？
3. 我国标准编号是如何构成的？

2.7 专利文献资源的检索与利用

2.7.1 专利及专利文献概述

1. 专利的定义

专利，从字面上是指专有的权利和利益。“专利”一词来源拉丁语 Litterae Patentes，意为公开的信件或公共文献，是中世纪的君主用来颁布某种特权的证明，后来指英国国王亲自签署的独占权利证书。在现代，专利一般是由政府机关或者代表若干国家的区域性组织根据申请而颁发的一种文件，这种文件记载了发明创造的内容，并且在一定时期内产生这样一种法律状态，即获得专利的发明创造在一般情况下他人只有经专利权人许可才能予以实施。

2. 专利的类型

专利的种类在不同的国家和地区有不同规定，在我国专利法中规定的专利类型有发明专利、实用新型专利和外观设计专利；在我国香港专利法中规定的专利类型有标准专利（相当于大陆的发明专利）、短期专利（相当于大陆的实用新型专利）、外观设计专利；在部分发达国家，专利的类型只有发明专利和外观设计专利，而没有实用新型专利。

（1）发明专利

我国专利法中对发明的定义是：“发明是指对产品、方法或者其改进所提出的新的技术方案。”所谓产品是指工业上能够制造的各种新制品，包括有一定形状和结构的固体、液体、气体之类的物品。所谓方法是指对原料进行加工，制成各种产品的方法。发明专利并不要求它是经过实践证明可以直接应用于工业生产的技术成果，它可以是一项解决技术问题的方案或是一种构思，具有在工业上应用的可能性。

（2）实用新型专利

我国专利法中对实用新型的定义是：“实用新型是指对产品的形状、构造或者其结合所提出的适于实用的新的技术方案。”同发明一样，实用新型保护的也是一个技术方案。但实用新型专利保护的范围较窄，它只保护有一定形状或结构的新产品，不保护方法及没有固定形状的物质。实用新型的技术方案更注重实用性，其技术水平较发明而言，要低一些，多数国家实用新型专利保护的都是比较简单的、改进性的技术发明。因此，对于日用品、机械、电器等方面的有形产品的小发明，比较适用于申请实用新型专利。

（3）外观设计专利

我国专利法中对外观设计的定义是：“外观设计是指对产品的形状、图案或其结合以及色彩与形状、图案的结合所作出的富有美感并适于工业应用的新设计。”并在外观设计专利的授权条件中进行了规定：“授予专利权的外观设计，应当不属于现有设计；也没有任何单位或者个人就同样的外观设计在申请日以前向国务院专利行政部门提出过申请，并记载在申请日以后公告的专利文件中。”

3. 专利的特点

（1）独占性

所谓独占性亦称排他性或专有性。它是指在一定时间（专利权有效期内）和区域（法律管辖区）内，任何单位或个人未经专利权人许可都不得实施其专利，即不得为生产经营目的制造、使用、许诺销售、销售、进口其专利产品，或者使用其专利方法及使用、许诺销售、销售、进口其专利产品，否则属于侵权行为。

（2）时效性

时效性是指专利只有在法律规定的期限内才有效。专利权的有效保护期限结束以后，专利权人所享有的专利权便自动丧失，一般不能续展。发明便随着保护期限的结束而成为社会公有的财富，其他人便可以自由地使用该发明来创造产品。专利受法律保护的期限的长短由有关国家的专利法或有关国际公约规定，世界各国的专利法对专利的保护期限的规定不一。《中华人民共和国专利法》规定：“发明专利权的期限为二十年，实用新型和外观设计专利权的期限为十年，均自申请日起计算。”

（3）地域性

地域性是指专利权是一种有空间范围限制的权利，它只有在法律管辖区域内有效。除了在有些情况下，依据保护知识产权的国际公约，以及个别国家承认另一国批准的专利权有效外，技术发明在哪个国家申请专利，就由哪个国家授予专利权，而且只在专利授予国的范围内有效，而对其他国家则不具有法律的约束力，其他国家不承担任何保护义务。但是，同一发明可以同时在两个或两个以上的国家申请专利，获得批准后其发明便可以在所有申请国获得法律保护。

4. 国际专利分类法

（1）国际专利分类法的分类方法

国际专利分类法（International Patent Classification，IPC）是国际上通用的专利文献分类法。使用 IPC 首先要确定发明信息和附加信息，发明信息是在专利文献全部公开文本中代表对现有技术贡献的技术信息，而附加信息则是对检索者有用的信息。发明信息仅由分类号表示，附加信息由分类号、引得码或由两者共同表示，引得码由两位数字组成，类似于分类号，只是用冒号代替斜线，其作用是表示除了一个或几个分类号所表示的信息外的信息，或用来指明已分类的技术主题的使用。当发明信息和附加信息确定后，应结合国际专利分类系统的编排方式和分类原则，按照分类规则逐级分类，最终确定合适的分类号。

（2）国际专利分类表的内容

国际专利分类表的内容设置包括了与发明创造有关的全部知识领域。分类表共八个分册，每一个分册称为一个部，用大写英文字母 A～H 表示。八个分部如下所示。

A 部：生活需要

B 部：作业；运输

C 部：化学；冶金

D 部：纺织；造纸

E 部：固定建筑物

F 部：机械工程；照明；加热；爆破

G 部：物理

H 部：电学

（3）国际专利分类表的结构

国际专利分类表是一种等级分类系统，采用等级结构。其共分成五个等级，即部、大类、小类、大组和小组，按层次的递降顺序分割技术的整体。部下面是大类，大类由两位数字组成，如 A01；大类的下面是小类，小类由一个大写字母构成，如 A01B；小类的下面是大组，大组由高层类别号加上一到三位的数及“/00”组成，如 A01B1/00；大组的下面是小组，由小类类别号及小类类别号的标记加上一到三位的数字，再加上“/”和除“00”外的两位到四位数字组成，如 A01B1/02。各小组的分类号与类名之间会有不同数量的小圆点，而各小组的等级就是由小圆点的数量决定的，即其缩排的等级来决定的，而不是由小组的编号来决定。

如 F01B 7/04 · · 作用于同一主轴上

F01B 7/06 · · · 只用连杆将往复运动转换为旋转运动，或者反之亦然

F01B 7/08 · · · · 有侧向连杆

F01B 7/14 · · 作用于不同的主轴

5. 优先权及同族专利

优先权原则源自 1883 年签订的《保护工业产权巴黎公约》，目的是便于缔约国国民在其本国提出专利或者商标申请后向其他缔约国提出申请。所谓优先权是指，申请人在一个缔约国第一次提出申请后，可以在一定期限内就同一主题向其他缔约国申请保护，其在后申请可在某些方面被视为是在第一次申请的申请日提出的。换句话说，在一定期限内，申请人提出的在后申请与其他人在其首次申请日之后就同一主题所提出的申请相比，享有优先的地位，这就是优先权一词的由来。

同族专利是基于同一优先权文件，在不同国家或地区，以及地区间专利组织多次申请、多次公布或批准的内容相同或基本相同的一组专利文献。由至少一个共同优先权联系的一组专利文献，称一个专利族。在同一专利族中每件专利文献被称作专利族成员，同一专利族中每件专利互为同族专利。在同一专利族中最早优先权的专利文献称为基本专利。

6. 专利文献

世界知识产权组织 1988 年编写的《知识产权教程》阐述了现代专利文献的概念：专利文献是包含已经申请或被确认为发现、发明、实用新型和工业品外观设计的研究、设计、开发和试验成果的有关资料，以及保护发明人、专利所有人及工业品外观设计和实用新型注册证书持有人权利的有关资料的已出版或未出版的文件（或其摘要）的总称。根据这个概念我们可以看出。

1）专利文献所涉及的对象是提出专利申请或批准为专利的发明创造。

2）专利文献不仅是关于申请或批准为专利的发明创造技术内容的资料，也是关于申请或批准为专利的发明创造权利持有相关内容的资料。

3）专利文献所包含的资料有些是公开出版的，有些则仅为存档或仅供复制使用。

综上所述，专利文献主要是指实行专利制度的国家及国际专利组织在受理、审批、注册专利过程中产生的官方文件及其出版物的总称。广义的专利文献包括专利申请书、专利说明书、专利公报、专利检索工具以及与专利有关的一切资料；狭义的专利文献仅指各国（地区）专利局出版的专利说明书或发明说明书。

2.7.2 中文专利文献检索的主要工具

1. 中国国家知识产权局网站

中国国家知识产权局网站是国家知识产权局支持建立的政府性官方网站，该网站提供与专利相关的多种信息服务。其收录了 103 个国家、地区和组织的专利数据，以及引文、同族、法律状态等数据信息，范围涵盖了中国、美国、日本、欧洲专利局和世界知识产权组织等。中国国家知识产权局网站是我国最权威的专利信息来源，收录了自 1985 年 4 月 1 日我国公布第一件专利申请以来所有已公开或公告的专利文献。

中国国家知识产权局网站提供常规检索、表格检索、药物专题检索、检索历史、检索结果浏览、文献浏览、批量下载等基本功能，同时也有快速分析、定制分析、高级分析、生成分析报告等高级功能，如图 2-36 所示。网址为 http://www.pss-system.gov.cn/sipopublicsearch/portal/uiIndex.shtml。

图 2-36　中国国家知识产权局网站

2. 万方专利数据库

万方专利数据库包括中国专利文献、国外与国际组织专利两部分，收录了国内外的发明、实用新型及外观设计等，内容涉及自然科学各个学科领域。其收录了包括七国两组织（中国、美国、日本、德国、英国、法国、瑞士、欧洲专利局和世界知识产权组织）的专利信息，数据可回溯至 1985 年。万方中外专利数据库的简单检索方式简单易用，高级检索方式专业且功能强大，可以通过专利名称、摘要、申请号、申请日期、公开号等检索项进行检索。检索结果按国际专利分类，让您能从众多的检索结果中快速筛选出要找的专利。其可以根据选择查看的专利提供相关专利、相关论文及相关检索词，便于进一步了解相关领域的知识，如图 2-37 所示。网址为 http://www.wanfangdata.com.cn/navigations/patent.do。

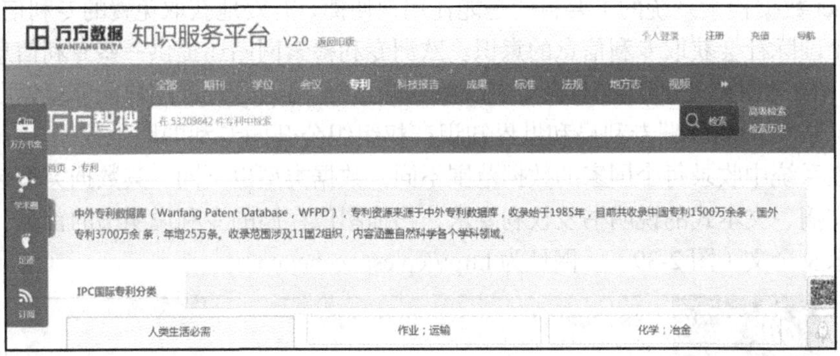

图 2-37　万方中外专利数据库

3. CNKI 中国知网专利数据库

CNKI 中国知网专利数据库包含中国专利全文数据库（知网版）和海外专利摘要数据库（知网版），文献来源国家知识产权局知识产权出版社，收录了 1985 年以来的中国专利，以及 1970 年以来的国外专利。专利相关的文献、成果等信息来源 CNKI 各大数据库。其可以通过申请号、申请日、公开号、公开日、专利名称、摘要等检索项进行检索，国内专利一次性下载专利说明书全文，国外专利说明书全文链接到欧洲专利局网站。与通常的专利数据库相比，中国专利全文数据库（知网版）和海外专利摘要数据库（知网版）每条专利的知网节集成了与该专利相关的最新文献、科技成果、标准等信息，可以完整地展现该专利产生的背景、最新发展动态、相关领域的发展趋势，可以浏览发明人与发明机构更多的信息，以及在各种出版物上发表的文献（图 2-38）。网址为 http://kns.cnki.net/kns/brief/result.aspx?dbprefix=SCOD。

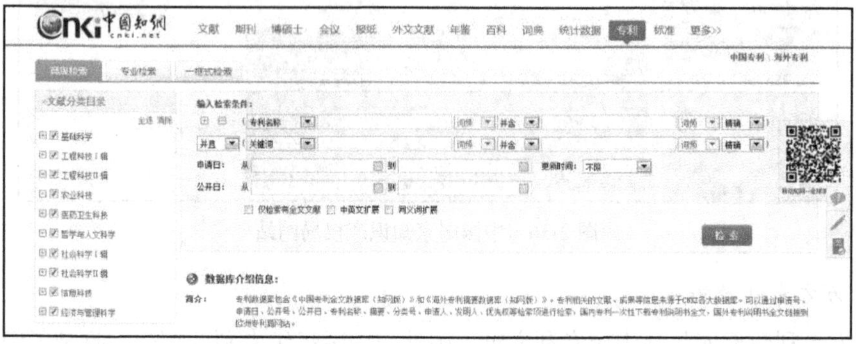

图 2-38　CNKI 中国知网专利数据库

2.7.3　外文专利文献检索的主要工具

1. 欧洲专利局专利检索系统

欧洲专利局是依据《欧洲专利公约》于 1973 年成立。欧洲专利局采用统一的程序审查专利申请，申请语言可以是三种官方语言（英语、法语和德语）中的任意一种，为欧洲和世界范围内的发明人、公司和研究人员在欧洲市场提供发明保护。

自 1998 年开始，欧洲专利局在网站上建立了 esp@cenet 数据检索系统，建立 esp@cenet 数据检索系统的主要目的是能让用户便捷、有效地获取免费的专利信息资源，提高整个国际社会获取专利信息的意识。欧洲专利检索网站还提供一些专利信息，如专利公报、INPADOC 数据库信息及专利文献的修正等。esp@cenet 用户能够检索欧洲专利组织任何成员国、欧洲专利局和世界知识产权组织公开的专利的题录数据。esp@cenet 数据检索系统中收录每个国家的数据范围不同，数据类型也不同。其数据类型包括题录数据、文摘、文本式的说明书及权利要求，扫描图像存储的专利说明书的首页、附图、权利要求及全文（图 2-39）。网址为 http://ep.espacenet.com。

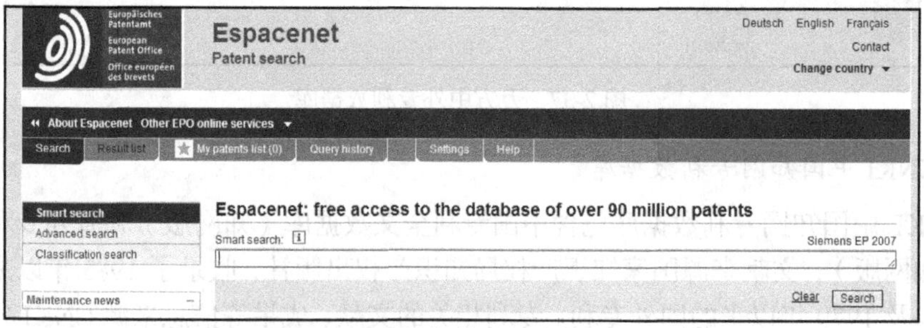

图 2-39　欧洲专利局专利检索系统

esp@cenet 数据检索系统包含以下数据库。

1）WIPO-esp@cenet 专利数据库：收录最近 24 个月公布的 PCT 申请的著录数据。

2）EP-esp@cenet 专利数据库：收录最近 24 个月公布的欧洲专利申请的著录数据。

3）Worldwide 专利数据库：截至 2017 年 3 月，收录了 100 多个国家的专利著录项目。

2. 美国专利及商标局网站

美国专利及商标局（U.S. Patent and Trademark Office，USPTO）是美国负责专利和商标事务的行政机构，属于政府网站。其免费向广大用户提供 1976 年 1 月以后的美国专利文献，数据库每周二更新一次。USPTO 站点的专利检索页提供专利正文的文本内容，主要包括快速检索、高级检索、专利号检索、数据库内容、帮助等，如图 2-40 所示。网址为 http://patft.uspto.gov。

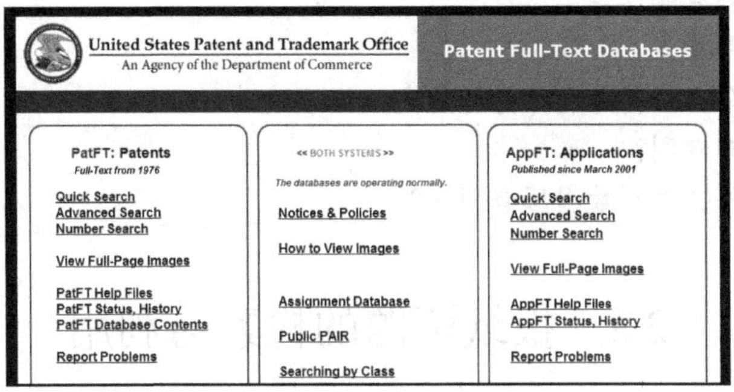

图 2-40　美国专利及商标局网站

3. 德温特专利数据库

德温特专利数据库由英国德温特出版公司经营，于 1951 年建立。开始时按国别分类，1963 年后增加按专业提供多种载体的英文专利题录和文摘（全技术领域）。其中，主要有化学专利索引（CPI）、电子专利索引（EPI）、世界专利索引（WPI）和世界专利文摘（WPA）等。上述两种文档收录专利文献记录 1000 万条。通过美国的书目情报分时联机检索系统（ORBITIV）和 Dialog 国际联机检索系统、东京的系统发展公司日本情报中心（SDC-J）、伦敦的德温特-系统发展公司（Derwent-SDC）和法国的 TELESYSTEMES-QUESTEL 等检索系统提供联机检索服务，可使用国别和专利号、优先权项目、专利权人、发明人、主题词、国际专利分类号、德温特分类号、德温特细分码、德温特登记号等多种检索途径。1987 年 1 月 1 日起新增生物技术文档，内容包括 20 世纪 80 年代以来千余种书刊中有关文章和各国、地区、国际组织有关专利的文献记录，数据每月更新一次。1987 年起数据库中增加中国专利文献记录。网址为 http://www.derwent.com。

2.7.4　网络免费专利资源

广东省专利大数据	http://www.cnipsun.com/quick/quickSearch.do
佰腾专利	http://www.patexplorer.com
SooPAT 专利搜索	http://www.soopat.com/
中国知识产权网	http://www.cnipr.com
WIPO 专利检索	https://patentscope.wipo.int/search/en/search.jsf
日本特许厅	http://www.jpo.go.jp/index.html
英国专利局	https://www.gov.uk/government/organisations/intellectual-property-office

2.7.5 如何获取专利文献

专利文献全文均可以在各国家专利局官方网站免费下载，也可以通过收录专利文献的商业数据库去下载。

思考题

1. 我国的专利有哪几种类型?
2. 专利有哪些特点?
3. 国际专利分类法将专利分为哪几大知识领域?
4. 什么是同族专利?
5. 常用的中外文专利数据库有哪些?

2.8 报纸资源的检索与利用

2.8.1 报纸概述

1. 报纸的定义

报纸是以刊载新闻和时事评论为主的定期向公众发行的印刷出版物，是大众传播的重要载体，具有反映和引导社会舆论的功能。新闻出版总署在 2005 年公布的《报纸出版管理规定》中，将报纸定义为“有固定名称、刊期、开版，以新闻与时事评论为主要内容，每周至少出版一期的散页连续出版物”。电子报纸指将电子技术应用到涉及报刊出版、发行、利用的全过程。其包括报纸电子化、出版、发行、阅读电子化等方面内容。

2. 报纸的分类

根据不同的规则，报纸可分为以下几类。如根据出版周期，可将报纸分为日报、周报、双周报或更长时间的报纸。根据收费与否，可将报纸分为收费报纸、免费报纸。根据媒体形态，可将报纸分为印刷报纸、电子报纸等。

2.8.2 中文报纸资源检索的主要工具

查找中文纸版报纸资源，可以查询各大图书馆的馆藏目录。例如，国家图书馆作为国家总书库，入藏有各种中外文报纸，可以通过数字资源门户及馆藏目录查看具体某种报纸是否被国家图书馆收藏及具体馆藏信息。查询电子版报纸，可使用各种数据库资源。

1. CNKI 中国重要报纸全文库

CNKI 中国重要报纸全文数据库，收录自 2000 年以来中国国内重要报纸刊载的学术性、资料性文献，是连续动态更新的数据库。

文献来源于国内公开发行的 60 种重要报纸，可以对资源进行检索，也可根据数据库提供的导航模式浏览相关报纸。报纸按照级别可分为中央级与地方级，也可按照出版周期进行浏览。网址为 http://kns.cnki.net/kns/brief/result.aspx?dbprefix=CCND。

2. 中国报纸资源全文数据库

中国报纸资源全文数据库是方正阿帕比技术有限公司联合全国各大报社开发的以中国报纸资源为主体的全文数据库系统，是整报完整收录的报纸全文数据库，并且是集文章内容全文检索和在线报纸原版翻阅为一体的报纸全文数据库。

目前，中国报纸资源全文数据库与 300 多家报社合作，覆盖了所有的报业集团，在线运营报纸 500 多种，拥有 3000 万篇新闻，数据最早可回溯至 1949 年。其既可按地区、分类、刊号检索报纸，也可按报纸、新闻、图片、时间进行文章级的内容检索，并可通过文章直接翻阅原报。

3. 中国人民大学复印报刊资料库

中国人民大学复印报刊资料库，是中国人民大学数媒科技（北京）有限公司以人民大学书报资料中心的复印报刊资料系列数据库为内容基础，辅以先进的检索方式、优质的期刊、论文推荐而成的人文科学、社会科学资料库。网址为 http://ipub.exuezhe.com/index.html。

4. 全国报刊索引

全国报刊索引由上海图书馆于 1955 年创立，旨在汇聚和揭示全国出版发行的所有报刊文献资源内容，是国内最早出版发行的综合性中文报刊文献检索工具。全国报刊索引收录数据最早可回溯至 1833 年；采用中国图书馆分类法进行分类揭示；汇集报刊数量 50 000 余种，全面涵盖社会科学、自然科学等各个领域。

5. 网络免费中文报纸资源

全国有多家图书馆提供网络免费中文报纸资源的查阅，如上海图书馆提供电子报纸导读，既可按照题名查阅具体报纸，也可按照字顺或地区进行浏览。目前，该导航可提供 489 份报纸的查阅。中国国家图书馆在线读报栏目收录了全国各地各大报纸的电子版内容，读者可每日阅读最新的报纸内容。

此外，网络上还有一些免费搜索报纸资源的网站，如搜报网等。

2.8.3 国外报纸资源检索的主要工具

1. NewsBank 世界各国报纸全文库

NewsBank 世界各国报纸全文库是一个研究型数据库，由美国 NewsBank 公司提供，目前收录超过 8000 种来自世界各地的主要报纸和新闻资源约 4 亿篇文章，包括亚洲、欧洲、非洲、北美洲、南美洲、大洋洲等，收录的报纸数量随时增加，提供的语种主要为英语，并包括一定数量的西班牙语、法语、德语、意大利语等。资源内容全面，涉及政府、政治、国际关系、商业、财经、法律、环境、能源、科技、文化、人口、社会、教育、体育、艺术、健康等多个领域，适合各专业研究者广泛使用。网址为 http://infoweb.newsbank.com。

数据库提供所收录报纸的所有内容的电子版全文，既有世界上著名的大报，也有各国家和地区的地方性报纸。在该数据库可看到大部分报纸的当日内容。同时提供报纸丰富的回溯信息，最早可回溯到 20 世纪 70 年代。既可浏览也可进行检索，数据库提供多种检索方式组合，可任选全库，部分国家地区，单份或多份报纸检索，可以进行全文检索并显示关键词。检索结果数量无上限且相关度高。其可以复制检索结果中的文本，提供打印，保存检索结果，检索历史，将检索结果批量发至指定邮箱等。

2. EBSCO 数据库中的 Newspaper Source

Newspaper Source 完整收录了 40 多种美国和国际报纸，以及精选的 389 种美国地方性报纸全文，此外还提供超过 80 种电视和广播新闻脚本及杂志全文。

3. Historical Newspapers: Chinese Newspapers Collection

ProQuest 历史报纸：近现代中国英文报纸库（ProQuest Historical Newspapers: Chinese Newspapers Collection）近现代中国英文报纸库，收录了 1832～1953 年间出版发行的 12 份关于近现代中国的英文报纸。报纸收录的内容具有非常重要的史料价值，所刊内容从独特的视角，对中国近现代史上最为动荡的 120 年间发生的政治和社会生活动态进行了全面的报道；例如，太平天国运动、鸦片战争、辛亥革命、抗日战争及第二次世界大战期间近现代中国和日本的关系等。该数据库对于近代史、新闻史、经济史、宗教史等各个学科领域具有相当高的资料价值。

4. 网络免费外文报纸资源

（1）World-newspapers

由美国报业协会（Newspaper Association of America）所建之网站，后更名为美国新闻媒体联盟（News Media Alliance），可链接至美国各报网站。该网站按照各大洲、各国分别列出各国代表性的英文报纸。网址为 http://www.world-newspapers.com。

（2）Newspaper Indexes

网站依洲、国列举各国之报纸与刊物，不限英文，如图 2-41 所示。网址为 http://www.newspaperindex.com。

图 2-41　Newspaper Indexes 界面

（3）利用各大报纸官网浏览新闻

报纸因其刊载新闻的时效性，大多可在其官网上浏览。例如，《洛杉矶时报》（*The Los Angeles Times*）、《纽约时报》（*The New York Times*）、《华盛顿邮报》（*Washington Post*）等。此外，随着新技术的发展，已有相当多的 APP 软件出现，可供浏览新闻。

2.8.4　如何获取报纸原文

在已知报纸名称或文章标题时，用户既可以通过图书馆的馆藏目录搜索，查阅纸本资源或电子资源；也可以通过常用的中外文报纸数据库资源查询；或者通过搜索引擎查找网络免费数据库，以及相关专业网站。在通过以上方式均无法获取所需的报纸资源时，可向相关图书馆提出文献传递申请，请专业人员帮助获取原文。

思考题

1. 如何查找刊载在《人民日报》中有关“一带一路”的新闻?
2. 利用 EBSCO 数据库中的 Newspaper Source 查找有关“一带一路”的新闻。

2.9　数据与事实型信息检索

2.9.1　工具书概述

1. 工具书的定义

工具书是供查找和检索知识和信息的图书，一般不以提供系统阅读为目的，而是在需要时作为查考和搜检知识的辅助工具。工具书具有内容概括、信息密集的特点，在体例结构及编排上更多地考虑到搜检查阅的方便，是人们求知治学不可缺少的工具。

2. 工具书的用途

工具书的编制目的主要是查找相关领域的具体概念、数据或事实，帮助人们答疑解惑、证伪考实、提供线索。基于上述目的，工具书主要用于数据检索和事实检索。

1）数据检索（data retrieval）：是针对各种数值、数据、公式、图表等用户需求的信息检索。数据检索涉及的领域非常广泛，包括科技数据、经济数据、历史数据、地理数据等多种类别，这里的数据并非狭义上的数学数据，而是泛指各领域各类型的数值数据，以及相互关联的结构性数据图表、数据集合。数据检索是一种确定性检索，检索结果一般能够准确地回答用户的检索提问。

2）事实检索（fact retrieval）：是针对特定事件、事实等用户需求的信息检索。事实检索的领域也是非常广泛的，包括各种自然和社会事件涉及的人物、地点、时间、过程等事实内容，以及科技领域的各种概念、性质、理论等信息。事实检索也是一种具有确定性结果的信息检索，但是情况要比数据检索复杂一些，有时并不提供现成的问题答案，而是需要用户根据检索出的信息，做进一步的分析、推理后才能得出有价值的结果。

数据检索和事实检索除可以借助传统的印刷型工具书检索外，还可以通过数据型和事实型数据库来检索。数据型数据库的存储内容为各种数值、数据及结构化的数据集合，事实型数据库的存储内容为各种经过系统整理的事实型信息。相比于印刷型的工具书，数据型和事实型数据库的突出优势是可以实现多条件的组合检索功能。

3. 工具书的类型

工具书种类繁多。一般根据工具书汇集的内容和检索目的，可以分为字典、词（辞）典、百科全书、年鉴、手册、统计数据、名录、表谱、地图等，在中国古代还有类书、政书等类型；也可以按工具书涉及的学科领域分为综合性工具书和专科性工具书。

4. 工具书的特征

1）查考性：编撰目的主要是针对读者的具体问题答疑解惑、查证考实。

2）易检性：按照特定体例编排，如音序法、字顺法、分类法等，便于读者查找检阅。

3）概括性：收录内容广泛全面，叙述简明扼要，形成高度浓缩性、概括性的知识系统。

4）权威性：内容必须由专业人员进行严格甄别、审核、鉴定和评价，确保所收录的知识、信息比较成熟可靠，体现应有的权威性。

2.9.2 字典、词（辞）典

1. 字典、词（辞）典概述

字典是以字为单位，按一定次序排列，每个字注上读音、意义和用法的工具书。词（辞）典是汇集词语，按一定方式编排，并给出其读音、含义、用法等解释项目的工具书。词（辞）典汇集的条目单位，既包括作为造句单位的“词”，也涉及超词单位的“语”，如各种熟语、成语、典故、名言、警句、楹联、诗词名句等。国外对字典和词典没有明显区分，英语“dictionary”兼有字典和词典之义。本书为便于表述，将字典、词（辞）典统称为词典。

2. 常用字典、词（辞）典

目前，基于互联网提供服务的常见电子词典有如下产品：

金山词霸	http://www.iciba.com
有道词典	http://dict.youdao.com
百度词典	http://dict.baidu.com
海词词典	http://dict.cn
汉典	http://www.zdic.net
商务印书馆·精品工具书数据库	http://www.icidian.com.cn/cpnet

以上词典产品一般具有词语解释、英汉互解互译或多语种互译等功能，有的产品还附加有单词点击发音、划词取词、例句、网络释义、句子翻译等功能，具有收词量大、释义丰富的特点，多数提供 Windows 版（PC 版）、Web 网页版、Android 版、IOS 版等多种版本，可以满足用户多种平台的使用。

2.9.3　百科全书

1. 百科全书概述

百科全书（encyclopedia）是概要记述人类全部知识门类或某一知识门类的完备的工具书，经常被誉为“没有围墙的大学”。是否有一部优秀的综合性百科全书，已成为衡量一个国家科技文化发展水平的重要标志之一。

2. 常用百科全书选介

（1）《中国大百科全书》

《中国大百科全书》是我国第一部大型综合性百科全书，由国务院于 1978 年批准立项编纂出版，分别于 1993 年和 2009 年出版第 1 版、第 2 版。2011 年，《中国大百科全书》推出供局域网用户使用的网络版，集成第 1 版和第 2 版的全部内容。其中，第 1 版按学科和知识领域分为 74 卷，共收 7.8 万个条目、5 万幅图片、计 1.26 亿字；第 2 版按字母顺序分成 32 卷，共收约 6 万个条目、约 6000 万字、3 万幅插图、约 1000 幅地图。

《中国大百科全书》网络版提供简单检索和高级检索两种检索方式。简单检索只有一个检索条件，默认检索词在条目标题（词目）中出现，且不支持外文检索词。高级检索提供中文名称、外文名称、正文、作者检索、图片检索、任意词检索共六个检索入口。高级检索界面和检索结果界面分别如图 2-42 和图 2-43 所示。

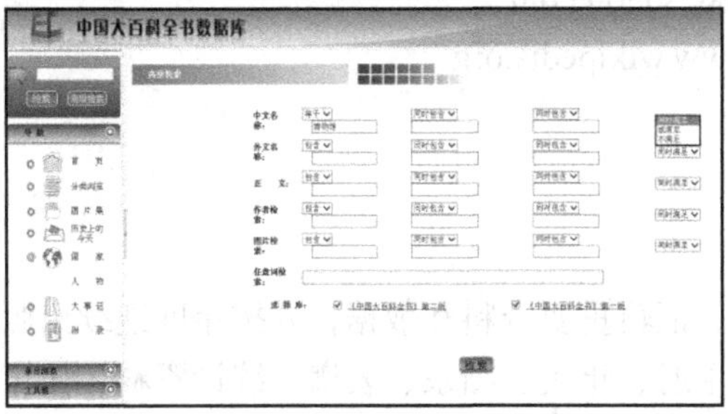

图 2-42　《中国大百科全书》高级检索界面

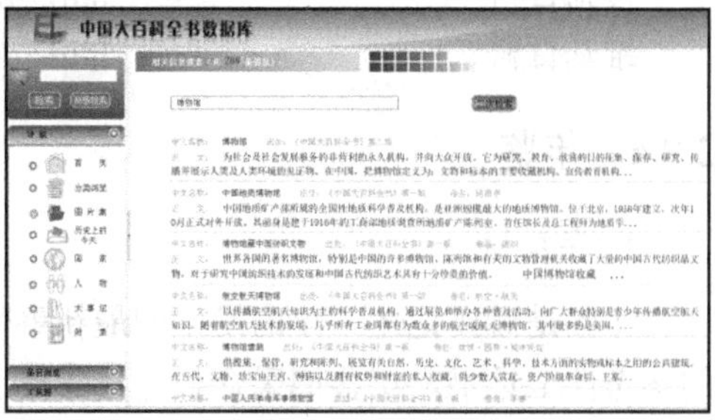

图 2-43　《中国大百科全书》检索结果界面

在图 2-43 左侧的导航栏中，提供分类浏览、图片浏览、条目浏览等功能。

另外，《中国大百科全书》在 CNKI 平台提供在线版，其内容目前仅包括第 1 版，可供用户免费检索，但需付费阅读条目全文。网址为 http://ecph.cnki.net。

（2）《不列颠百科全书》学术版

《不列颠百科全书》（*Encyclopædia Britannica*，EB）素以学术性和权威性著称，最早于 1768～1771 年出版第 1 版 3 卷本，2010 年出版的第 15 版 32 卷本是最后一次纸质版，此后《不列颠百科全书》纸质版停印，全面转向数字版。EB 现由总部设在美国芝加哥的不列颠百科全书公司出版。《不列颠百科全书》与《美国百科全书》（*Encyclopedia Americana*）、《科里尔百科全书》（*Collier's Encyclopedia*）合称英语“ABC 百科全书”。

《不列颠百科全书》于 1994 年推出网络版（*Britannica Online*），成为世界上第一部互联网在线百科全书。《不列颠百科全书》学术版（*Britannica Academic*）是专门针对大学和研究机构的需求而设计的在线学术资源系统，不仅包括《*Encyclopaedia Britannica*》的全部内容，而且还整合了《韦伯斯特大学词典》（*Merriam-Webster's Collegiate Dictionary*）、原始文献（primary sources）、期刊（journals / periodicals）及其他多种研究工具和信息。此外，系统还提供有丰富的图片和音视频多媒体资源。

Britannica Academic 系统提供了简单检索和高级检索两种检索方式，如图 2-44 和图 2-45 所示。另外，还提供了文章类目浏览（articles browse）、媒体类目浏览（media browse）和人物传记浏览（biography browse）三种浏览查询方式，如图 2-44 右侧所示。网址为 http://academic.eb.com。

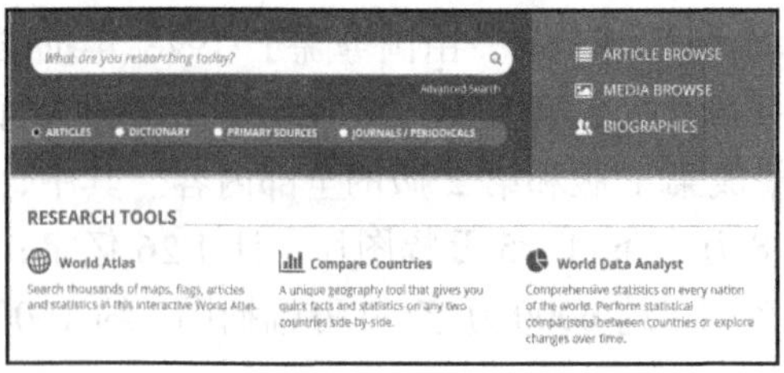

图 2-44　Britannica Academic 主界面

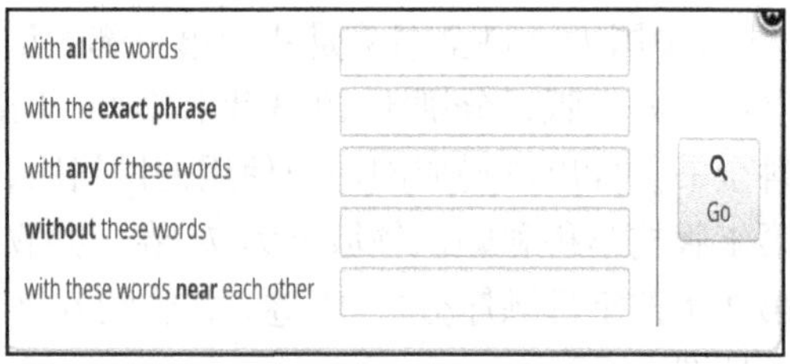

图 2-45　Britannica Academic 高级检索界面

（3）其他开放性百科网站

百度百科	https://baike.baidu.com
互动百科	http://www.baike.com
搜狗百科	http://baike.sogou.com
维基百科	https://www.wikipedia.org

2.9.4　年鉴

1. 年鉴概述

年鉴是概要记述一年内发生的最新事件、汇辑重要资料和数据，并按年度连续出版的参考性工具书。年鉴博采众长，集辞典、手册、年表、图录、表谱、统计资料、便览于一身，具有资料权威、内容新颖、信息密集、连续出版、功能齐全的特点，可以帮助人们查找某一年内发生的重要事件，或者某部门某领域的发展状况和动向。

2. 常用年鉴选介

（1）中国年鉴网络出版总库

该数据库是 CNKI 系列数据库之一，是目前国内最大的年鉴资源全文数据库，文献来源于我国中央、地方、行业和企业等各类年鉴资料。该数据库收录内容覆盖我国基本国情、科技、经济、社会、文化等各个领域的年度资料与相关统计数据，收录年限自 1949 年至今。截至 2018 年 1 月 15 日，全库收录各类年鉴资料共 4014 种，32 265 本，29 002 078 条数据。

该数据库提供条目检索和年鉴检索两种检索方式，每种检索方式均可限定资料类型和检索字段，其中资料类型包括总结报告、远景规划、统计公报、统计图表等共 16 种，可单选、多选或全选，检索字段分为主题、题名和全文。此外，检索平台还提供国情资源、区情县情、公共管理、图片信息、机构信息、行业频道、年鉴名录共七种导航浏览功能，供用户按内容类目逐级浏览。网址为 http://nianjian.cnki.net。

（2）美国《老农夫年鉴》

美国《老农夫年鉴》（*The Old Farmer's Almanac*）创办于 1792 年，初期主要为临海居住的人们提供潮汐表、天气预报、日出日落表，但从 1900 年开始，其内容拓展为大众性科普读物，广泛刊登涉及自然与社会生活领域的科普知识。《老农夫年鉴》自创刊以来一直秉持"新鲜、实用、有趣"的内容定位，在北美广受人们欢迎。

《老农夫年鉴》于 1996 年推出网络版，网站目前设有天气、天文、园艺、日历、食物、建议、商店共七个栏目，并提供简易的检索功能，供用户查阅检索感兴趣的内容。但网络版并非完整收录印刷版的全部内容，而是精选印刷版部分重要的核心内容，目的是激发用户对年鉴印刷版的兴趣，从而达到宣传促销印刷版的目的。网址为 http://www.almanac.com。

（3）其他年鉴网站

中国年鉴网	http://www.yearbook.cn
中国统计年鉴	http://www.stats.gov.cn/tjsj/ndsj
中国年鉴信息网	http://www.chinayearbook.com/yearbook
中华人民共和国年鉴网	http://www.zhongguonianjian.com

2.9.5　手册

1. 手册概述

手册是汇集某一学科或某一主题基本知识、基本公式和基本数据的工具书，一般采用图形、表格、数据的形式表示，并配有简要文字说明，便于人们放在手边随时查阅参考。手册按所收内容一般分为综合性手册和专科性手册，而以专科性手册居多，尤以科技类手册为最多，涉及各种技术定义、指标、规格、参数、标准等专门性技术资料。

2. 常用手册选介

1）Datasheet5 集成电路查询网：由与非门科技（北京）有限公司维护，收录了来自 8000 家半导体厂商的 7000 万条元器件数据手册并仍在实时更新，用户可按封装、应用领域、相关参数等关键词查询。网址为 http://www.datasheet5.com。

2）电子电路网：提供电路图的查询、分享和下载。网址为 http://www.cndzz.com。

3）爱板网：提供各类主流板卡的深度报道、评测数据。网址为 http://www.eeboard.com。

4）FindChips 电子元器件搜索引擎：数据来自全球领先分销商，向用户提供全球即时产品库存和价格信息。网址为 http://www.findchips.com。

5）Digi-Key 电子元件库：由 Digi-Key 公司提供约 650 多家行业领先厂商的电子元件数据。网址为 http://www.digikey.cn。

6）IHS CEH 手册：网址为 https://www.ihs.com/products/chemical-economics-handbooks.html。

7）牛津手册在线数据库（Oxford Handbooks Online）：是牛津大学出版社提供的牛

津系列手册的网络版，目前收录 17 个学科的 839 本手册，超过 28 000 篇文章，汇集了全球众多一流学者的研究成果，是世界上最受信赖的研究资源。网址为 http://www.oxfordhandbooks.com。

8）默克手册（Merck Manuals）：是默克制药公司出品的医学参考书，于 1899 年首次出版，现已通过网络提供免费查询服务，所提供的资源包括视频、图片、动画等多种媒体格式，并通过中、英、法、德、意、俄、日等 10 种语言普及医疗知识。网址为 http://www.merckmanuals.com。

2.9.6 统计数据

1. 统计数据概述

统计数据是对研究对象进行大量观测计量所取得的数据资料，包括未经统计整理的原始数据和经过统计整理的次级数据。统计数据的对象包括自然界和社会生活领域的各种数据，以及各种科学实验数据。数量性、大量性和具体性是统计数据的基本特点。

2. 常用统计数据库选介

（1）《国家数据》

由中国国家统计局于 2008 年创建，包括月度、季度、年度数据，以及地区数据、普查数据、国际数据 6 类统计数据，总计近 800 万条数据。《国家数据》可提供报表式快速查询、精准化查数、数据地图、可视化图表体验等多种查询和个性化使用功能，也可以下载、打印、分享查询结果，提供手机客户端“搜数”查询软件。网址为 http://data.stats.gov.cn。

（2）中国政府网数据查询

由中国政府网提供的宏观经济运行情况专题信息服务，数据来源于国家发展与改革委员会、国家统计局等部门，包括数据查询、数据快递、数据要闻、商品价格等内容。网址为 http://www.gov.cn/shuju/index.htm。

（3）中国经济与社会发展统计数据库

该数据库是 CNKI 系列数据库之一，是集统计数据查询、数据挖掘分析及个人数据管理功能于一体的大型统计年鉴（资料）数据总库。该数据库将中华人民共和国成立后各领域的权威统计年鉴进行大规模数字化整合出版，截至 2018 年 1 月 15 日，共收录中央、各省区市官方统计年鉴（资料）1201 种 8533 册，数据条目 249 万余条，共计时间序列数据 3500 万余条，并及时以国家统计局发布的进度数据做补入更新。

该数据库提供简单检索和高级检索两种检索方式，简单检索即一框式检索，在所有字段中检索；高级检索可以提供数值检索、条目检索、专业检索和指标解释四种检索功能，可以按年鉴名称、指标名称、条目题名、条目正文、指标解释等属性检索。此外，还提供统计图表 Excel 格式，采用数据挖掘分析技术，面向研究课题，为用户提供方便、快捷的数据分析服务。网址为 http://tongji.cnki.net。

（4）其他统计数据系统

中国经济社会大数据研究平台	http://data.cnki.net
华通数据中心	http://data.acmr.com.cn
搜数网	http://www.soshoo.com
美国联邦储备局（FED）数据中心	https://www.federalreserve.gov/data.htm
世界贸易组织（WTO）统计数据	https://www.wto.org/english/res_e/statis_e/statis_e.htm
世界银行公开数据	http://data.worldbank.org
国际货币基金组织（IMF）数据	http://data.imf.org

2.9.7　名录

1. 名录概述

名录是汇集人名、地名、国名或机构名称等各种专有名称、概况介绍、联系信息等资料的工具书。名录按收录内容一般可以分为人名录、地名录、机构名录等类型。名录可以帮助用户查找知名人士、机构、地区或国家的有关信息，是人们进行经济合作和文化交流的重要参考资料，通常按学科、行业、地区划分出版，并且常有能反映其所收内容的书名。

2. 人名录举例

中国领导干部资料库	http://cpc.people.com.cn/gbzl/index.html
中国人物库（中国资讯行）	http://www.infobank.cn/IrisBin/Select.dll?Special?db=RW
中国科学院院士信息	http://www.casad.cas.cn/chnl/371/index.html
中国工程院院士信息	http://www.cae.cn/cae/html/main/col2/column_2_1.html
名人录在线（Who's Who Online）	http://www.whoswho.com

3. 地名录举例

全国行政区划信息查询平台（民政部）	http://xzqh.mca.gov.cn/map
博雅地名网	http://www.tcmap.com.cn
中国物流行业网“地名查询”系统	http://www.cn56.net.cn/diming

4. 机构名录举例

中国科学院直属研究院所名单	http://www.cas.cn/zz/jg/ys/yj
中国教育在线大学名单	http://gaokao.eol.cn/html/g/dxcx.shtml
美国学术团体协会（ACLS）	https://www.acls.org/societies
《学术世界》（*World of Learning*）	http://www.worldoflearning.com
《世界大学名录》（*List of Worldwide Universities*）	http://www.university.im

2.9.8 其他数据与事实型信息资源

1. 地图

目前，多数在线版的电子地图具有地图搜索、定位、导航等功能，提供计算机网页版、手机版和车机版等多种版本。下面列出几种常见电子地图及网址：

高德地图	http://ditu.amap.com
百度地图	http://map.baidu.com
谷歌地图	http://www.google.cn/maps

2. 图谱

图谱（graph）一般是按事物类别系统编制而成的图集，如医学图谱、植物图谱、基因图谱等。下面列出几种重要的图谱网站：

生物谷图库	http://www.bioon.com/figure
中国植物图像库	http://www.plantphoto.cn
护花网（花卉网）图库	http://www.aihuhua.com
医学全在线医学图谱	http://www.med126.com/photos
Thieme E-Book Library	https://ebooks.thieme.com

2.9.9 集成式数据与事实型资源系统

1. CNKI 工具书馆

CNKI 工具书馆是 CNKI 系列数据库之一，又称中国工具书网络出版总库或知网工具书库，是传统印刷型工具书的数字化集成整合，按学科分为 10 大专辑 168 个专题，在体现印刷型工具书科学性、权威性和原始内容的基础上，配置了强大的全文检索系统，突破了印刷型工具书的检索局限性；同时建立了相关条目之间的超文本链接关系，方便用户一站式获取分散在不同工具书里的相关知识信息。此外，在条目之后还链接相关的期刊论文、学位论文、会议论文、报纸、年鉴、专利、知识元等，帮助用户了解知识的最新进展。

CNKI 工具书馆目前收录了近 300 多家出版社的 9400 多部工具书，包括汉语词典、双语词典、专科辞典、百科全书、图录图鉴、表谱、传记、语录、手册等类型，约 2900 多万个条目，100 多万张图片，涵盖哲学、文学艺术、社会科学、自然科学、工程技术等领域。

CNKI 工具书馆提供简单检索（单个检索条件）、高级检索（多个条件联合查找）、工具书检索（按工具书名称检索）、辅文检索（涉及前言、凡例、附录、后记等辅助信息）等检索方式，其检索入口包括“词条”（词目＋释文）、“词目”（条目名称）、“书名”“出版社”“作者”“辅文”等。“词条”检索等同于“全文”检索。网址为 http://gongjushu.cnki.net。

2. Knovel 数据库

（1）Knovel 数据库概述

Knovel 是 Elsevier 公司旗下的数据与事实型资源系统，整合了工程学和应用科学的海量权威数据，提供了独特的制表分析工具及基于浏览器的网络数据分析工具（如互动方程式、元素周期表、单位转换器）。目前，收录 2000 万余条数据记录，12 万余个互动式表格、图表及方程式，7000 多种参考工具书，数据均为可直接检索的全文数据，来源 120 余个全球著名出版商、专业协会和学会，如爱思唯尔公司、IET（英国工程技术学会）、AIAA（美国航空航天学会）、AIChE（美国化学工程师协会）、AOCS（美国石油化学家学会）、RSC（英国皇家化学学会）、OUP（牛津大学出版社）等，涉及手册、参考书、数据库、百科全书、专题论文、会议论文等多种数据类型，涵盖计算机、通信电子、自动化、航空航天、材料、能源、化工、地质、矿业、环境、农业、数理化天地生等工程应用学科。

（2）Knovel 的检索方式

1）快速检索（quick search）如图 2-46 所示，在快速检索框中输入检索词，系统按相关度大小返回检索结果。用户可以通过"search within these results"（在结果中检索）进一步增加检索词来精炼检索，也可以在检索结果页面左侧筛选浏览其中的资料类型，如互动图表、方程式、文本、工程案例、压缩文件等，如图 2-47 所示。

2）数据检索（data search）如图 2-47 所示，数据检索可以检索材料或物质，以及相应的属性等内容，可以准确锁定可能隐藏在大量复杂表格、图片及公式中的重要信息，或者准确锁定属性的关键数值范围（通过=、≥、≤或者"is between"），也可以通过增加或删除属性，或者修改属性数值，来完善检索结果。

图 2-46　Knovel 数据库快速检索界面

图 2-47　Knovel 数据库的数据检索界面

3）主题浏览（browse），用户可以分别浏览 38 个主题领域的内容，每一主题之下又可以按资料类型来分别筛选浏览相关的内容。网址为 https://app.knovel.com。

思考题

1. 什么是工具书？工具书主要有哪些类型？工具书有哪些特征？简述数据检索和事实检索。

2. 经济金融领域有哪些常用的数据和事实型资源？

3. 工程技术领域有哪些常用的数据和事实型资源？

2.10 多媒体信息资源的检索与利用

2.10.1 多媒体数据库概述

1. 多媒体数据库简介

多媒体数据库是数据库技术与多媒体技术结合的产物，是以数据库的方式合理存储在计算机中的多媒体信息（包括文字、图形、图像、音频和视频等）的集合。多媒体数据库对计算机技术的要求较高，不仅需要储存、组织和管理字符、数值、文本、图形、图像等类型的静态数据，同时要实现对声音、视频、动画等基于时间的时基类型的动态数据的管理，从而提供给用户多维度的信息。

2. 多媒体数据库的检索特点

多媒体信息资源表现内容复杂，检索技术实现起来比文本技术要复杂得多。目前，常用的检索方式有分类浏览、内容检索和元数据检索。

分类浏览是按照一定的类目如学科、多媒体资源内容等分类体系进行浏览的方法；内容检索是从媒体数据中提取出特定的信息线索，根据这些线索在数据库中进行检索，找出具有相似特征的媒体数据，如基于内容的图像检索、视频检索、音频检索等；元数据检索是对多媒体资源按名称、作者、摘要、主题、资源类型等信息特征进行检索的方法，常用的检索功能包括简单检索和高级检索两种，常用的检索字段包括资源名称、主题词、学科或类别等。

3. 多媒体数据库的常见类型

多媒体信息资源的表现形式丰富，按内容及功能可分为学习/考试类、学术报告/讲座类、科教类、影视/音乐/戏曲类、图片资源类等几大类。

2.10.2 课程学习考试类多媒体资源库

1. MeTeL 教学资源平台

MeTeL 教学资源平台完整真实再现了国外先进高校课堂教学过程及育人理念。截至2017年5月，已收录美、英、加、澳等国400余所著名高校2000年以来的4万余门先进课程、讲座资源；涵盖13大学科门类、100个一级学科、300个二级学科，涉及计算机科学技术、数学、经济学、生物学、化学、法学、管理学、物理学、医学、心理学、农学、文学、电子科学技术、地理学、哲学等学科。

MeTeL 的每门课程包括课程介绍、课程须知、课程表、教学大纲、参考教材、教材评价、任课教师等信息；每个课程提供讲义、课件、音频、视频、教学图片、教学案例、阅读材料、作业、习题答案、试卷等几类课节资源；部分课程为独立的专题研讨会（seminar）、实验实习、外出考察、演讲讲座、培训讲座等；另外，MeTeL 还提供与课程相关的其他诸多增值学习资源，如中文共享资源、视频公开课、微课、慕课等。

MeTeL 主界面提供按“课程”或“教学资源”的快速检索功能（支持中文搜索）；同时展现了精选课程（10门）、前瞻课程（10门）、热门学校排行、热门学科排行；顶部是登录信息，底部是使用指南下载、在线教程等，如图 2-48 所示。

MeTeL 平台提供快速搜索或高级搜索两种检索方式，并提供学科、院校、系别导航功能。MeTeL 还提供精选课程（5 分优质课程）功能，截至 2017 年 5 月，精选课程总量达到 12 523 门。MeTeL 检索结果呈现课程相关信息，如图 2-49 所示。网址为 http://www.metel.cn。

图 2-48　MeTeL 高校课程资源库主界面

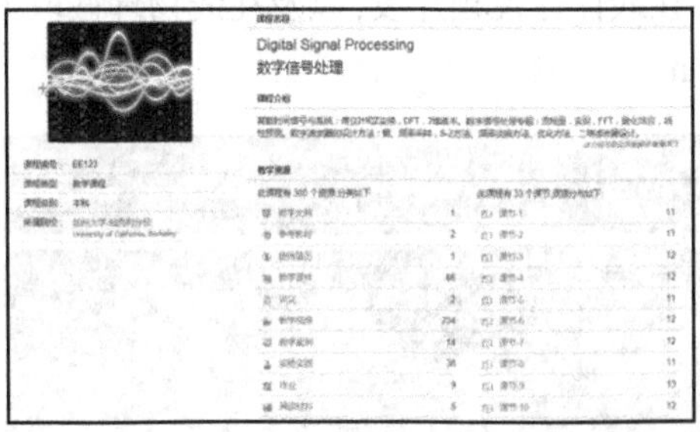

图 2-49　MeTeL 检索结果详细记录界面

2. 其他课程考试类多媒体数据库

学习考试类多媒体资源较多，常见的几种资源如表 2-2 所示。

表 2-2　其他课程考试类多媒体资源

数据库	介绍
新东方多媒体学习库 http://library.koolearn.com	集网络课堂、在线考试及多媒体互动为一体的综合学习平台，提供新东方原汁原味培训课程，内容涵盖英语四六级、考研、出国留学、应用外语、实用技能、求职指导、职业认证和公务员等 8 大类，还提供了大量试题、励志视频、学习资讯等资料
VERS 网络考试资源数据库 http://vers.cqvip.com	集日常学习、考前练习、在线考试等功能于一体的大型教育资源数据库，涵盖了公务员、职业资格、工程、法律、语言、计算机、经济、医学、研究生、综合等 10 大分类数百个细分专业考试科目
正保远程教育多媒体资源库 http://library.chnedu.com	涵盖外语考试、研究生入学考试、会计考试、公务员考试、司法考试、医学考试、各类从业资格考试等 2000 多门网络课程
银符在线考试模拟题库 http://www.yfzxmn.com/YFB12	涵盖海量题库，包括语言类、计算机类、法律类、公务员类、经济类、工程类、综合类、医学类 A、研究生类、医学类 B、职业资格类等 11 个类别的试题，既有模拟题也有真题，既可以训练也可以进行模拟测试
起点考研网 http://www.yjsexam.com	考研精品数据库，考研公共课程包括政治、英语一、英语二、数学。统考专业课程包括计算机、教育学、心理学、法律硕士、历史学、农学、西医综合。非统考专业包括金融硕士、翻译硕士、管理学、经济学

2.10.3　科教类多媒体数据库

1. 知识视界视频教育资源库

知识视界视频教育资源库收录了来自澳大利亚、美国、德国、法国、日本等不同国家 1 万多部涉及各个学科的科教片，分为基础性、实用性和前沿性三个类别。基础性节目介绍了各种专业的科学原理和专业知识；实用性节目展示给读者实际操作场面和社会生活场景；前沿性节目则介绍了国内外高科技领域和其他领域最新的理论成果。这些科教片配有地道的外语发音，带有原汁原味的英、德、法、日等多语种的词汇，提供中外文双语字幕（字幕可进行显示或隐藏设置），也是学习专业外语的最佳选择之一，如图 2-50 所示。

该数据库提供快速检索、高级检索、分类浏览三种检索功能，如图 2-51 所示。其可进行画面内容检索，用户输入所需知识点关键词，即可检索到所需视频画面。检索结果支持在线保存视频片段，以及在线物理截取下载视频片段至本地。网址为 http://www.libvideo.com。

图 2-50　知识视界主界面

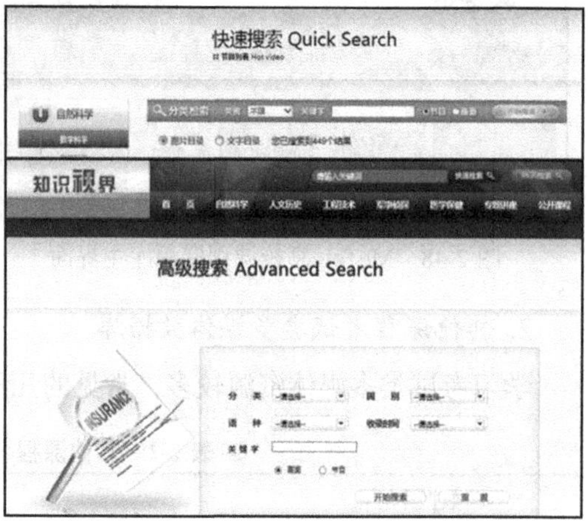

图 2-51　知识视界检索方法

2. 传奇视频数据库

传奇视频数据库精选 Discovery 和 BBC 等全球画音并重的上乘纪录片，经 CCTV 本土化的专业译制，全面满足用户的视听体验。该数据库涵盖自然、人文、科学、战争四大主题及地球科学、科技传奇、法理传奇、自然传奇、军事传奇、历史系列、医学传奇、应急救援、文体生活、探索揭秘十大子库，可通过订购图书馆的数据库网站访问。该数据库目前提供的访问网址为 http://221.122.68.71:8082。

2.10.4　学术报告/讲座类资源数据库

1. 爱迪科森《网上报告厅》

爱迪科森《网上报告厅》是一个集素质培养教育视频资源、多功能学习中心、多层次互动空间、个性化系统管理、特色资源共建系统等于一体的在线学习平台。该平台涵盖价值观及世界观、心理健康、身体锻炼、艺术鉴赏、能力培养、就业创业、文化拓展、综合素质等 8 个大类、26 个二级分类、92 个具体资源体系。学科报告按照《普通高等学校本科专业目录（2012 年）》进行资源组织，覆盖 12 个学科体系、92 个学科类、506 个专业。网址为 http://gaoxiao.wsbgt.com。

2. 超星学术视频数据库

超星学术视频邀请国内众多知名专家学者、学术权威，通过影像技术将其多年学术研究成果系统地记录、保存并传播，突破时间、地域的限制，与全国广大师生共享。超星学术视频目前囊括了工学、理学、哲学、法学、经济学、艺术、医学、文学、历史学等系列，讲授形式包括课堂教学系列、专题讲座系列及大师系列。网址为 http://ssvideo.chaoxing.com。

3. ASP 学术视频在线

ASP 学术视频在线由美国 Alexander Street Press（ASP）出版社于 2011 年 10 月发布的学术视频资源，在线整合了来自 BBC、PBS、Arthaus、CBS 等数百家出版社的视频内容。其视频类型包括获奖纪录片、考察纪实、访谈、讲座、培训视频及独家原始影像等，国内用户目前可以使用其中超过 32 000 部视频。其涵盖的学科包括建筑与艺术、医疗与卫生、心理咨询与疗法、护理学教育、心理学、科学、人文科学、犯罪与法律、商业与经济、教育学、语言与文学、美国历史、世界历史、歌剧、戏剧、舞蹈、区域/领域研究、民族志学、女性/性别研究等。网址为 http://search.alexanderstreet.com。

2.10.5 影视/音乐/戏曲欣赏类资源库

1. 库客数字音乐图书馆

库客（KUKE）数字音乐图书馆是专注于非流行音乐发展的数字音乐图书馆。其依托 Naxos、Marco Polo、Countdown、中国唱片总公司等国内外著名唱片公司的丰富资源，KUKE 为用户提供正版音乐点播服务。KUKE 数字音乐图书馆已经收藏了世界上 98%的古典音乐，汇聚了从中世纪到现代 30 000 多位艺术家、100 多种乐器的音乐作品，总计约 130 万首曲目，内容涵盖中国、美国、西班牙、日本、瑞士、南非、伊朗等多个国家独具特色的民族风情音乐，以及爵士音乐、电影音乐、新世纪音乐等多种音乐类型。除海量的唱片外，还提供丰富的文字资料介绍，以满足不同乐器、不同层次的音乐学习者和欣赏者的需求。该数据库提供简单检索和分类浏览功能，能够实现对唱片、视频、剧院、有声读物、乐谱的单项检索及分类浏览。网址为 http://www.kuke.com。

2. ASP 世界音乐在线和歌剧视频

ASP 世界音乐在线和歌剧视频包括古典音乐图书馆、当代世界音乐、Smithsonian 全球音乐图书馆、美国歌曲集/非裔美国人歌曲集、爵士乐图书馆、歌剧视频，以及音乐文献参考资料。

古典音乐图书馆	http://search.alexanderstreet.com/clmu
当代世界音乐	http://search.alexanderstreet.com/womu
Smithsonian 全球音乐图书馆	http://search.alexanderstreet.com/glmu
美国歌曲集	http://search.alexanderstreet.com/amso
爵士乐图书馆	http://search.alexanderstreet.com/jazz
歌剧视频	http://search.alexanderstreet.com/opiv

2.10.6 图片资源库

1. CAMIO 艺术博物馆在线

CAMIO 艺术博物馆在线收录了世界各地丰富多样的艺术资料，其内容及描述由 20 多家世界级知名博物馆提供。CAMIO 馆藏丰富，涵盖公元前 3000 年至今约 8 万多件艺术作品，包括照片、绘画、雕塑、装饰和实用物品、印刷品、素描和水彩画、珠宝和服饰、纺织物和建筑，以及音频、视频和混合媒体资料等。网址为 http://camio.oclc.org。

2. 中华数字书苑艺术图片数据库

中华数字书苑艺术图库数据库由数百位学者、专家精心遴选了 30 万件最能代表世界艺术成就的艺术精品。该图片数据库设有中国美术馆、中国书法馆、中国民间美术馆、中国红色艺术馆、世界美术馆、中国出土器精品馆、中国老照片馆、中国古代设计馆、世界经典摄影馆、中国经典画谱馆、中国珍贵古籍插图馆、中国历代服饰馆、世界经典商标设计馆、世界经典标识设计馆、中国近现代平面设计馆、世界经典平面设计馆、中国美术字设计馆和艺术图案设计馆等 18 个分馆。订购用户方可访问该图片数据库。

2.10.7 如何获取多媒体信息资源

大部分数据库支持下载文本、图片等静态数据，但不允许下载视频，只能在线播放观看，一般安装暴风影音、QQ 影音等通用播放器后，大部分数据库可实现视频播放功能。也有一些数据库允许订购用户下载视频到本地，如超星学术视频、MeTeL 高校课程资料库等。有些数据库支持在线保存视频片段，以及在线物理截取下载视频片段至本地，如知识视界视频教育资源库等。

思考题

1. 多媒体资源可分为哪几类？
2. 请向同学推荐一个多媒体资源，说说你推荐的理由。
3. 如何利用 MeTeL 高校课程资源库获取国外高校课程信息？

第 3 章　国内外主要综合性检索平台或数据库选介

3.1　中国高等教育文献保障系统概述

3.1.1　中国高等教育文献保障系统简介

中国高等教育文献保障系统（China Academic Library & Information System，CALIS）的宗旨是建设以中国高等教育数字图书馆为核心的教育文献联合保障体系，实现信息资源共建、共知、共享，以发挥最大的社会效益和经济效益，为中国的高等教育服务。

从 1998 年开始建设以来，CALIS 管理中心引进和共建了一系列国内外文献数据库，开发了联机合作编目系统、文献传递与馆际互借系统、统一检索平台、资源注册与调度系统，形成了较为完整的 CALIS 文献信息服务网络。迄今参加 CALIS 项目建设和获取 CALIS 服务的成员馆已超过 500 家。网址为 http://home.calis.edu.cn。

3.1.2　CALIS 的资源保障体系

CALIS 的管理中心设在北京大学，负责 CALIS 专题项目的实施和管理。CALIS 在北京建立了文理、工程、农学、医学四个全国性文献信息中心，构成 CALIS 资源保障体系的第一层，主要发挥文献信息保障基地的作用。其中，文理、工程两个全国中心分别设在北京大学和清华大学。农学和医学两个全国中心则分别设在中国农业大学和北京大学医学部。

CALIS 又在华东北、华东南、华中、华南、西北、西南、东北的吉林大学、南京大学、上海交通大学、武汉大学、中山大学、四川大学和西安交通大学建设了 7 个地区性文献信息中心，在哈尔滨工业大学建设了东北地区国防文献信息中心，从而构成 CALIS 资源保障体系的第二层。在各馆所不能满足的一大部分文献信息需求将通过地区中心的协调服务得到解决。

CALIS 拟在未设全国中心和地区中心的省市建立 15 个省级文献信息中心，把地方建设纳入 CALIS 体系，大大加强 CALIS 服务的整体性和面向全国的辐射作用。CALIS 目前推送的服务主要有联机编目、集团采购、文献传递网、数字图书馆解决方案、中文和西文资源导航、综合文献查询等。网址为 http://project.calis.edu.cn/calisnew。

3.1.3　大学数字图书馆国际合作计划简介

大学数字图书馆国际合作计划（China Academic Digital Associative Library，CADAL）前身为高等学校中英文图书数字化国际合作计划。CADAL 是“中国高等教育文献保障系统”公共服务体系二期建设的重要组成部分，CADAL 与 CALIS 一起，共同构成中国高等教育数字化图书馆的框架。

CADAL 一期建设由浙江大学和中国科学院研究生院牵头，北京大学、清华大学、复旦大学、南京大学等 16 所高校参与建设。CADAL 已建成 2 个数字图书馆技术中心和 14 个数字资源中心，为数字图书馆建设与服务的可持续发展奠定资源和技术基础。CADAL 提供一站式的个性化知识服务，内容涉及理、工、农、医、人文、社科等多种学科的科学技术与文化艺术，把包括书画、建筑工程、篆刻、戏剧、工艺品等在内的多种类型媒体资源进行数字化整合，通过互联网向参与建设的高等院校、学术机构提供教学科研支撑，并与世界人民共享中国学术资源。

CADAL 二期建设将在一期百万册的基础上，完成 150 万册（件）数字资源，并建立分布式数据中心和服务体系，实现数据安全和全球服务。网址为 http://www.cadal.cn。

思考题

1. 中国高等教育文献保障系统下设几个全国文献信息服务中心？
2. CALIS 下设几个地区文献信息服务中心？
3. CADAL 的中文名称是什么？

3.2　国家科技图书文献中心

3.2.1　概述

国家科技图书文献中心成立于 2000 年 6 月 12 日，是基于网络环境的科技信息资源服务机构。国家科技图书文献中心依托丰富的资源面向全国用户提供网络化、集成化的科技文献信息服务。系统根据用户需求的变化，不断进行优化升级，目前已发展成为国内最大的公益性的科技文献信息服务平台。在全国各地已经建成 8 个镜像站和 33 个服务站，构成了辐射全国的、网络化的科技文献信息服务体系，推动了全国范围的科技文献信息共建共享，提升了地方科技文献信息保障能力与服务水平，更全面、更高效率地发挥了国家科技文献信息战略保障的整体功效。网址为 http://www.nstl.gov.cn。

1. 组成单位

国家科技图书文献中心由中国科学院文献情报中心、中国科学技术信息研究所、机械工业信息研究院、冶金工业信息标准研究院、中国化工信息中心、中国农业科学院农业信息研究所、中国医学科学院医学信息研究所、中国标准化研究院标准馆和中国计量科学研究院文献馆组成。

2. 宗旨目标与主要任务

国家科技图书文献中心的宗旨目标是根据国家科技发展需要，采集、收藏和开发理、工、农、医各学科领域的科技文献信息资源，面向全国用户提供科技文献信息服务。其发展目标之一是建设成为国内权威的科技文献信息资源收藏和服务中心。

国家科技图书文献中心的主要任务是统筹协调，较完整地收藏国内外科技文献信息资源，制定信息资源数字化加工标准、规范，建立科技文献信息数据库，组织科技文献信息资源的深度开发和应用；利用现代网络信息技术，提供网络化、集成化服务；推进科技文献信息资源的共建共享；开展国内外合作与交流。

3.2.2　资源与服务

1. 国家科技图书文献中心收录资源介绍

国家科技图书文献中心收录资源情况如表 3-1 所示。

表 3-1　国家科技图书文献中心收录资源情况

文献类型	起始年	收录范围	更新周期
西文期刊	1995	13000 多种学术期刊，年增论文百万余篇	每周更新
外文会议	1985	世界各地出版的学术会议论文，年增论文 20 万余篇	每周更新
国外科技报告	1978	主要收录美国政府研究报告，年增报告 2 万余篇	每月更新
日俄文期刊	2000	收录日文、俄文重要学术期刊分别为 1266 种、479 种	—
外文学位论文	2001	收录美国 ProQuest 公司博硕士论文资料库中的优秀博士论文	每年更新
国外标准	无	包含 ISO、IEC、英国（BS）、德国（DIN）、法国（NF）、日本（JIS）标准	—
中文期刊	1989	收录国内出版的 4350 余种期刊	—
中文会议	1980	国内召开的全国性学术会议论文，年增论文 4 万余篇	每月更新
中文学位论文	1984	我国高等院校的博士和硕士学位论文，年增论文 6 万余篇	每季更新
中国国家标准	无	包括强制性标准和推荐性标准	—
计量检定规程	1972	计量检定规程、计量检定系统、技术规范及计量基准、副基准操作技术规范	—
专 利	无	收录北京恒和顿创新科技有限公司提供的中国、美国、英国、法国、德国、瑞士、日本、欧洲专利局、世界知识产权组织等七国两组织专利文献	—

2. 国家科技图书文献中心服务介绍

1）代查代借。国家科技图书文献中心向注册用户提供各类型文献全文的委托复制服务。用户填写“代查代借请求申请表”后，国家科技图书文献中心的工作人员根据申请表提供的文献线索及用户所限定的地域、时间与费用，依次在国家科技图书文献中心成员单位、国内其他文献信息机构和国外文献信息机构中查找用户所需文献。根据查得文献的来源不同，文献的复制费用有所不同。

2）重点领域信息门户。其目的是针对当前国内外普遍关注的重点领域或科技热点问题，搜集、遴选、描述和揭示互联网上与之相关的文献资源、新闻动态、重要机构、资助资金、科研项目、研究团队和科研活动等学术信息，提供内容浏览、专题定制和邮件自动推送等服务。帮助用户及时了解和掌握相关领域研究热点的科研发展态势。

3）预印本服务。预印本（preprint）是指科研工作者的研究成果还未在正式刊物发表，而出于和同行交流的目的自愿通过邮寄或网络等方式传播的科研论文、科技报告等文献。与刊物发表的论文相比，预印本具有交流速度快、利于学术争鸣的特点。国家科技图书文献中心预印本服务包括中国预印本中心和国外预印本门户（SINDAP）两个服务栏目。

思考题

国家科技图书文献中心由哪些机构组成？

3.3 万方数据知识服务平台

3.3.1 万方数据知识服务平台资源概况

万方数据知识服务平台是由万方数据股份有限公司开发的数据产品，涵盖理、工、农、医、经济、教育、文艺、社会科学、哲学政法等学科。该数据库提供检索、多维知识浏览等多种信息揭示方式，同时提供知识脉络、查新、论文相似性检测、引用通知等增值服务。

万方数据知识服务平台收录了中国学位论文、中外学术期刊论文、中外学术会议论文、标准、专利、科技成果、特种图书等各类知识资源。以下介绍几种主要资源如表 3-2 所示。

表 3-2 万方数据知识服务平台主要资源

资源类型	资源概况
期刊	始于 1998 年，7600 余种，核心期刊 3000 种，年增 300 万篇
学位论文	始于 1980 年，与国内 900 余所高校、科研院所合作，占研究生学位授予单位 85%以上
会议论文	始于 1983 年，4000 个重要的学术会议，年增 20 万篇全文
科技报告	始于 1966 年，中文科技报告 20 000 余份，外文科技报告 1 100 000 余份
成果	始于 1978 年，来源于各省区市、部委鉴定后上报国家科学技术部的科技成果及星火科技成果
科技专家	收录了国内自然科学技术领域的专家名人信息，包括姓名、性别、工作单位、工作职务等

3.3.2 万方数据知识服务平台检索方法

万方数据知识服务平台提供三种检索方式包括简单检索、高级检索、专业检索。万方的检索界面如图 3-1 所示，检索结果界面显示所采用的检索式、检索结果数量、二次检索栏、分类导航栏、检索结果列表、排序方式等，如图 3-2 所示。

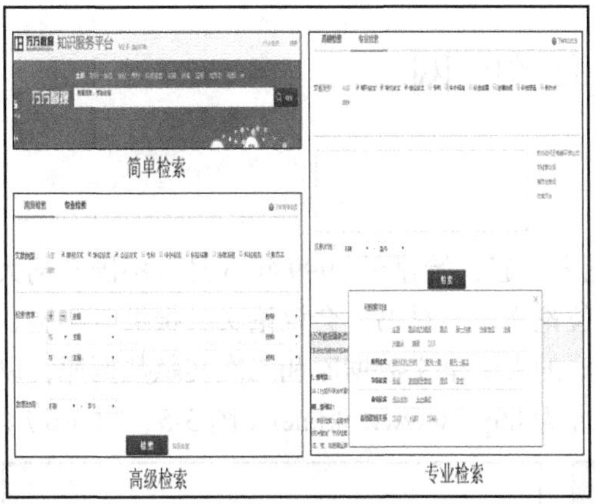

图 3-1　万方检索界面

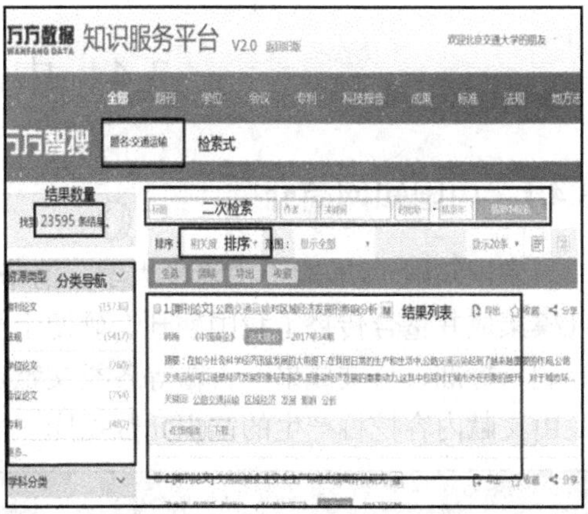

图 3-2　万方检索结果界面

3.3.3　万方数据知识服务平台其他功能

1. *主题分析*

主题分析以主题词为核心，通过数据预处理技术和数据挖掘技术，使用可视化的方式动态展示知识的研究趋势，并可进行趋势对比，如图 3-3 所示。

2. *万方检测*

基于万方知识服务平台的学术文献资源，对学术成果进行相似性检测，提供翔实的检测报告。每一篇检测报告包括基本信息、总体结论、相似片段分布、相似作者、相似论文列表、相似论文片段等内容（图 3-4）。

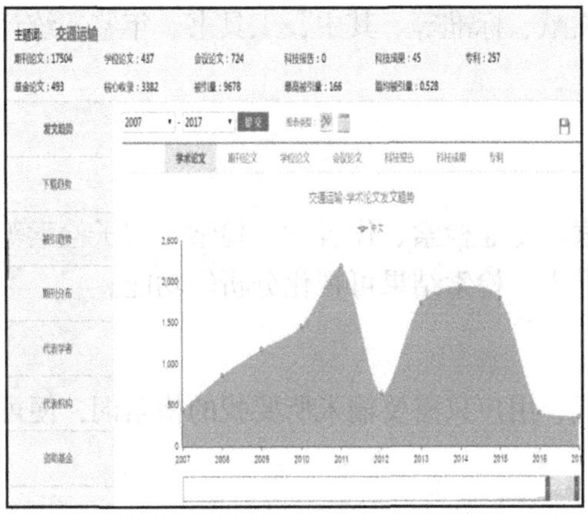

图 3-3　主题分析

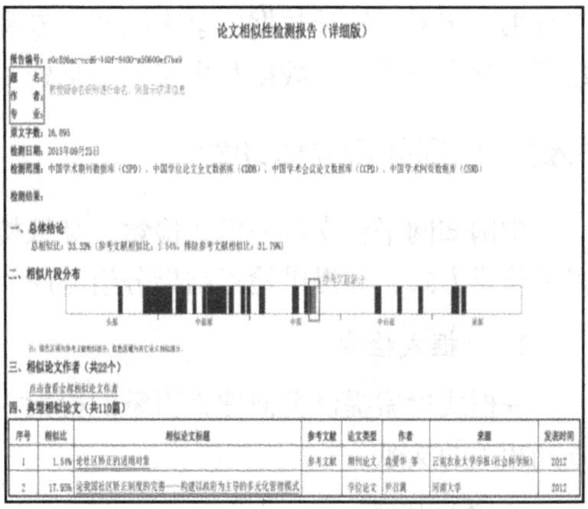

图 3-4　论文相似性检测报告样例

思考题

1. 万方知识服务平台有哪些类型的文献资源？
2. 万方知识服务平台提供哪几种检索方式？
3. 万方的什么功能可以展示知识的研究趋势？

3.4　中 国 知 网

3.4.1　中国知网简介

中国知网（CNKI）由清华大学、清华同方发起，始建于 1999 年 6 月。中国知网大规模集成并整合传播了我国期刊、硕博士学位论文、工具书、会议论文、报纸、年鉴、专利、标准、科技成果、古籍等各类文献资源的大型全文数据库和二次文献数据库，以及由文献内容挖掘产生的知识元数据库。网址为 http://www.cnki.net（图 3-5、图 3-6）。

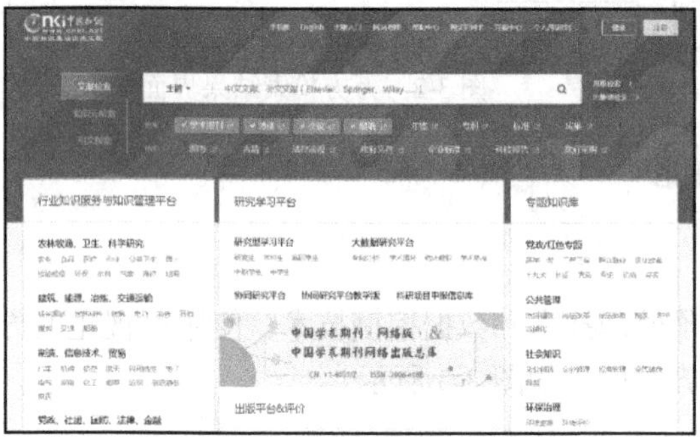

图 3-5　中国知网主页

图 3-6　中国知网资源总库

3.4.2　中国知网收录文献类型

中国知网平台主要收录的文献类型包括期刊、博硕士学位论文、会议论文、报纸、工具书、年鉴、统计数据、学术图片、专利文献、标准等。其中，工具书、年鉴、统计数据、学术图片属于数据与事实型信息资源。

3.4.3　中国知网检索功能

中国知网平台支持一框式检索、高级检索、专业检索、作者发文检索、句子检索等多种检索方式，并提供检索结果分组排序、导出、检索结果可视化分析等功能。

1. 一框式检索

一框式检索提供类似搜索引擎的检索方式，用户只需要输入所要找的检索词，便可查到相关的文献。

2. 高级检索

高级检索为用户提供更灵活、方便地构造检索式的检索方式。用户根据需要按照一个或多个文献内容特征来输入检索词，再选择“并含”“或含”“不含”三种关系词的其中之一作为逻辑关系，便可以构造更为灵活、方便的检索式。

3. 专业检索

专业检索为图书情报专业人员提供查新、信息分析等服务，使用逻辑运算符和检索词构造检索式进行检索。

4. 作者发文检索

作者发文检索是通过作者姓名、单位检索词等信息，查找作者发表的全部文献及被引下载等情况。通过知网节可以全方位地了解作者主要研究领域、研究成果等情况。

5. 句子检索

句子检索是通过用户输入的两个检索词，查找同时包含这两个词的句子。句子中包含大量的事实信息，通过检索句子可以为用户提供有关事实问题的答案。

3.4.4　知网节

“知网节”是由中国知网独创的以揭示不同文献或知识之间的关联关系为目标的以某篇文献或者某个知识点为中心的知识网络。它通过文献或知识的聚类功能，将不同文献或知识之间的内在关系进行有机整合，将中国知网系列数据库中期刊、学位论文、报纸、会议论文、图书等不同类型的文献进行关联，在此基础上，进一步形成了文献知网节、作者知网节、基金知网节、机构知网节等，从而构建系统的知识网络和内容解释体系。

思考题

1. 中国知网平台主要收录的文献类型包括哪些?
2. 中国知网平台支持哪些检索方式?
3. 简述中国知网“知网节”的含义。

3.5　中国科学院国家科学图书馆

1985 年 11 月更名为“中国科学院文献情报中心”，同时保留“中国科学院图书馆”的名称。其下设中国科学院兰州文献情报中心、成都文献情报中心、武汉文献情报中心。中国科学院文献情报中心是为自然科学、边缘交叉科学和高技术领域的科技自主创新提供文献信息保障、战略情报研究服务、公共信息服务平台支撑和科学交流与传播服务的专业图书馆，是国家知识创新工程的重要基础设施。截至 2015 年 6 月底，中国科学院文献情报中心（包括三个地区中心），通过集团采购网络数据库 109 个，借助国家平台开通数据库 44 个，可开通获取数据库 20 个。中文图书 35.2 万种（套）/37.8 万册，中文期刊 1.7 万种，中文学位论文 247.347 万篇；科研用户即查即得外文期刊（现刊）近 1.8 万种，外文图书 9.9 万卷（册），外文工具书 0.7 万卷（册），外文会议录 3.8 万卷（册），外文学位论文 48.5 万篇，外文行业报告 163.2 万篇。中国科学院文献情报中心是国际图书馆协会与机构联合会的重要成员。目前已经与美国、德国、韩国、俄罗斯等多个国家的文献情报机构建立了稳定长期的合作关系。到目前为止，全文数据库 115 个（含中文全文数据库 9 个），二次文献及工具类数据库 36 个。全文数据库主要包括维普中文科技期刊数据库、方正电子图书、中国知网、全球产品样本数据库、中经网权威经济论文库、Elsevier ScienceDirect、SpringerLink、Wiley、Taylor & Francis、Nature、Science Online、NRC Research Press、Royal Society 等数据库。此外，全国期刊联合目录数据库是一个多学科的大型数据库，学科覆盖范围广泛。服务项目有联合目录检索、集成期刊目录、可视化跨库检索、跨界信息检索、专题检索服务和 ScienceChina 等。网址为 http://www.las.ac.cn。

思考题

1. 中国科学院文献情报中心有哪几个分中心?
2. 简述全文数据库包括的主要内容。
3. 简述全国期刊联合目录数据库的特点。
4. 简述服务项目的主要内容。

3.6 中国科学技术信息研究所

中国科学技术信息研究所（国家工程技术数字图书馆）成立于 1956 年，是国家科学技术部直属的国家级公益性科技信息研究机构，为科技部等政府部门提供决策支持，同时为科技创新主体提供全方位的信息服务。该研究所参加了联合国教科文组织全民信息计划（IFAP）、国际信息文献联合会（FIO）等国际组织，与美国、加拿大、日本等 30 多个国家和地区的文献信息机构建立了稳定的业务合作关系。

国家工程技术数字图书馆是承担工程技术各学科领域内的文献资源收藏、开发和服务的机构，也是工程技术领域专业图书馆。信息资源中心（国家工程技术图书馆）是主馆，协作方有石油等行业。学科类型主要涵盖电子和自动化技术、计算机和网络技术、材料科学、环境科学、航空航天、生物工程、能源动力、交通运输、建筑、水利和一般工业技术等工程技术领域文献，并且兼有基础科学、农业科学、医药卫生、社会科学领域的文献；文献类型有学术期刊、学术会议、学位论文、科技报告、院士著作、工具书、影视资料等。至今累计收藏各类科技文献 500 万余册，1963 年起累计收藏中文学位论文 114 万余册，年增量 20 万余册，从 1958 年开始美国政府科技报告累计收藏近 200 万份，年新增 2 万余份。

目前实行 365 天到馆的读者"一站式"服务、24 小时全天候网上信息服务。文献阅览服务提供以下 5 种服务，包括查目厅目录检索服务、期刊阅览服务、特种文献阅览服务、缩微文献阅览服务、电子资源检索和阅览服务。原文提供的服务有国家科技图书文献中心注册用户的网上原文提供服务；本所、北京地区，以及国内其他图书情报机构的馆藏原文代查服务；向大英图书馆、加拿大科技情报研究所等国外机构提供长期的馆际互借服务。它还提供科技查新服务和论文收录引证服务等。

该所提供的主页主要包括四个方面：一是服务平台（中国科技论文统计与分析网、ISTIC 专利信息检索与分析平台、全国科技查新网等）；二是科学评价（中国科技论文统计结果、中国科技论文统计源期刊等）；三是刊物出版（数字图书馆论坛、情报学报、全球科技经济瞭望等）；四是学术研究（图书馆学、语言技术与知识技术等），等等。特色服务栏目下的知识服务是在线知识服务系统通过对海量信息资源进行分析、统计和挖掘，知识定制的服务系统与全文服务系统相整合。近年来国家科技报告服务系统每年产生约 60 万份科技报告，无偿向社会公众用户提供科技报告摘要浏览服务，向专业人员用户提供在线全文浏览服务，向各级科研管理人员用户提供面向科研管理的全文推送及相应统计分析等服务。网址为 http://www.istic.ac.cn。

思考题

1. 中国科学技术信息研究所参加了哪些国际组织?
2. 馆藏资源的文献类型分哪几种?
3. 试列举信息资源中心文献服务的内容。
4. “国家科技报告服务系统”有哪几类用户和相应的服务内容?

3.7　联机计算机图书馆中心

3.7.1　联机计算机图书馆中心简介

联机计算机图书馆中心（OCLC），总部设在美国俄亥俄州，是世界上最大的提供文献信息服务的机构之一。它是一个非营利的组织，主要目的是推动更多的人检索世界上的信息、实现资源共享并降低使用信息的费用。

早在 1967 年，OCLC 就在世界范围内率先开始了一场图书馆计算机应用方面的革命，研究和开发了整套的联机计算机系统。它有多项产品和服务，广泛应用于世界各地的图书馆和科研机构。

3.7.2　FirstSearch 数据库

OCLC 的 FirstSearch 检索系统是 OCLC 提供的主要服务之一。目前通过 OCLC 的 FirstSearch 检索系统可查阅 70 多个数据库，涵盖社会生活的各个领域和学科。该数据库的记录中有文献信息、馆藏信息、索引、名录、全文资料等内容。资料的类型有书籍、连续出版物、胶片、计算机软件、音频资料、视频资料、乐谱等。这些数据库被分成 13 个主题，分别是艺术和人文学科、工商管理和经济、会议和会议录、消费者事务和人物、教育、工程和技术、普通科学、综合和参考、生命科学、医学和健康学、新闻和时事、公共事务和法律、社会科学。网址为 http://firstsearch.oclc.org。下面介绍 FirstSearch 检索系统中几个主要的数据库。

1. WorldCat

WorldCat 数据库是 OCLC 的一个由 9000 多成员馆参加的联合目录数据库。它目前包括 400 多种语言的 5700 多万条记录，涵盖了从公元前 1000 年到现在的资料，基本上反映了世界范围内的图书馆所拥有的图书和其他资料。它的主题范畴广泛，并以每年 200 万条记录的速度增长。该数据库每天更新。

2. ArticleFirst

ArticleFirst 数据库包括 15 000 多种学术期刊目次页所列文章的索引，主题覆盖了工商、人文学、医学、科学、技术、社会学和大众文化等。虽然大多数期刊是英文资料，但也收录了部分其他语言的期刊。该数据库涵盖了 1990 年至今的资料，数据每天更新。

3. Ebooks

Ebooks 数据库包括世界各地图书馆已在 WorldCat 数据库中编目的联机电子书，共计 200 000 多种，其中也包括 OCLC 的 netLibrary 电子书。用户可以检索所有这些电子书的书目，并可链接到你单位已订购且包含在 WorldCat 数据库中的电子书进行阅读。

4. GPO

GPO 包含 55 万多条记录，收录了与美国政府相关的各方面的文件。这些文件的类型有国会报告、国会听证会、国会辩论、国会档案、法院资料，以及由美国具体实施部门，如国防部、内政部、劳动部、总统办公室等出版发布的文件。它涵盖了从 1976 年 7 月以来的资料，每月更新记录。

5. MEDLINE

MEDLINE 涵盖了所有医学领域，包括临床医学、实验医学、牙科学、护理、健康服务管理、营养学及其他学科。它索引了国际上出版的 9580 多种期刊，涵盖了从 1965 年至今的资料，每天更新记录。

6. PapersFirst

该数据库包括在世界各地学术会议上发表的论文，它涵盖了自 1993 年 10 月以来在大英图书馆资料提供中心的会议录收集的每一个代表大会、专题讨论会、博览会、座谈会和其他会议上发表的论文，可通过馆际互借获取全文。该数据库每两周更新一次。

思考题

1. WorldCat 数据库主要有哪些内容?
2. MEDLINE 数据库主要涉及的领域是什么?

3.8　美国《工程索引》

3.8.1　Ei 数据库简介

美国《工程索引》（The Engineering Index，Ei）创立于 1884 年，是美国工程信息

公司（Engineering Information Inc.）出版的工程技术领域综合性检索工具，也是世界上最早的、连续出版时间最长的工程文献出版物之一。1995 年，Ei 公司推出 Engineering Village.Com 在线检索平台，实现了 Ei Compendex、Inspec、US Patents、NTIS 等 12 个数据库的统一跨库检索。1998 年，Elsevier 收购 Ei 公司，更名为 Elsevier Engineering Information Inc.。在 Engineering Village 平台上勾选 Compendex 即可访问 Ei Compendex 数据库，网址为 http://www.engineeringvillage.com。

3.8.2　Ei 收录范围与数量

Ei Compendex（COMPuterized ENgineering inDEX）主要提供工程技术及应用科学领域的文摘索引信息，内容涵盖 190 余个学科领域。据 Ei 公司官方统计数据，截止到 2016 年 12 月，Ei 数据库收录了 1969 年至今，来自 77 个国家，2200 个出版商的 3615 种期刊、95 790 种会议录和近 12 万份学位论文，收录信息数量超过 2000 万条，其中会议论文约占整个收录信息的 30%。此外，该数据库收录了 1884～1968 年回溯数据 178 万条。

3.8.3　Ei 检索功能

Ei 数据库提供快速检索（quick search）、专家检索（expert search）及词库检索（thesaurus search）三种检索方式，用户也可借助索引表（browse indexes）辅助确定检索词后进行检索。

1. 快速检索

如图 3-6 所示，Ei 快速检索功能采用常见的多框式组合检索，用户可根据需求增加检索框并运用简单的“与”（AND）、“或”（OR）、“非”（NOT）逻辑算符进行组合检索。可选择针对某个特定字段或所有字段进行检索，可借助索引表辅助确定检索词。Ei 快速检索及专家检索界面如图 3-7 所示，检索结果列表界面如图 3-8 所示。

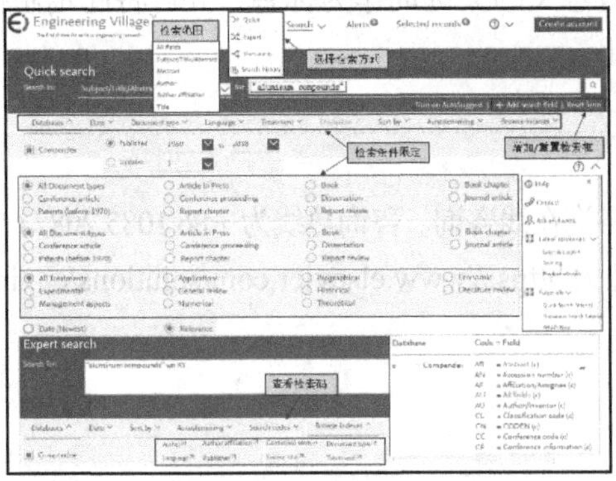

图 3-7　Ei 快速检索及专家检索界面

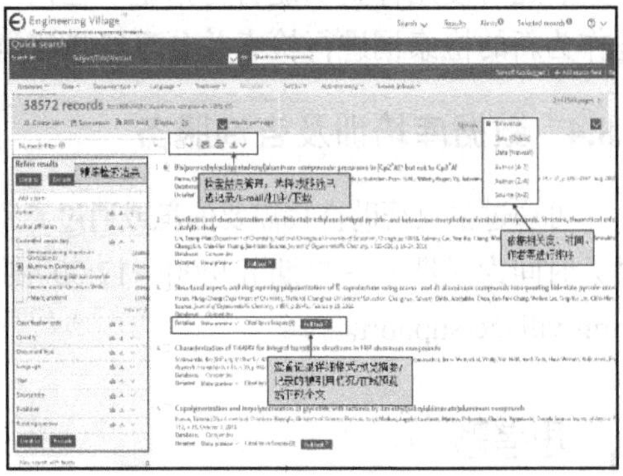

图 3-8　Ei 检索结果列表界面

2. 专家检索

如图 3-6 所示，Ei 专家检索采用一框式检索方式，通过在检索框内直接输入编写好的检索表达式进行检索。专家检索表达式需要遵循特定的编写方式，采用“wn”＋检索码“CODE”限定检索范围。例如，smith wn AU 表示检索作者为 Smith 的所有记录；“aluminum compounds” wn KY 表示检索主题中含有“aluminum compounds”（铝化合物）的所有记录。

3. 词库检索

词库检索利用 Ei 数据库给出的规范词（受控词）辅助进行检索。如图 3-9 所示，有 Vocabulary search、Exact term、Browse 三种操作方式。当明确知道受控词，可选择“Exact Term”直接选择上位词（Broader term）、相关词（Related Term）、下位词（Narrower Term）进行检索（图 3-10）。在未知受控词的情况下，选择“Vocabulary search”可得到与输入词相匹配的所有受控词，选择“Browse”可按字母顺序浏览受控词表，然后选择相应的受控词作为检索词进行检索。

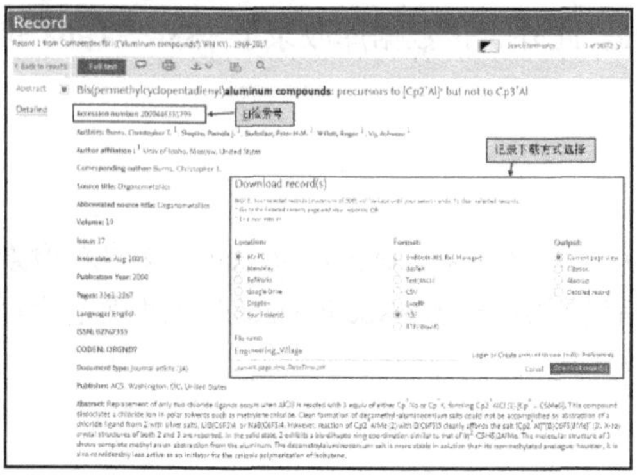

图 3-9　Ei 检索结果详细界面

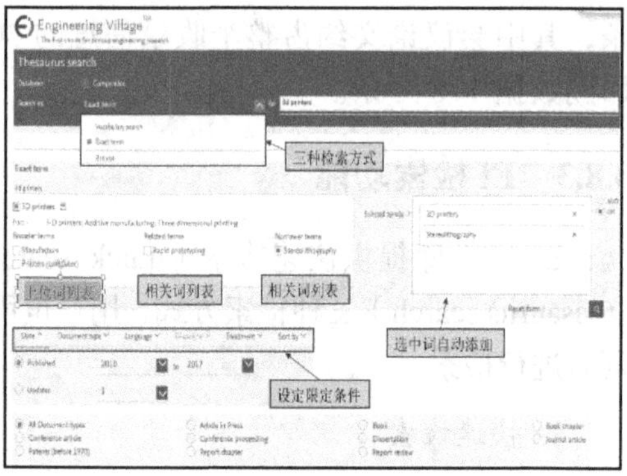

图 3-10　Ei 词库检索界面

4. 个性化定制

注册用户登录后可保存个人检索历史、储存检索策略、设置邮件通告、建立个人文件夹、还可使用标签功能自行指定“任何”有意义的关键词作为标签，并可将此定制标签作为新的检索词进行检索并分享给指定群组。

3.8.4　数据库培训及咨询服务

可通过主页帮助查找需要信息或通过专家咨询在线咨询。咨询热线为＋86 1085 2087 65。服务时间为星期一～星期五 9:00—17:00。网址为 https://www.elsevier.com/solutions/engineering-village/support。

思考题

1. Ei 数据库常用的检索方式有几种？分别是什么？
2. 如何用快速检索方式检索北京邮电大学 2016 年发表论文被 Ei 收录情况？
3. 请说出以下检索字段标识的含义：AU，AB，KY。

3.9　Web of Science 核心合集

3.9.1　Web of Science 核心合集简介

Web of Science 平台是科睿唯安公司旗下的产品，兼具知识的检索、提取、分析、评价、管理与发表等多项功能。Web of Science 核心合集是 Web of Science 平台的一级子集，内容涵盖自然科学、工程技术、生物医学、社会科学、艺术与人文等领域，可回溯至 1900 年。订购用户可访问该数据库。

3.9.2　引文索引

引文索引是 Web of Science 平台的重要特征。20 世纪 50 年代，美国 E.加菲尔德提出用计算机辅助编制的引文索引。他主办的科学情报研究所先后创办了《科学引文索引》（*Science Citation Index Expanded*，*SCI*）、《社会科学引文索引》（*Social Science Citation* Index，*SSCI*）和《艺术与人文科学引文索引》（*Arts & Humanities Citation Index*，*A&HCI*）三种引文索引刊物，并建立了引文索引数据库。引文索引通过整条收录并索引论文中所引用的参考文献。其可以以一篇文章、一篇会议文献或者一本书作为检索出发点，检索这些文献被引用的情况，了解引用这些文献的论文所做的研究工作。其还可以轻松地回溯某一项研究文献的起源与历史（参考文献）或者追踪其最新的进展（施引文献），既可以越查越深，也可以越查越新。

3.9.3　Web of Science 核心合集中的数据库

Web of Science 核心合集中的数据库有科学引文索引（扩展版）、社会科学引文索引、艺术与人文科学索引、科技会议录索引、社科及人文会议录引文索引、图书引文索引等。

科学引文索引（扩展版）（SCI-E）是 Web of Science 核心合集中最重要的数据库。SCI-E 所收录期刊的内容主要涉及数、理、化、农、林、医、生物等基础科学研究领域，收录刊物 8800 多种，来自 40 多个国家，其中主要有美国、英国、荷兰、德国、俄罗斯、法国、日本等，也收录部分中国（包括港澳台）刊物。科学引文索引数据库已经成为当代世界重要的大型数据库，被列为国际三大著名检索系统之首。它不仅是一个重要的检索数据库，而且是科学研究成果评价的重要依据。科学引文索引以其独特的引证途径和综合全面的科学数据，通过统计大量的引文，然后得出某期刊、某论文在某学科内的影响因子、被引频次、即时指数等量化指标来对期刊、论文等进行排行。

社会科学引文索引是社会科学领域重要的期刊文摘索引数据库。数据覆盖了历史学、政治学、法学、语言学、哲学、心理学、图书情报学、公共卫生等社会科学领域。其收录了 1900 年至今的 3000 多种重要期刊。

艺术与人文科学索引是全球权威的人文艺术引文数据库，内容涉及语言与语言学、文学、哲学、宗教与神学、古典研究、历史、考古、艺术、建筑、表演艺术等社会科学领域，目前收录了 1975 年至今的 1700 多种国际性、高影响力的学术期刊。

科技会议录索引（CPCI-S，原名 ISTP）是当今世界规模较大的综合性科技会议文献的重要检索刊物。其内容涉及基础科学、工程技术及应用科学等领域，是科技工作者检索国际科技会议及会议文献较有权威的检索工具。CPCI 年报道会议 4000 多个，囊括了世界出版的重要会议录中的大部分文献。

社科及人文会议录引文索引（CPCI-SSH，原名 ISSHP）收录了来自社会科学、艺术与人文领域的所有学科，包括心理学、社会学、公共健康、管理学、经济学、艺术、历史、文学与哲学等领域的会议。

图书引文索引（BKCI），分为科技图书引文索引和社会科学及人文科学图书索引两个子集。BKCI 数据来源是 2005 年以来出版的在世界上有影响力的多种重要图书，内容几乎覆盖所有学科。

3.9.4　Web of Science 核心合集检索方法

Web of Science 核心合集检索方法有基本检索、作者检索、被引参考文献检索、高级检索和化学结构式检索。

基本检索可以在主题、标题、作者等字段中进行检索，同时可以通过逻辑算符“与”“或”“非”实现多字段之间的组配，它是 Web of Science 核心合集中最常用的检索方法。

作者检索需要首先输入姓氏，再输入空格和作者名字首字母。建议使用首字母或截词符“*”，因为作者名有时有不同的写法。例如，作者姓名“Wang Yuesheng”，检索时可以使用“Wang YS”或者“Wang Y*”。输入姓名之后还需要选择该作者的研究领域和所在组织，以提高检索的准确性（图 3-11）。

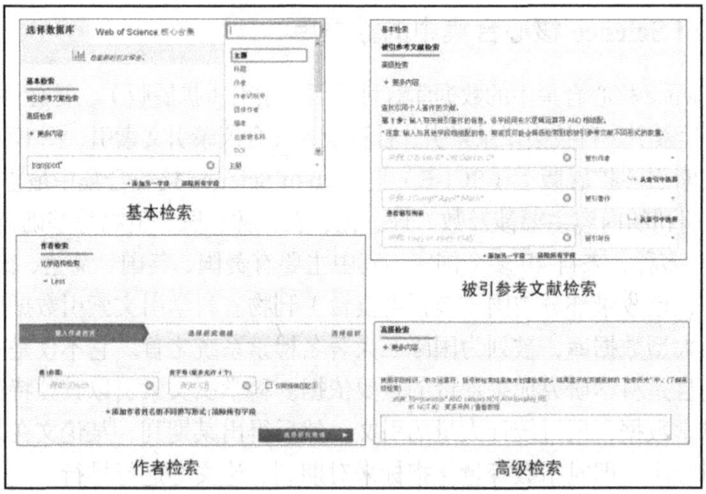

图 3-11　Web of Science 核心合集检索界面

被引参考文献检索可以在时间上向前回溯某作者写作论文时引用的参考文献或者追踪该论文发表后的被引用情况。当某个作者引用他人的作品时，他在自己的研究与前人的研究之间建立了一个外在的联系。

高级检索需要通过编辑检索式来进行检索，不同检索词之间可以用逻辑算符、截词符、位置算符等进行组配。

思考题

1. 什么是引文索引？
2. 科学引文索引数据库如何对论文进行评价？
3. Web of Science 核心合集有哪几种检索方法？

3.10　ProQuest Dialog

3.10.1　ProQuest Dialog 系统简介

联机信息检索是指利用终端设备（如计算机或者手持终端等），通过通信线路或网络（局域网或者互联网），访问相应的信息检索系统，从信息检索系统的数据库中进行检索并获得信息和数据的过程。

联机检索系统是从单机信息检索系统发展而来的，从 20 世纪 60 年代开始，联机检索得到了迅速地发展和广泛应用；20 世纪 90 年代以来，随着互联网技术的迅速发展和普及，使联机检索进入一个新的发展时期。

ProQuest Dialog（PQD）的前身是 Dialog，Dialog 是世界首家提供国际联机服务的商业检索系统。ProQuest 公司在 2008 年收购 Dialog。历经半个世纪，PQD 国际联机检索系统已经发展成为世界上规模最大的综合性商业联机信息检索系统之一。利用 PQD 系统，可进行项目查新、文献调研、课题立项、申报专利、了解市场动态和竞争对手、新产品开发、公司的背景情况、经济预测等信息。网址为 https://dialog.proquest.com。

PQD 平台包含了上百个数据库，涉及的领域包括科技、教育、新闻与贸易、电信与计算、工程与技术、航空航天与国防、化学、能源与环境、汽车、食品与农业、卫生保健、诊断与医疗器械、制药与生物医学、专利等。

截至 2017 年 2 月数据库共包含记录 8.3 亿条，具体数据如图 3-12 所示（因为有综合性数据库存在，所以各学科都有重复计算的情况）。

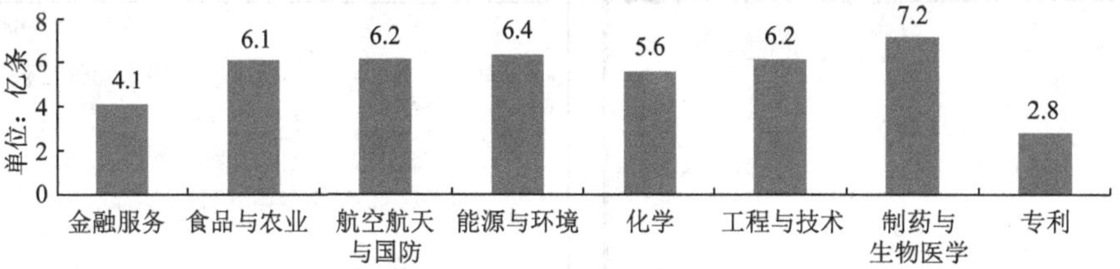

图 3-12　PQD 各类数据

3.10.2　检索功能

PQD 平台收录的数据库众多，检索时可选择多个数据库进行跨库检索并且可以智能去除重复文献，也可选择单一数据库进行检索，多种检索方式供用户选择，如图 3-11 所示。

1. 基本检索

基本检索类似搜索引擎所提供的检索方式，用户只需要输入所要查找的检索词（可以是多个检索词，检索词之间用空格分开），就可以在所有字段（包括全文）中进行检索，并且在用户输入检索词后，系统可以自动提示相关的检索词，同时用户还可以将检索范围设定为限定“同行评审”或者“学术期刊”等，单击“检索”按钮后就可得到检索结果。

2. 高级检索

高级检索为用户提供了方式更灵活、功能更全面的检索方式。用户根据需要输入一个或多个检索词在多个检索字段中同时检索，不同检索字段之间可以选择“与”“或”“非”等逻辑关系，同时有多个检索选项供用户选择来限定检索的范围，主要包括限定条件（“同行评审”或者“学术期刊”）、出版日期、出版物类型、语言、数据库、检索结果排列顺序、每页显示条目数、是否包括重复文档等。

3. 专业检索

专业检索适合于图书情报专业人员，可以用来完成查新查引、咨询服务等工作，通过使用多种逻辑运算符（“与”“或”“非”等）和检索字段并适配检索词来编辑完成检索式进行检索，得到更为精准的检索结果。

4. 以引文查找全文

快速查找特定文档，通过有关文档的部分信息（如文档的部分名称、作者姓名、ISBN或ISSN编号等）即可快速查找到相关文档，如图3-13所示。

3.10.3　检索结果

检索结果页面显示检索结果总数、检索到文档的列表，并提供各种丰富功能，如文档视图可以提供三种类型包括类粗略、详细、KWIC；可以设置“突出显示”检索词，可以进行二次检索，通过多种条件缩小检索范围；可以创建“定题通告”“RSS荟萃”“保存检索”“下载所有结果”；可以将检索结果发送到指定电子邮箱、打印；还可以创建对选定文档的引文，直接复制到自己的文档生成参考文献，以检索词“food”为例的部分检索结果如图3-14所示。

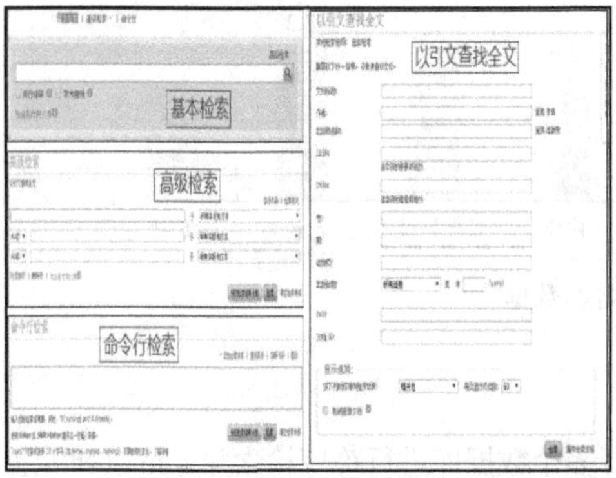

图3-13　检索方式

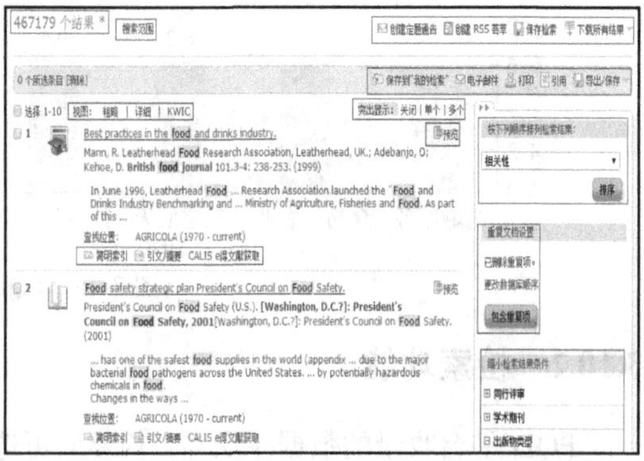

图3-14　检索结果

3.10.4　我的检索

在 PQD 系统中注册并登录后，则可以在检索时，添加或者查看“文档”“检索”“提醒”“RSS 荟萃”，并可以进行“个性化检索设置”。

3.10.5　支持服务

支持与培训，访问网址为 http://support.proquest.com/dialog；咨询热线为 020-38303599 或 021-63526707；咨询邮箱为 info@ourchem.com。

思考题

1. 联机检索系统由哪几个基本部分组成？
2. 最新版的 PQD 平台涵盖了大约多少个数据库，涉及哪些行业？
3. 请列出 PQD 平台截至目前（2017 年 2 月）的相关数据。

第 4 章　网络信息资源检索与利用选介

4.1　搜索引擎简介

据 2017 年 1 月发布的第 39 次《中国互联网络发展状况统计报告》的数据，截至 2016 年 12 月，中国网站数量为 482 万个，中国网页数量为 2360 亿个，面对浩如烟海的互联网信息资源，要迅捷地找到自己所需的各类资源和信息，主要是依靠搜索引擎。

4.1.1　搜索引擎概述

1. 搜索引擎的定义

搜索引擎（search engine）是指按照预定的搜索策略、运用专门的计算机程序在互联网上搜集信息，并将搜索到的信息进行组织和处理，为互联网用户提供检索服务，将用户检索的结果呈现给用户的系统。

2. 搜索引擎的工作原理

搜索引擎的工作原理如图 4-1 所示。

（1）组成

搜索引擎通常由搜索模块、索引模块、检索模块和用户接口四个部分组成。

1）搜索模块：在互联网搜索（发现、搜集）各种信息和资源。

2）索引模块：解析搜索模块所搜索到的信息，并提取出索引项，建立文档库的索引表。

3）检索模块：根据用户提交的检索词在索引库中（几乎）实时检索文档，并依据搜索结果和搜索要求（检索词）的关联程度，对搜索结果进行排序，按用户的排序要求来返回信息。

4）用户接口：接收用户查询、显示查询结果、接受个性化选择和定制。

（2）运行原理

1）搜索信息。搜索引擎是通过软件（被称为"蜘蛛"或者"机器人"）跟踪网页的超链接，如同蜘蛛在蜘蛛网上爬行，理论上"蜘蛛"能够遍历绝大部分网页。

2）处理信息。搜索引擎处理信息的过程，也就是创建索引的过程。搜索引擎不仅要存储搜集信息，还要将它们进行各种处理，并按照一定的规则进行编排。

3）接受查询。用户向搜索引擎提交查询，搜索引擎接收查询并向用户返回信息。搜索引擎返回的结果主要是网页的超链接，通过点击这些超链接，用户便能浏览含有自己所需资料的网页。

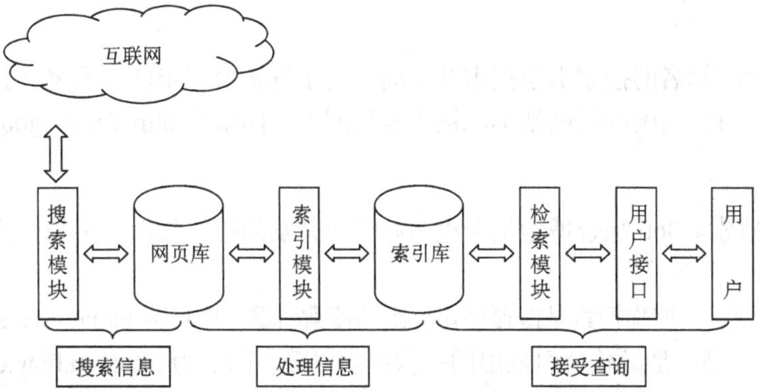

图 4-1　搜索引擎工作原理

3. 搜索引擎的分类

搜索引擎的主要类型包括全文搜索引擎、目录索引搜索引擎、元搜索引擎等，此外还有一些非主流的搜索引擎；目前应用最广泛的是全文搜索引擎，典型代表是百度和谷歌。

4.1.2 常用搜索引擎

1. 百度

百度目前是全球最大的中文搜索引擎之一。李彦宏于 2000 年 1 月 1 日在中关村创建。网址为 http://www.baidu.com。以“大数据”作为检索词，进行检索，检索结果如图 4-2 所示。

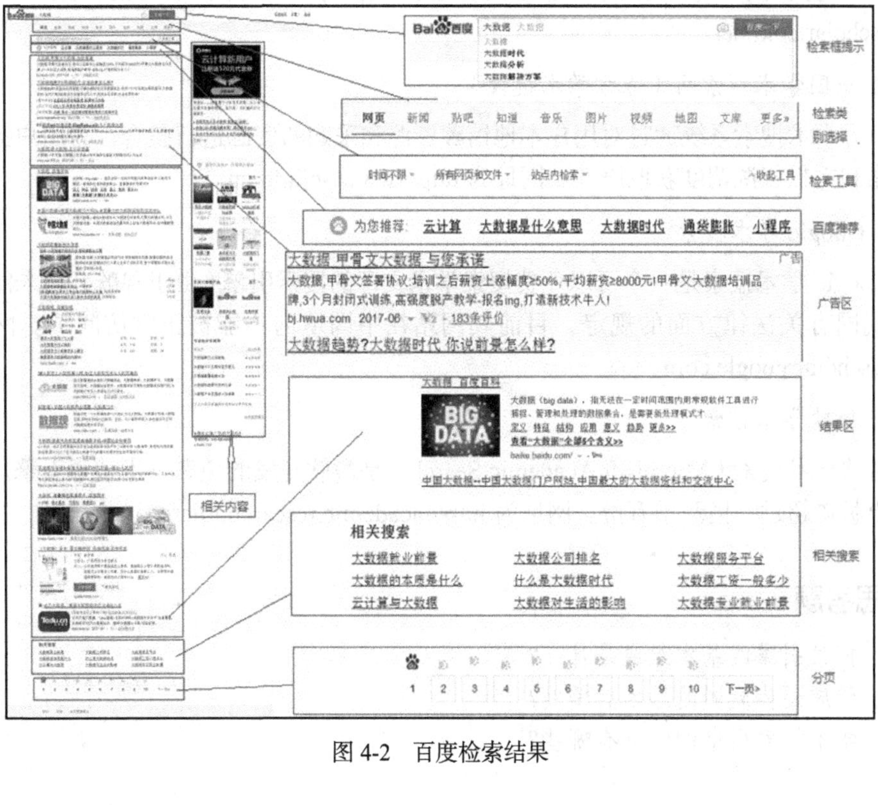

图 4-2　百度检索结果

2. 谷歌

谷歌是全球知名的搜索引擎技术开发商（由于谷歌公司未能全面遵守我国有关法律方面的规定，目前在国内其网站不能被正常访问）。网址为 http://www.google.com。

3. 其他

1）360 搜索。360 综合搜索是奇虎 360 公司开发的第三代搜索引擎，网址为 http://www. so.com。

2）搜狗搜索。搜狗搜索是搜狐公司推出的搜索引擎。网址为 http://www.sogou.com。

3）必应。必应是微软公司推出的一款搜索引擎。网址为 http://cn.bing.com。

4）雅虎。它曾经是美国著名的互联网门户网站；雅虎于 2016 年 7 月被美国电信巨头 Verizon 以 48 亿美元收购，至此曾经的互联网巨头雅虎已经基本终结。

4.1.3 学术搜索引擎

1. 百度学术搜索

百度学术搜索是提供中英文文献检索的学术资源搜索平台，用户可以按照“相关性”“被引频次”“发表时间”三个维度对搜索结果分别排序。网址为 http://xueshu.baidu.com。

2. CNKI 学术搜索

CNKI 是清华同方研发的学术搜索引擎，可对期刊、学位论文、会议、报纸、专利、标准、年鉴、图书等单独或联合搜索，还提供到学者和科研项目的搜索。网址为 http://scholar.cnki.net。

3. 中国学术搜索网（万方学术搜索）

万方学术搜索系统通过对用户本地馆藏资源和采购的资源进行整合，为用户提供学术搜索和文献资源调度获取服务。网址为 http://www.sciinfo.cn。

4. Google 学术搜索

Google 学术搜索是一个可以免费搜索学术文章的搜索引擎（由于谷歌公司未能全面遵守我国有关法律方面的规定，目前其网站在中国境内不能被正常访问）。网址为 https://scholar.google.com。

5. 微软学术搜索

微软学术搜索（Microsoft Academic Search）是微软开发的免费学术搜索引擎。其搜索的出版物超过一亿两千万份。网址为 http://academic.research.microsoft.com。

思考题

1. 搜索引擎的基本组成是什么？
2. 雅虎逐步衰弱的原因有哪些？
3. 学术搜索引擎的特点有哪些？

4.2　常用工具类软件选介

随着计算机技术和网络技术的不断发展和普及，在进行科学研究和文献检索时，需要保存、查询、处理的各种电子文件/文献越来越多，如果不能进行有效的组织和管理，大量的电子文献将很可能变得难以利用，因此各类专用和辅助工具软件应运而生。

4.2.1　文献管理软件

1. 文献信息管理工具概述

（1）概念

文献管理软件是学者或者作者用于记录、组织、调阅引用文献的计算机程序。其可以快捷地、重复多次地生成文献引用目录。科技文献的快速增长促进了文献管理软件的开发和应用。

（2）基本功能

1）文献收集（集成检索）。①文献管理软件可以直接联网到不同的电子数据库（不同的文献管理软件所支持的直连数据库数量和功能有所不同）进行检索，无需登录不同的数据库，因此提高了检索效率；②文献管理软件可以将已经下载过的电子文献导入来进行管理。

2）文献管理和检索。①方便地管理文献信息，包括题目、作者、文摘、全文、笔记，以及其他的附件材料等；②对下载的文献进行检索、排序、查重，检索功能为在下载的大量文献中查找到需要的文献提供了便利；③直接打开文献文件浏览全文。

3）一定的分析功能。对于录入到文献管理软件中的文献信息进行统计和分析。

4）依需生成参考文献。根据作者需要生成各种格式的参考文献目录。

5）与办公软件的衔接、集成。办公软件可以方便的直接调用文献管理软件生成的参考文目录。

2. NoteExpress

（1）简介

NoteExpress 是北京爱琴海软件公司开发的一款专业级别的文献检索与管理系统，其核心功能涵盖“知识采集、管理、应用、挖掘”知识管理的所有环节，是收费软件。

NoteExpress 具备文献信息检索与下载功能，可以用来管理参考文献的题录，以附件方式管理参考文献全文或者任何格式的文件、文档。数据挖掘功能可以帮助用户快速了解某研究方向的最新进展、各方观点等。除管理显性的知识外，瞬间产生的隐性知识也可以通过 NoteExpress 记录，并且可以与参考文献的题录联系起来。在办公软件中 NoteExpress 可以按照各种期刊的要求自动完成参考文献引用的格式化。与笔记及附件功能的结合、全文检索、数据挖掘等，使该软件成为功能较为完备的个人知识管理系统。

目前最新版本是 NoteExpress v3.2.0.6992 （截至 2017 年 3 月 8 日）。

（2）主要功能

1）检索：支持对数百个全球图书馆书库和电子数据库的检索，如万方、维普、期刊网、Elsevier、ScienceDirect、ACS、OCLC、美国国会图书馆等。一次检索，永久保存。

2）管理：可以分门别类管理百万级的电子文献题录和全文，独创的虚拟文件夹功能更适合多学科交叉的现代科研。多种标识标签可实现文献个性化管理。

3）分析：对检索结果进行多种统计分析，从而使研究者更快速地了解某领域里的重要专家、研究机构、研究热点等。

4）发现：与文献相互关联的笔记功能，能随时记录阅读文献时的思考，方便以后查看和引用。检索结果可以长期保存，并自动推送符合特定条件的相关文献，对于长期跟踪某一专业的研究动态提供了方便。

5）写作：支持 Word 和 WPS 格式，在论文写作时可以随时引用保存的文献题录，并自动生成符合要求的参考文献索引。

系统内置 3800 种国内外期刊和学位论文的格式定义。首创的多国语言模板功能，可以自动根据所引用不同的语言参考文献，差异化输出相关内容。

（3）安装

从该公司网站（http://www.inoteexpress.com）直接下载最新版 NoteExpress 双击后进行默认安装即可（可以免费试用），如果是已经购买该软件的机构用户，该公司会提供专门的 NoteExpress 下载链接，如图 4-3 所示。

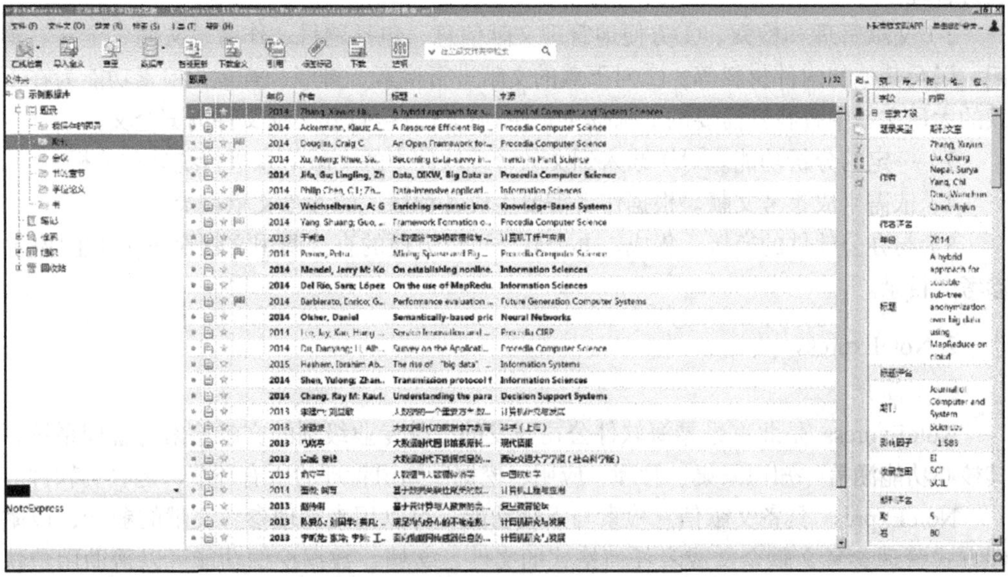

图 4-3 NoteExpress 主程序界面

3. EndNote

（1）简介

Endnote（http://endnote.com）由 Thomson Corporation 下属的 Thomson ResearchSoft 开发。Thomson ResearchSoft 是以学术信息市场化和开发学术软件为宗旨的子公司。

Thomson Corporation 总部位于美国康涅狄格州的斯坦福。

EndNote 是一种文献目录管理软件。它可以用来创建个人参考文献库，管理目录及引用，并且可以加入文本、图像、表格和方程式等内容及链接，可以进行当地及远程检索。撰写文章时，可以方便地插入所引用文献并按照格式进行编排。

EndNote 拥有强大的文献搜索功能、简单清晰的界面，是一款辅助科研工作者写作的功能较为完备的工具软件。

EndNote 的最新版本是 X8（截至 2017 年 3 月），是一款收费软件。

（2）功能介绍

基本功能：文献导入建立个人数据库；文献管理：排序、查找、去重、分组、分析、获取全文；文献编排：边写边引，迅速生成参考文献目录。最新的 X8 版本有如下的特色。

1）改进兼容性。EndNote X8 支持 Windows 7、Windows 8、Windows 8.1 和最新的 Windows 10，苹果操作系统支持范围从 Mac OS X 10.10 到 Mac OS X 10.12。Word 支持最新版 Word 2016。

2）重新设计了图标。EndNote X8 的图标重新进行了设计，由 X7 版的暖色系改成了冷色系的蓝调。

3）改进查找文献更新功能。EndNote X8 改进了查找文献更新功能。X7 版查找文献更新后，只有两个选项——「Update All Fields」和「Update Empty Fields」，EndNote X8 给了用户一个新的选择权利——「Edit Reference」，可以自我编辑文献。

4）改进数据库同步功能。数据库未同步时，在组面板中显示「Configure Sync …」，如果配置了同步功能，则显示为「Sync Status」。EndNote X8 支持最多同步 100 万篇文献、5000 个分组、5000 个群组、附件存储没有空间限制。分组功能是整理文献的一个重要功能，EndNote X8 最多支持二级分组。

5）组面板中添加了新工具。在左侧的组面板中，EndNote X8 添加了一个新的工具，可以把最近添加的文献分成几个时间段内添加的，一般有 24 小时内添加的、7 天内添加的、14 天内添加的和最近 30 天内添加的，这样可以更细致地划分添加文献的时间。

6）改进共享功能。EndNote X8 现在共享数据库的人数增加到了 100 位。而且，所有共享的同事对数据库进行的改变可以在 EndNote X8 中一目了然。该数据库可以看到哪位用户加入了共享，有哪位用户对数据库进行了更改，更改的内容等信息一目了然。

7）增加了内置的输出格式。EndNote X8 内置的杂志的参考文献格式更多，达到了 6000 余种。默认方式安装 EndNote X8 输出格式不足 500 种，如果需要全部的输出格式，用户需要自定义安装。

8）Help 菜单添加新内容。EndNote X8 对帮助菜单进行了改进，在 Help 菜单中添加一项新的「Download EndNote Plug-in」下载插件功能。

4.2.2 思维导图简介

1. 思维导图概述

思维导图是由英国托尼 · 博赞于 20 世纪 70 年代提出的一种辅助思考工具，是表达发散性思维的有效工具，也是一种具有革新性的思维工具。思维导图通过图文并重的方式，把不同级别主题的关系通过相互隶属与相关的层级图来表现，把主题关键词和图像、颜色等建立记忆链接。思维导图既可以用来整理复杂的想法，也可以作为记忆的技巧。

2. XMind

（1）简介

XMind（http://www.xmind.net）是一款非常实用的商业思维导图软件，应用先进的 Eclipse RCP 软件架构，全力打造易用、高效的可视化思维软件，强调软件的可扩展、跨平台、稳定性和性能，致力于使用先进的软件技术帮助用户在真正意义上提高生产率。

最新版本是 XMind 8 Pro（截至 2017 年 3 月），是一款收费软件，有免费在线版（http://www.xmind.net）。

（2）功能

XMind 不仅可以绘制思维导图，还能绘制鱼骨图、二维图、树形图、逻辑图、组织结构图。而且，它可以方便地从这些展示形式之间进行转换。

1）思维管理。XMind 在企业和教育领域有很广泛的应用。在企业中，它可以用来进行会议管理、项目管理、信息管理、计划和时间管理、企业决策分析等；在教育领域，它通常被用于教师备课、课程规划、头脑风暴等。

2）商务演示。传统的演示软件一般采用一种线性的方式来表达事物，XMind 用于演示，为人们提供了一种结构化的演示模式。在 XMind 中进行演示，它始终为用户提供纵向深入和横向扩展两个维度的选择，这样用户在进行演示的时候，可以根据听众和现场的反馈及时的调整演示的内容。

（3）与办公软件协同工作。XMind 的文件可以导出成 Microsoft Word、Microsoft PowerPoint、PDF、图片（包括 png、jpg、gif、bmp 等）、RTF、TXT 等格式，可以方便地将 XMind 绘制的成果与朋友和同事共享。

3. MindManager

MindManager 专业思维导图工具，是创造、管理和交流思想的通用标准。它可将思想、策略及商务信息转换为行为导图，直观感受整个进度。

MindManager 由美国 Mindjet 公司开发，是全球领先推动企业创新的平台，在全球拥有 400 多万大用户，包括很多著名的公司。网址为 http://www.mindmanager.cc。

截至 2017 年 3 月，该软件包括企业版（最新版 MindManager 2016 企业版）、商务版、Windows 版（最新版 MindManager 2017）、MAC 版（收费）、移动客户端 APP（免费）。

4.2.3 其他常用工具软件概述

1. 自动翻译工具

英文资料众多，但对于大多数中文读者来说，还是需要借助工具才能阅读或者理解英文资料，现在百度翻译（http://fanyi.baidu.com）、谷歌翻译（https://translate.google.cn）、有道翻译（http://fanyi.youdao.com）、金山词霸（http://www.iciba.com）都提供英对中、中对英的免费即时翻译服务。

2. 问答工具

百度知道是一个基于搜索的互动式知识问答分享平台，于 2005 年 6 月 21 日发布。百度知道，是用户自己有针对性地提出问题，通过积分奖励机制发动其他用户，来解决该问题的搜索模式。这些问题的答案又可作为搜索结果，提供给其他有类似疑问的用户，达到分享知识的目的。

百度知道可以看作是对搜索引擎功能的一种补充，是对过分依靠技术的搜索引擎的一种人性化完善，让用户头脑中的隐性知识变成显性知识，通过对回答的沉淀和组织形成新的知识，其中信息可被用户进一步检索和利用。

3. 云笔记

云笔记（云端笔记管理工具）是一款跨平台的简易快速的个人记事备忘工具，并且能够实现个人计算机、移动设备和云端之间的信息同步。日程安排、生活备忘、会议记录，以及任何随想都可记录到云笔记，通常云笔记支持拍照和添加图片作为笔记附件。

有道云笔记（http://note.youdao.com）和为知笔记（http://www.wiz.cn）是较为常用的云笔记软件。

4. 社交软件

通过网络来实现社会的交际往来的软件便是社交软件。随着时代的改变，伴随着移动互联网的崛起，一些社交软件越来越成为生活中的一部分，如 QQ、微信、微博等。

目前舆论对社交软件的看法并不统一，很多看法都有一定的价值，但缺乏全面性，社交软件是一种工具，关键在于使用者如何看待和使用社交软件。

思考题

1. 文献管理软件主要解决的问题是什么?
2. 请具体试用一款文献管理软件（如 NoteExpress、Endnote 等）并做出简要评价。
3. 如何在线翻译英文资料?

4.3　权威信息机构及其资源选介

4.3.1　政府及主要媒体网络资源

中国政府网是国务院和国务院各部门，以及各省市人民政府在国际互联网上发布政府信息和提供在线服务的综合平台。毛泽东同志亲笔题写报名的人民日报（People's Daily）是中国共产党中央委员会机关报和中国第一大报，内容引自人民网的人民日报简介。其余中国政府网、主要媒体网络资源、国家各部委网络资源的详细内容参见中国政府网的有关链接。网址为 http://www. gov. cn。新华社的前身是 1931 年 11 月 7 日在江西瑞金成立的红色中华通讯社（简称红中社），1937 年 1 月在陕西延安改为现名。新华社建立了覆盖全球的新闻信息采集网络，形成多语种、多媒体、多渠道、多层次、多功能的新闻发布体系，集通讯社供稿业务、报刊业务、电视业务、经济信息业务、互联网和新媒体业务等为一体，24 小时不间断用中文、英文、法文、俄文、西班牙文、阿拉伯文、葡萄牙文和日文 8 种文字，向世界各类用户提供文字、图片、图表、音频、视频等各种新闻和信息产品，内容引自新华社网站的新华社简介。网址为 http: //203.192.6.89/xhs。

4.3.2　主要信息机构网络资源

1. 中国国家图书馆与中国国家数字图书馆

中国国家图书馆是国家总书库、国家书目中心、国家古籍保护中心、国家典籍博物馆。馆藏文献超过 3500 万册（件）和年增长百万册（件），馆藏总量位居世界国家图书馆第七位和中文文献收藏世界第一位。中国国家数字图书馆是世界上最大的中文数字信息保存和服务基地。常规检索如馆藏资源的简单查询系统支持对“所有字段”“正题名”“著者”“主题词”等多个检索命令的检索任务。特色资源检索，如宋人文集特色数据库是精选所藏宋人文集善本 275 部，首选宋元刊本，次级明清精刻，以详细书目浏览的全文影像免费使用数据库，提供检索字段包括题名、责任者、四部分类等。网址为 http: //www.nlc.cn。

2. 大学图书馆的网络信息资源

大学网络信息资源主要集中在大学图书馆，一般大学图书馆收录的资源主要有：揭示图书馆馆藏目录的计算机系统（各馆不尽相同）；图书馆的特色库，如学科专题特色数据库、本校硕博士学位论文数据库等；图书馆引进的各种数据库，包括镜像和网上包库等；网上各种免费资源和服务，常见的形式有网络资源学科导航、推荐站点和相关链接等；馆际共享资源，形式通常为馆际互借及网上文献传递服务。高校图书馆统一检索集成管理系统，如北京大学图书馆通过基于异构系统的 CALIS 数字图书馆资源统一检索平台，可同时选择 20 个资源进行检索，并提供强大的个性化检索服务。清华大学基于异构系统的资源跨库检索服务资源整合后的平台，对本校可用的主要中英文电子资源进行内容整合检索，提供 4 条检索路径包括水木搜索、学术信息资源门户、快速检索集和查找原文。

查询具体大学图书馆的网络信息资源可通过如下链接找到对应图书馆主页来实现，清华大学图书馆提供的国内图书馆链接为 http://www.lib.tsinghua.edu.cn/Chinese/otherlib。

中国国家图书馆提供的图书馆链接为 http://www.nlc.cn/newtsgj→图书馆导航。其他可参见 2.1 节，CALIS 资源可参见 3.1 节。

3. 美国国会图书馆

美国国会图书馆由美国国会于 1800 年创立。美国国会图书馆目前已保存超过 1.58 亿件物理资料，在线目录汇集超过 1800 万条目录记录，包括图书、丛书、手稿、地图、音乐、录音记录、图片和电子资源。网址为 https://www.loc.gov。

4. 英国国家图书馆

英国国家图书馆是世界上最大的图书馆之一。综合比较其影响范围、运行规模、服务方式、馆藏资源和馆藏数量等方面，在国际上都占有重要的地位。网址为 https://www.bl.uk。

思考题

1. 请列举中国国家数字图书馆特色资源检索中可利用的特色数据库。
2. 大学图书馆网络信息资源主要有哪几类？
3. 大学图书馆的网络信息资源可通过哪些途径获取？

4.4 信息资源的开放获取

4.4.1 开放获取资源概述

1. 源起

开放获取（Open Access，OA）也译为开放存取，是国际学术界、出版界、信息传播界和图书情报界在 20 世纪 90 年代末发起的运动。该运动兴起的主要原因在于商业出版机构逐渐垄断出版市场，持续提高期刊订购的价格，并且不断扩展数字版权的应用范围，导致学术和科技成果交流所受的限制越来越多，所需费用越来越高，出现了所谓的“学术交流危机”。

开放获取运动的目的是解决学术和科技成果交流所面临的限制和困难，推动科研成果通过互联网自由传播，促进学术信息的交流与出版，提升科学研究被社会和公众利用的程度，为科学信息的长期保存提供保障。2001 年 12 月，开放协会研究所在布达佩斯召集了一次关于开放访问的国际研讨会，起草和发表了“布达佩斯开放存取倡议”（BOAI）。互联网的发展和普及，是开放获取兴起的基本条件。

2. 概念

“布达佩斯开放存取倡议”对开放获取的定义为：开放获取文献是指互联网上公开出版的，允许任何用户对其全文进行阅读、下载、复制、传播、打印、检索或链接，允许爬行器对其编制索引，将其用作软件数据或用于其他任何合法目的，除网络自身的访问限制外不存在任何经济、法律或技术方面的障碍的全文文献。

其他机构也给出了自己的定义，综合来看大同小异，开放获取的核心在于作者放弃著作权法所赋予的部分或者全部财产权利，使用者只要连接互联网就可以免费使用全文，这样能促进科学信息的交流，加速科研成果的传播和利用。

3. 基本特征

1）在尊重版权的前提下，版权人和作者允许使用者免费获取、复制或者传播其数字化信息。

2）完整的论著（文献）存储在一个或者多个稳定、可靠的联网服务器中，为使用者提供免费阅读，可以不受时间和地域限制的传播和长期储存。

3）相较于传统的出版模式，传播速度更快、受众范围更广，作者和编辑、使用者之间可以通过多种交互模式进行交流与沟通。

4. 类型

1）开放获取期刊（Open Access Journals），含新创办的开放获取期刊和由原有期刊转变而来的开放获取期刊。开放获取期刊对提交的论文实行严格的同行评审，以确定论文的质量。

2）开放获取仓库（Open Access Repository）。开放获取仓库除存储学术论文外，还存储其他类型的各种学术研究资料等。开放获取仓库主要有基于机构的和基于学科的两种形式。开放获取仓库一般不对上传的论文开展实质评审工作，仅要求提交的论文基于某种标准文件格式（如 Word），并符合相应的学术规范。

3）其他 OA 资源。除上述形式外，其他形式的 OA 资源也陆续涌现，如个人网站、电子图书、博客、学术论坛、文件共享网站等。较前两种形式而言，其他 OA 资源随意性更强，学术价值良莠不齐。

5. 相关活动

开放获取周是 2007 年发起的，每年 10 月第 3 周全世界各科研机构同时组织开放获取推介活动，向科学界和学术界宣传介绍开放获取的益处，分享经验，推动科学界参与开放获取。

2012 年 10 月 22～24 日，国家科学图书馆举办“中国开放获取周（China Open Access Week）”国际研讨会。这是国内举办的首届开放获取周。

此后，每年的 10 月份，都有由中国科学院文献情报中心主办，由中国图书馆学会专业图书馆分会、中国图书馆学会高校图书馆分会、中国科学院自然期刊编辑研究会协办的年度“中国开放获取推介周”，最近的一次活动是 2016 年 10 月 17～18 日在北京举行的。

6. 相关政策

2014 年 5 月 19 日，国家自然科学基金委员会发布了《关于受资助项目科研论文实行开放获取的政策声明》，声明中规定：自本政策发布之日起，国家自然科学基金全部或部分资助的科研项目投稿并在学术期刊上发表研究论文的作者应在论文发表时，将同行评议后录用的最终审定稿，存储到国家自然科学基金委员会的知识库，不晚于发表后 12 个月开放获取。如果出版社允许提前开放获取，应予提前；如果论文是开放出版的，或出版社允许存储最终出版 PDF 版的，应存储论文出版 PDF 版，并立即开放获取。

2014 年 5 月 9 日中国科学院发布了《关于公共资助科研项目发表的论文实行开放获取的政策声明》，声明中规定，自本声明发布之日起投稿并在学术期刊上所发表的研究论文，作者应在论文发表时把同行评议后录用的最终审定稿存储到所属机构的知识库，并于发表后 12 个月内开放获取。

4.4.2 国内外开放获取资源数据库

1. 中图链接服务

中图链接服务是由中国图书总公司开发的国外期刊网络检索系统，截至 2017 年 4 月，该系统共收录了国外数千家出版社约 46 391 种期刊的 25 253 170 个目次和文摘数据，其中包括约 29 306 种开放获取期刊可免费下载全文。网址为 http://cnplinker.cnpeak.com。

2. Socolar

中国教育图书进出口公司的 Socolar 项目，旨在为用户提供 OA 资源的一站式检索服务。截至 2017 年 2 月，资源概况为：OA 期刊数目为 11 739，包含文章数为 13 503 317；OA 仓储数目为 1048，包含文章数为 10 391 241；平台收录文章总计为 23 894 558。网址为 http://www.socolar.com。

3. 中国科技论文在线

中国科技论文在线由教育部科技发展中心主办。网址为 http://www.paper.edu.cn。

4. 中国预印本服务系统

中国预印本服务系统是由中国科学技术信息研究所与国家科技图书文献中心联合建设的以提供预印本文献资源服务为主要目的实时学术交流系统。该系统由国内预印本服务子系统和国外预印本门户（SINDAP）子系统构成。网址为 http://prep.istic.ac.cn。

5. 中国香港科技大学机构库

中国香港科技大学机构库是由香港科技大学图书馆开发的一个数字化学术成果存储与交流知识库，收藏有该校教职工和博士生提交的论文等各种成果。网址为 http://repository.ust.hk/ir。

6. DOAJ

开放获取期刊目录（Directory of Open Access Journal，DOAJ）由瑞典隆德大学在 2003 年创建。DOAJ 的内容涉及所有学科和多种语言，属于目前最好的 OA 期刊目录网站之一。截至 2017 年 4 月，DOAJ 收录了约 9400 份学术期刊，约 24 746 206 篇论文。网址为 https://doaj.org。

7. HighWire Press

HighWire Press 是全球最大的提供免费全文的学术文献出版商之一。目前已收录电子期刊 710 多种，文章总数已达 230 多万篇，其中超过 77 万篇可免费获得全文。还可以检索 Medline 收录的 4500 种期刊中的 1200 多万篇文章，可浏览文摘题录。HighWire Press 收录的期刊包括生命科学、医学、物理学、社会科学。网址为 http://highwire.stanford.edu。

8. Open J-Gate

Open J-Gate 是一个由 Informatics 公司资助的 OA 领域的电子门户网站，号称世界最大的开放期刊门户，成立于 2006 年，已经索引了 6000 余种学术、研究和工业期刊，其中 3800 余种是同行评审期刊。网址为 https://jgateplus.com。

9. Open Access Library

Open Access Library（OA 图书馆）的文章都来自顶级著名的出版商和数据库，可以满足各个领域学者的需求。读者可以在 Open Access Library 搜索下载完整的 PDF 格式的文章，不需要注册和任何费用；目前可免费获取超过 4 225 477 篇学术文章（截至 2017 年 3 月）。Open Access Library 由 Open Access Library 公司管理。网址为 http://www.oalib.com。

10. 麻省理工学院机构收藏库

麻省理工学院机构收藏库提供麻省理工学院（MIT）的大量科研成果。网址为 http://dspace.mit.edu。

思考题

1. 开放获取运动兴起的原因和目的是什么？
2. 开放获取的基本特征是什么？
3. 请介绍我国关于开放获取方面的一些政策。

4.5　网上升学信息资源

4.5.1　国内外大学排行

以下列出国内外主要大学排行榜及来源，详细内容参见本书 7.2 节。

全国第四轮学科评估结果	http://www.chinadegrees.cn/xwyyjsjyxx/xkpgjp/index.shtml
中国大学排行榜（校友会版）	http://www.cuaa.net
软科世界大学学术排名（ARWU）	http://www.zuihaodaxue.com
美国 US NEWS 世界大学排名	https://www.usnews.com
英国 QS 世界大学排名	https://www.topuniversities.com
英国《泰晤士高等教育》THE 世界大学排名	https://www.timeshighereducation.com

4.5.2　教育主管部门

1. 中国教育部

1）教育部考试中心。该中心为教育部指定承担教育考试专项职责任务并赋有部分行政管理职能的直属事业单位。该中心包括普通高考、成人高考、研究生考试、自学考试、计算机等级考试、教师资格考试、海外考试、剑桥少儿英语、英语等级考试、社会证书考试等。网址为 http://www.neea.edu.cn。

2）教育部留学服务中心。该中心主要提供出国留学、留学回国、来华留学及教育国际交流与合作等领域的相关服务。网址为 http://www.cscse.edu.cn。

3）全国高等学校学生信息咨询与就业指导中心。该中心是专门从事高校招生、学籍学历和毕业生就业信息咨询与指导服务的专门机构。2008 年，该中心开通了全国大学生就业公共服务立体化平台。网址为 http://chesicc.moe.edu.cn。

4）教育部学位与研究生教育发展中心。该中心开展学位与研究生教育的科研、评估、评审工作，承担以研究生毕业同等学力人员在职申请硕士（博士）学位的有关全国统考和在职人员攻读专业硕士学位全国联考的命题和考务工作，承担我国学位与外国学位、我国内地学位与港澳台地区学位的对等研究，以及相互承认学位协议有关咨询工作等。网址为 http://www.cdgdc.edu.cn。

2. 北京市教育委员会

北京市教育委员会负责统筹、协调和指导北京市教育工作，统一管理北京市学前教育、初等教育、中等教育、高等教育及其他各类教育事业。网址为 http://www.bjedu.gov.cn。

3. 国外主要教育主管机构

美国教育部（United States Department of Education，ED），主要职权在于编列联邦补助方案，以及执行联邦关于民权及隐私的教育法案，保证联邦政府人人得到平等接受教育机会的承诺得以实现；不断提高联邦教育项目执行效果，使教育质量不断得到提高；鼓励公众、家长和学生积极参与联邦政府实施的教育计划；通过联邦政府支持的教育科研、评估和信息发布来促进教育质量和效益的提高；加强对联邦教育项目的协调和管理。网址为 http://www.ed.gov。

4.5.3　考试类信息资源的检索

1. 银符考试题库

银符考试题库是针对高校设计开发的基于互联网的在线多媒体考试系统，其题库紧扣国家资格类考试大纲，集成大量模拟考题和历年真题，可以在线答题、在线评分、交卷后有答案解析，适合考生考前模拟练习。该题库涵盖语言类、计算机类、法律类、公务员类、经济类、工程类、综合类、医学类、研究生类、自考类共十大类型考题，其中涉及升学考试的有研究生类包括法律硕士联考、研究生入学考试等模拟考题和历年真题。网址为 http://yfzxmn.com/YFB12。

2. 新东方多媒体学习库

新东方网络课程数据库是由新东方在线推出的一站式学习平台。该平台由应用外语类、国内考试类、出国考试类、实用技能类四个大库和多门精选课程构成。其涵盖了英语、德语、法语、日语、韩语、西班牙语六种语言学习从入门到精通的全部内容，为高校师生提供外语基础、口语提高、小语种入门、考前辅导、求职指导等全线服务。网址为 http://library.koolearn.com。

3. 正保远程多媒体资源库

正保考研视频数据库考研课程是在考研特色班完善的课程体系基础上，通过数据分析对比，开发出的有针对性的辅导体系。考研课程各科精品班不仅涵盖网校特色班的课程体系，还包括了优质的服务体系。将考研公共课考试大纲规定的考查知识点分类分级，包括基础知识点、次重点、次难点、重难点。对超过标准公共课的内容双倍课时讲解，精讲精练各科重难点。科学分解各科学习总任务，根据学习效果深层评测系统，按照不同的学习阶段调配最恰当的学习资料和课程，动态调配学习任务，确保学习进度合理科学。网址为 http://library.chnedu.com。

4. 其他考试类数据库

（1）中科 VIPExam 考试学习资源数据库

中科 VIPExam 考试学习资源数据库收录了 11 大类考试科目的模拟试卷和历年真题试卷，以及学习资料和考试信息。该数据库不仅可以下载各考试科目的历年真题试卷和模拟试卷，还可以进行在线测试，并查看每道试题的正确答案和知识点解析。错题库是 VIPExam 数据库独有的学习功能。在使用 VIPExam 数据库答卷时，凡是答错的试题都会被自动保存到错题库中，便于对自己做错的试题进行分析总结或强化记忆。而且，其还可以为每一道错题添加解题心得。错题重组卷也是 VIPExam 数据库独有的学习功能，可以定期将自己答错过的试题重新组成一套试卷供自己测试，以检验自己对相关知识点的掌握程度。网址为 http://www.vipexam.org。

（2）智课教育英语学练改管在线学习平台

智课教育英语学练改管在线学习平台包括托福、雅思、GRE、GMAT 等六大出国考试及考研英语、英语四六级等三大国内英语考试，还提供外教在线写作、口语批改一对一等特色服务。外教在线批改服务为人工诊断和批改服务，读者可获得一对一人工口语学习辅导，通过网络提交口语和作文，外教逐一诊断、批改、纠错、点评。外教一对一批改服务限制五个并发量，无次数限制。网址为 http://www.smartpigai.com。

（3）博学易知考研数据库

博学易知学习平台提供网络教学、网络学习、网络考试一站式服务，包括名师讲堂、名校宝典、考前指导、考研视界、在职人员考试、小语种考研、英语四六级七大类考研视频资源。考研视界包含考研数学、考研英语、考研政治、管理类综合、经济类综合、计算机、教育学、历史学、法律硕士、公共卫生硕士、保险硕士、心理学、金融硕士、翻译硕士、经济学、管理学、教育硕士等考研课程。网址为 http://www.twbxyz.com。

（4）起点考研网

起点考研网考研公共课程包括政治、英语一、英语二、数学一、数学二、数学三。统考专业课程包括计算机、教育学、心理学、法律硕士、历史学、农学、西医综合；非统考专业包括金融硕士、翻译硕士、管理学、经济学。网址为 http://www.yjsexam.com。

思考题

1. 四大全球性大学排名是指哪四个?
2. 考试类信息资源有哪些? 请列举三个。
3. 银符考试题库中涉及研究生升学考试的有哪些资源?

4.6　就业信息资源

当前信息时代背景下，大学生就业信息一般来源网络，通过各种网络平台提交简历，与用人单位沟通交流，从而获得工作机会。就业信息资源的获取一般有以下几个途径：就业主管部门发布的就业信息、行业发布的信息、就业数据库、专门的就业网站及目前比较流行的微信等自媒体平台。

4.6.1　就业主管部门发布的信息资源

就业主管部门可分为国家级、省市级及高校三个层面。

1. 国家级就业主管部门

国家级层面的就业主管部门包括教育部、人力资源和社会保障部等，负责发布国家的就业形势、就业政策及大型的招聘活动、专项就业计划等。例如，人力资源和社会保障部发布的《关于做好 2017 年全国高校毕业生就业创业工作的通知》，即为当前严峻的就业形势下大学毕业生就业创业提供了政策支持。下面是几个重要的国家级就业信息资源：

中国人力资源市场网	http://www.chrm.gov.cn
中国国家人才网	http://www.newjobs.com.cn
中国就业网	http://www.lm.gov.cn
大学生就业网-新职业	http://www.ncss.org.cn

2. 省市级就业主管部门

省市级的就业主管部门主要是省市教育与人事部门。省市级就业主管部门每年会组织大型的招聘活动，多关注其就业网站，可以了解该省市的人才需求状况、就业政策等信息。部分省市级的就业网站如下：

北京高校毕业生就业信息网	http://www.bjbys.net.cn
上海学生就业创业服务网	http://www.firstjob.com.cn
浙江省大学生网上就业市场	http://www.ejobmart.cn
新疆公共就业服务网	http://www.xjggjy.cn
河南省毕业生就业信息网	http://www.hnbys.gov.cn

3. 高校的就业指导中心

几乎所有高校都建立了专门的就业平台。平台上会发布大量的针对本校毕业生的就业信息，包括校园内双选会及专场招聘信息、网络招聘信息等，该信息权威性强、适用性高，是本校毕业生最重要的就业信息来源。

4.6.2　以就业去向为主线的信息查找

毕业生可根据自己的专业情况及工作意向，选择自己的就业去向，通常包括国家机关、事业单位、企业、自主创业等。

1. 国家机关、事业单位的招聘信息

有意向在国家机关、事业单位就业的毕业生，可登录相应网站查看招聘信息。部分国家机关、事业单位的网站有以下几个：

人力资源和社会保障部	http://www.mohrss.gov.cn
国家公务员局	http://www.scs.gov.cn
中国人事考试网	http://www.cpta.com.cn
教育部直属事业单位公开招聘平台	http://www.ncss.org.cn/moe
清华大学招聘网	http://zhaopin.rsc.tsinghua.edu.cn

2. 企业招聘信息资源

企业信息可通过企业官网、行业大型招聘网站查看。例如，中国石油人才网基本上覆盖了所有石油相关企业的招聘信息。部分网站如下：

中国石油人才网	http://www.oiljob.cn
中国石油天然气集团高校毕业生招聘平台	http://zhaopin.cnpc.com.cn
中国石油化工集团人才招聘网站	http://job.sinopec.com
中国中小企业信息网	http://www.sme.gov.cn
阿里巴巴集团招聘	https://job.alibaba.com
宇通客车招聘网	http://www.yutong.com/joinus

3. 大学生自主创业

当前国家大力倡导自主创业，有意向自主创业的毕业生需要多关注国家、地区及高校的优惠政策。例如，人力资源和社会保障部发布的《关于做好2017年全国高校毕业生就业创业工作的通知》强调要综合运用税收优惠、创业担保贷款、就业创业服务补贴、经营场所租金补贴等创业扶持政策，做好创业服务工作；教育部也为学生创新创业提供制度支持，在学制、专业、学分方面提供支持；学校也在为大学生创业助力，包括提供经费支持、建立创业档案、设置创业加分等。

4.6.3　著名就业网站选介

1. 应届毕业生类

应届生求职网	http://www.yingjiesheng.com
应届毕业生网	http://www.yjbys.com

校联人才网	http://www. job9151.com
高校人才网	http://www.gaoxiaojob.com

2. 专业人才招聘网

前程无忧（Nasdaq：JOBS）	http://www.51job.com
智联招聘网	http://www.zhaopin.com
中华英才网	http://www.chinahr.com
LinkedIn （领英）	https://www.linkedin.com
中国人才热线	http://www.cjol.com
拉勾网	https://www.lagou.com
大街网	https://www.dajie.com
猎聘网	https://www.liepin.com
卓博人才网	http://www.jobcn.com

4.6.4　其他就业资源

1. 森图就业与创业数字图书馆

森图就业数字图书馆以引导大学生正确认识自身就业能力、就业环境与现状为目的，为大学生提供从职业探索、职业定位、知识准备、职业学习，直到职业实践的全程化就业知识服务。网址为 http://jy.sentuxueyuan.com。

森图创业数字图书馆立足于让学生在知识、能力、性格各方面获得综合性提升。提供创业相关视频、资讯、计划书、案例、创业政策法规、创业测评、项目可行性分析、工商注册登记、企业经营模拟等内容。网址为 http://cyxy.sentuxueyuan.com。

2. 自媒体就业信息资源

目前，微信、微博等平台拥有巨大的用户群，信息传播极为便利，就业微信等受到了就业者的青睐，很多政府机构、高校及地方就业机构均建设了就业官方微信，定期发布就业信息。例如，北京市人力资源和社会保障网“百姓就业”（公众号 baixingjiuye）、“新疆人才就业”“济南大学生就业”“晋源就业”“宁师就业”“交大就业”等微信公众平台。

另外，一些行业微信公众号也汇总、发布本行业的就业信息。例如“矿业界”不定期发布采矿、冶金、地质领域的就业信息，“石油人”不定期发布各油田的招聘信息，“图情招聘”专门收集和发布图书情报领域的招聘信息。

思考题

1. 就业信息的获取途径有哪些？
2. 国家级层面的就业主管部门包括哪些？
3. 如何利用手机及时获取就业信息？

第5章　网络学科资源导航及相关免费资源选介

5.1　电子、通信、计算机类学科资源导航

5.1.1　电子类学科资源导航

1. 国内外专业学会、协会及其网站

中国电子学会	http://www.cie-info.org.cn
中国电源学会	http://www.cpss.org.cn
中国电工技术学会	http://www.ces.org.cn
美国电气与电子工程师协会	https://www.ieee.org/index.html
英国工业技术协会	http://www.theiet.org/index.cfm?

2. 国内外专业研究机构、科研院所

国家工业信息安全发展研究中心	http://www.etiri.com.cn
中国电子信息产业发展研究院	http://www.ccidgroup.com
中国电子科技集团公司电子科学研究院	http://www.caeit.cn
中国科学院电子学研究所	http://www.ie.ac.cn
电子科技大学	http://www.uestc.edu.cn
北京邮电大学	http://www.bupt.edu.cn
国际微电子组装和包装协会	http://www.imaps.org

3. 国内外专业电子期刊网站

电子学报	http://www.ejournal.org.cn/CN/volumn/current.shtml
电子测量与仪器学报期刊	http://jemi.etmchina.com/jemi
半导体学报	http://www.jos.ac.cn/bdtxbcn/ch/index.aspx
电子元件与材料	http://www.cnelecom.net
核电子学与探测技术	http://www.hdzxytcjs.cn
电子与信息学报	http://jeit.ie.ac.cn/CN/volumn/home.shtml

微电子学与计算机	http://micro-com.toug.com.cn
电力电子技术	http://www.dldzjs.com/xx
Journal of Computer and Communications	http://www.scirp.org/journal/jcc
The JOURNAL OF COMMUNICATIONS AND NETWORKS	http://www.jcn.or.kr/home/eng
COMMUNICATIONS NEWS	http://www.comnews.com/web/home.php

4. 国内外其他专业资源

电子工程世界	http://eeworld.com.cn.CN
中国电子 DIY	http://www.ndiy.cn/forum.php
电子信息网	http://www.elecinfo.com
中国电子网	http://www.21ic.com
电子爱好者	http://www.etuni.com
IMEC	http://www.imec-int.com/en/home
恩智浦半导体	http://www.nxp.com/cn
IEL 数据库	http://ieeexplore.ieee.org/Xplore/home.jsp
The WWW Virtual Library-Electrical and Electronics Engineering	http://webdiee.cem.itesm.mx/wwwvlee

5.1.2 通信类学科资源导航

1. 国内外专业学会、协会及其网站

中国无线电协会	http://www.rachina.org.cn
中国通信标准化协会	http://www.ccsa.org.cn
中国通信学会	http://www.china-cic.cn
国际电信联盟	http://www.itu.int/en/Pages/default.aspx
美国通信工业协会	http://www.tiaonline.org
全球移动通信系统协会	http://www.gsma.com

2. 国内外专业研究机构、科研院所

中国信息通信研究院	http://www.catr.cn
中国移动通信集团设计院有限公司	http://www.cmdi.chinamobile.com
中国科学院信息工程研究所	http://www.iie.ac.cn
中国移动	http://www.10086.cn
清华大学	http://www.tsinghua.edu.cn
北京大学	http://www.pku.edu.cn
电子科技大学	http://www.uestc.edu.cn

西安电子科技大学 http://www.xidian.edu.cn
北京邮电大学 http://www.bupt.edu.cn
美国贝尔实验室 http://www.belllabs.com
麻省理工学院 http://www.mit.edu

3. 国内外专业电子期刊网站

通信学报 http://www.infocomm-journal.com/txxb/CN/1000-436X/home.shtml
高技术通讯 http://www.hitech863.com/gjstxcn/ch/index.aspx
信号处理 http://www.signalpro.org.cn/index.htm
微波学报 http://www.mwjournal.org/ch/index.aspx

4. 国内外其他专业资源

中华人民共和国工业和信息化部 http://www.miit.gov.cn/index.html
华为技术有限公司 http:/ /www.huawei/com/cn
通信世界网 http://www.cww.net.cn
中国通信网 http://www.c114.com.cn
通信世界网 http://www.cww.net.cn
英国电信集团 BT Group http://home.bt.com
美国电话电报公司 https://www.att.com
美国苹果公司 http://www.apple.com/cn
美国高通公司 https://www.qualcomm.com
国际通信卫星组织总公司 http://www.intelsatgeneral.com
欧洲通信卫星组织 http://www.etsi.org

5.1.3 计算机类学科资源导航

1. 国内外专业学会、协会及其网站

中国计算机学会 http://www.ccf.org.cn
中国互联网协会 http://www.isc.org.cn
中国软件行业协会 http://www.csia.org.cn
中国人工智能协会 http://caai.cn
国际互联网协会 http://www.internetsociety.org
国际密码研究协会 http://www.iacr.org
美国计算机学会 http://www.acm.com
IEEE 计算机学会（IEEE-CS） https://www.computer.org/csdl
美国人工智能协会 http://www.aaai.org/home.html

2. 国内外专业研究机构、科研院所

中国科学院计算技术研究所 http://www.ict.ac.cn

联想集团	http://www.lenovo.com.cn
中国台湾华硕电脑股份有限公司	http://www.asus.com.cn
北京邮电大学	http://www.bupt.edu.cn
电子科技大学	http://www.uestc.edu.cn
中国国防科技大学	http://www.nudt.edu.cn
CSDN	http://www.csdn.net
美国科学信息研究所（ISI）	http://www.isi.edu/home
美国软件工程研究所	http://www.sei.cmu.edu
IBM（国际商业机器公司）	http://www.ibm.com
美国超微半导体公司	http://www.amd.com
微软公司	https://www.microsoft.com
美国宾夕法尼亚大学	http://www.upenn.edu
卡内基梅隆大学软件学院	http://www.cmu.edu

3. 国内外专业电子期刊网站

PCMag：电脑计算机杂志网	http://www.pcmag.com
计算机学报	http://cjc.ict.ac.cn
计算机辅助设计与图形学学报	http://jcad.ict.ac.cn
计算机工程与科学	http://www.joces.org.cn/CN/volumn/current.shtml
计算机研究与发展	http://crad.ict.ac.cn/CN/volumn/home.shtml
软件学报	http://www.jos.org.cn/ch/index.aspx

4. 国内外其他专业资源

IT 技术网	http://www.itjs.cn
中国 IT 实验室	http://www.chinaitlab.com
中国人工智能网	http://www.techai.net
中国计算机学会数字图书馆	http://www.ccf.org.cn/sztsg
开源中国	https://www.oschina.net
中国互联网络信息中心	http://www.cnnic.com.cn
TheServerSide	http://www.theserverside.com
WASC	http://www.webappsec.org
Experts-Exchange	https://www.experts-exchange.com
Sourceforge	https://sourceforge.net
TheServerSide	http://www.theserverside.com
Edmodo	https://www.edmodo.com

思考题

中国电子信息产业发展研究院提供的主要服务有哪些？

5.2 机械、自动化、仪器类资源导航

5.2.1 机械学科导航

1. 国内外专业学会、协会及其网站

中国机械工程学会（CMES）	http://www.cmes.org
中国机械工业联合会（CMIF）	http://cmif.mei.net.cn
中国工程机械工业协会（CCMA）	http://www.cncma.org
美国机械工程师学会（ASME）	http://www.asme.org
英国机械工程师协会（IMechE）	http://www.imeche.org
加拿大机械工程师协会（CSME）	http://www.csme-scgm.ca
国际自动机工程师学会（SAE International）	http://www.sae.org

2. 国内外专业研究机构、科研院所

机械科学研究总院	http://www.cam.com.cn
天津工程机械研究院	http://www.cm518.com
中国科学院长春光学精密机械与物理研究所	http://www.ciomp.ac.cn
清华大学机械工程学院	http://www.sme.tsinghua.edu.cn
东南大学机械工程学院	http://me.seu.edu.cn
上海交通大学机械与动力工程学院	http://me.sjtu.edu.cn
麻省理工学院机械工程系	http://meche.mit.edu
斯坦福大学机械工程系	http://me.stanford.edu
剑桥大学工程系	http://www.eng.cam.ac.uk
加利福尼亚大学伯克利分校工程系	http://engineering.berkeley.edu
帝国理工学院机械工程系	http://www.imperial.ac.uk/mechanical-engineering

3. 国内外专业电子期刊网站

机械工程学报	http://www.cjmenet.com.cn
机械工程学报（英文版）	http://www.cjmenet.com
ASME 期刊	http://asmedigitalcollection.asme.org
OSA 美国光学学会期刊	http://www.osapublishing.org/about.cfm
SPIE 国际光学学会期刊	http://journals.spiedigitallibrary.org/journals.aspx

4. 国内外其他专业资源

全球机械文献资源网	http://www.gmachineinfo.com
机械行业网站导航	http://www.mapeng.org
中国机械工程网	http://www.31gcjx.com
中国机械网	http://www.jx.cn
中国机械信息网	http://www.cn-machine.net
机经网	http://www.mei.net.cn
ASME Digital Collection	http://asmedigitalcollection.asme.org
OSA 美国光学学会数据库	http://www.osapublishing.org/china
SPIE 国际光学学会数据库	http://spiedigitallibrary.org

5.2.2　自动化学科导航

1. 国内外专业学会、协会及其网站

中国自动化学会（CAA）	http://www.caa.org.cn
国际自动化协会（ISA）	http://www.isa.org
国际自动控制联合会（IFAC）	http://www.ifac-control.org
电气与电子工程师协会	http://www.ieee.org/index.html
英国工程技术学会（IET）	http://www.theiet.org.cn
德国电气工程师协会（VDE）	http://www.vde.com/de

2. 国内外专业研究机构、科研院所

中国科学院自动化研究所	http://www.ia.cas.cn
中国科学院沈阳自动化研究所	http://www.sia.cn
北京机械工业自动化研究所有限公司	http://www.riamb.ac.cn
东北大学机械工程与自动化学院	http://www.me.neu.edu.cn
清华大学自动化系	http://www.au.tsinghua.edu.cn
上海交通大学电子信息与电气工程学院	http://www.seiee.sjtu.edu.cn
麻省理工学院电气工程及计算机科学系	http://www.eecs.mit.edu
斯坦福大学电气工程系	http://ee.stanford.edu
加利福尼亚大学伯克利分校工程系	http://engineering.berkeley.edu
剑桥大学工程系	http://www.eng.cam.ac.uk
苏黎世联邦理工学院信息技术与电气工程系	http://www.ee.ethz.ch
法国国家信息与自动化研究所	http://www.inria.fr

3. 国内外专业电子期刊网站

自动化学报	http://www.aas.net.cn

控制与决策	http://kzyjc.alljournals.cn
IEEE 期刊	http://ieeexplore.ieee.org/browse/periodicals/title
IFAC 期刊	http://www.ifac-control.org/publications/journals

4.国内外其他专业资源

中国工控网	http://www.chinakong.com
中华工控网	http://www.gkong.com
控制全球网	http://www.controlglobal.com
国际工业自动化网	http://www.iianews.com
自动化世界网	http://www.automationworld.com
IEL 数据库	http://ieeexplore.ieee.org/Xplore/home.jsp
ACM 数字图书馆	http://dl.acm.org

5.2.3 仪器学科导航

1. 国内外专业学会、协会及其网站

中国仪器仪表学会（CIS）	http://www.cis.org.cn
中国仪器仪表行业协会（CIMA）	http://www.cima.org.cn
国际自动化协会（ISA）	http://www.isa.org
电气与电子工程师协会（IEEE）	http://www.ieee.org
美国光学学会（OSA）	http://www.osa.org
国际光学学会（SPIE）	http://spie.org

2.国内外专业研究机构、科研院所

上海地学仪器研究所	http://www.gi200.com
沈阳仪表科学研究院有限公司	http://www.hb-sais.com
上海工业自动化仪表研究院	http://219.233.231.52/sipaiweb
机械工业仪器仪表综合技术经济研究所	http://www.itei.cn
上海光学仪器研究所	http://www.fabricstest.com
天津大学精密仪器与光电子工程学院	http://jyxy.tju.edu.cn
清华大学机械工程学院	http://www.sme.tsinghua.edu.cn
哈尔滨工业大学电气工程及自动化学院	http://hitee.hit.edu.cn
麻省理工学院电气工程及计算机科学系	http://www.eecs.mit.edu
斯坦福大学电气工程系	http://ee.stanford.edu
加利福尼亚大学伯克利分校工程系	http://engineering.berkeley.edu
剑桥大学工程系	http://www.eng.cam.ac.uk

苏黎世联邦理工学院信息技术与电气工程系	http://www.ee.ethz.ch

3. 国内外专业电子期刊网站

仪器仪表学报	http://yqyb.etmchina.com
光学精密工程	http://www.eope.net
电子测量与仪器学报	http://jemi.etmchina.com/jemi
Instrumentation Science & Technology	http://www.tandfonline.com/toc/list20/current

4. 国内外其他专业资源

仪器信息网	http://www.instrument.com.cn
中国测控网	http://www.ck365.cn
中国仪器仪表网	http://www.21yibiao.com
中国电工仪器仪表信息网	http://www.tc104.org
ABB 集团	http://new.abb.com/cn
霍尼韦尔国际公司	http://www.honeywell.com.cn
美国艾默生电气公司	http://www2.emerson.com/zh-cn
OSA 美国光学学会数据库	http://www.osapublishing.org/china
SPIE 国际光学学会数据库	http://spiedigitallibrary.org
ASME Digital Collection	http://asmedigitalcollection.asme.org
IOP 英国物理学会数据库	http://iopscience.iop.org

思考题

1. 全球机械文献资源网是哪个单位创建的综合性网站，涉及哪些专业？
2. 请简要介绍自动化学科国内外专业协会或学会各一个。
3. 中国仪器仪表学会主办了哪几种期刊？

5.3　能源、动力、电气类资源导航

5.3.1　能源类资源导航

1. 国内外专业学会、协会及其网站

中国能源研究会	http://www.cers.org.cn
中国可再生能源学会	http://cres.solarbe.com
世界能源理事会	https://www.worldenergy.org

国际能源经济学会（IAEE）	http://www.iaee.org
美国能源协会（USEA）	https://www.usea.org

2. 国内外专业研究机构、科研院所

（1）美国能源部

美国能源部（DOE）主要负责美国联邦政府能源政策制定、能源行业管理、能源相关技术研发等，是美国联邦政府在基础科学研究方面最主要的管理和资助机构，下设24个国家实验室和技术中心，如世界一流的橡树岭国家实验室、阿贡国家实验室等都归能源部管辖，超过3万名科学家在这些实验室和技术中心从事前沿研究。网址为https://www.energy.gov。

（2）其他专业研究机构、科研院所

国家发展和改革委员会能源研究所	http://www.eri.org.cn/index.php
中国能源战略研究院	http://www.cup.edu.cn/aces
清华大学	http://www.tsinghua.edu.cn
华中科技大学	http://www.hust.edu.cn
西安交通大学	http://www.xjtu.edu.cn
剑桥大学	http://www.cam.ac.uk
斯坦福大学	https://www.stanford.edu
加利福尼亚大学伯克利分校	http://www.berkeley.edu

3. 国内外专业电子期刊网站

石油勘探与开发	http://www.cpedm.com/CN/volumn/home.shtml
石油学报	http://www.syxb-cps.com.cn/CN/volumn/current.shtml
石油与天然气地质	http://ogg.pepris.com/CN/volumn/home.shtml
Journal of Energy Engineering	http://pubs.acs.org/toc/enfuem/0/ja
Applied Energy	https://www.journals.elsevier.com/applied-energy
Journal of the Institute of Energy	https://www.journals.elsevier.com/journal-of-the-energy-institute
Energy Conversion and Management	https://www.journals.elsevier.com/energy-conversion-and-management

4. 国内外其他专业资源

中国能源网	http://www.china5e.com/energy-data
能源综合数据库	http://db.energy.ckcest.cn
EBSCO Energy & Power Source	https://www.ebscohost.com/corporate-research/energy-power-source

国际能源机构（IEA）统计数据库　http://www.oecd-ilibrary.org/statistics

5.3.2　动力类资源导航

1. 国内外专业学会、协会及其网站

（1）中国动力工程学会

中国动力工程学会是全国动力工程科技工作者的学术性群众团体，是中国科学技术协会的组成部分。中国动力工程学会是以发电热动力机械设备的研究、设计、制造为中心的多专业的综合性学会。其主办出版《动力工程》《工厂动力》《工业煤气》《热力透平》等多种期刊。网址为 http://cspe.cpeweb.com.cn。

（2）其他国内外专业学会、协会

美国机械工程师协会	https://www.asme.org
德国工程师协会	https://www.vdi.de
日本机械学会	https://www.jsme.or.jp

2. 国内外专业研究机构、科研院所

清华大学热能工程研究所	http://www.te.tsinghua.edu.cn/publish/te/index.html
西安交通大学动力工程多相流国家重点实验室	http://mfpe.xjtu.edu.cn
华中科技大学热能与动力工程研究所	http://energy.hust.edu.cn/szdw/rnydlgcyjs.htm
中国科学院海西动力工程研究所	http://www.fjirsm.ac.cn/hxy/dls
Moscow Power Engineering Institute	http://www.mpei.ru

3. 国内外专业电子期刊网站

动力工程学报	http://jcspe.speri.com.cn/CN/volumn/current.shtml
内燃机学报	http://www.transcsice.org.cn
热能动力工程	http://rndlgc.qikann.com
Progress in Energy and Combustion Science	https://www.journals.elsevier.com/progress-in-energy-and-combustion-science
International Journal of Heat and Mass Transfer	https://www.journals.elsevier.com/international-journal-of-heat-and-mass-transfer
International Journal of Multiphase Flow	https://www.journals.elsevier.com/international-journal-of-multiphase-flow

4. 国内外其他专业资源

中国动力工程网	http://www.cpeweb.com.cn
动力之家	http://www.donglizhijia.com/portal.php

5.3.3 电气类资源导航

1. 国内外专业学会、协会及其网站

（1）美国电气与电子工程师协会

美国电气与电子工程师协会（IEEE）成立于 1963 年，是一个国际性的电子技术与信息科学工程师的协会，是目前全球最大的非营利性专业技术学会之一。IEEE 致力于电气、电子、计算机工程和与科学有关的领域地开发和研究，在太空、计算机、电信、生物医学、电力及消费性电子产品等领域已制定了 900 多个行业标准，现已发展成为具有较大影响力的国际学术组织。网址为 http://www.ieee.org/index.html。

（2）其他学会或协会

中国电工技术学会	http://www.ces.org.cn
中国电力规划设计协会	http://www.ceppea.net
中国电机工程学会	http://www.csee.org.cn/zh-cn
世界电气工业协会（ECIA）	https://www.ecianow.org
国际电工委员会（IEC）	http://www.iec.ch

2. 国内外专业研究机构、科研院所

中国科学院电工研究所	http://www.iee.ac.cn
中国电力科学研究院	http://www.epri.sgcc.com.cn
清华大学	http://www.tsinghua.edu.cn
华中科技大学	http://www.hust.edu.cn
西安交通大学	http://www.xjtu.edu.cn
爱迪生电力研究所（EEI）	http://www.eei.org
美国电力研究所（EPRI）	https://www.epri.com
日本电气安全环境研究所（JET）	http://www.jet.or.jp
麻省理工学院	http://www.mit.edu
斯坦福大学	https://www.stanford.edu

3. 国内外专业电子期刊网站

中国电机工程学报	http://www.pcsee.org/CN/volumn/home.shtml
电工技术学报	http://www.ces-transaction.com/CN/volumn/home.shtml
电力系统自动化	http://www.aeps-info.com/aeps/ch/index.aspx
IEEE Transactions on Power Systems	http://ieeexplore.ieee.org/xpl/RecentIssue.jsp?reload=true&punumber=59
IEEE Transactions on Power Electronics	http://ieeexplore.ieee.org/xpl/RecentIssue.jsp?reload=true&punumber=63

IEEE Transactions on Dielectrics and Electrical Insulation	http://ieeexplore.ieee.org/xpl/RecentIssue.jsp?punumber=94

4. 国内外其他专业资源

中国电力网	http://www.chinapower.com.cn
电气自动化技术网	http://www.dqjsw.com.cn
筑龙电气网	http://dq.zhulong.com
北极星电力网	http://www.bjx.com.cn
电气时代网	http://www.eage.com.cn
国际电力网	http://power.in-en.com

思考题

1. 能源类国内外学会、协会有哪些？
2. 中国动力工程学会主办有哪些期刊？
3. 电气类有哪些国内外电子期刊？

5.4　物理、数学、信息及系统科学类资源导航

5.4.1　物理资源导航

1. 国内外专业学会、协会及其网站

中国物理学会	http://www.cps-net.org.cn
国际纯粹与应用物理学联合会	http://iupap.org
亚太物理学会联合会	http://www.aapps.org
美国物理学会	http://www.aps.org
英国物理学会	http://www.iop.org
欧洲核子研究中心	http://home.cern

2. 国内外专业研究机构、科研院所

中国科学院物理研究所	http://www.iop.cas.cn
中国科学院近代物理研究所	http://www.imp.cas.cn
北京大学物理学院	http://www.phy.pku.edu.cn
南京大学物理学院	http://physics.nju.edu.cn
力学研究所	http://www.imech.ac.cn
美国物理联合会	https://www.aip.org
麻省理工学院物理系	http://web.mit.edu/physics

斯坦福大学物理系	https://physics.stanford.edu
加利福尼亚理工学院物理、数学和天文学系	http://www.pma.caltech.edu
哈佛大学物理系	http://www.physics.harvard.edu
普林斯顿大学物理系	http://physics.princeton.edu
剑桥大学物理系	http://www.phy.cam.ac.uk
牛津大学物理系	http://www.physics.ox.ac.uk
康奈尔大学物理系	http://www.physics.cornell.edu/home

3. 国内外专业电子期刊网站

物理学报	http://wulixb.iphy.ac.cn/CN/volumn/home.shtml
美国物理联合会电子期刊	http://www.scitation.org
英国皇家物理学会电子期刊	http://iopscience.iop.org
美国科学院院报	http://www.pnas.org

4. 国内外其他专业资源

中国物理学会期刊网	http://www.cpsjournals.cn
ComPADRE	http://www.compadre.org
Arxiv	http://arxiv.org
国家科学数字图书馆	https://nsdl.oercommons.org
物理世界	http://physicsworld.com
国家科学数字图书馆	https://nsdl.oercommons.org

5.4.2 数学类资源导航

1. 国内外专业学会、协会及其网站

中国数学会	http://www.cms.org.cn
美国数学学会	http://www.ams.org
欧洲数学学会	http://www.euro-math-soc.eu
国际数学联盟	http://www.mathunion.org
伦敦数学学会	https://www.lms.ac.uk

2. 国内外专业研究机构、科研院所

中国科学院数学与系统科学研究院	http://www.amss.ac.cn
陈省身数学研究所	http://www.cim.nankai.edu.cn
北京大学数学科学学院	http://www.math.pku.edu.cn
复旦大学数学科学学院	http://math.fudan.edu.cn
南开大学数学科学学院	http://sms.nankai.edu.cn

武汉大学数学与统计学院	http://maths.whu.edu.cn
清华大学数学科学系	http://math.tsinghua.edu.cn
美国国家数学科学研究所	http://www.msri.org
哈佛大学数学系	http://www.math.harvard.edu
剑桥大学数学科学中心	http://www.maths.cam.ac.uk
麻省理工学院数学系	http://www-math.mit.edu
康奈尔大学数学系	http://www.math.cornell.edu

3. 国内外专业电子期刊网站

数学学报	http://actamath.com
应用数学学报	http://www.applmath.com.cn
计算数学	http://www.computmath.com/Jwk_jssx
美国工业和应用数学学会电子期刊	http://epubs.siam.org
欧几里得项目	http://projecteuclid.org

4. 国内外其他专业资源

数学世界	http://mathworld.wolfram.com
陈省身数学研究所数学图书馆	http://www.mathlib.nankai.edu.cn
数学历史文献电子文库	http://ebooks.library.cornell.edu/m/math
数学信息检索	http://www.ams.org/mathscinet
数学文献电子文档网络	http://www.emani.org
美国工业与应用数学会	http://epubs.siam.org
欧洲数学信息服务（EMIS）	http://www.emis.de
《数学评论》（网络版）	http://www.ams.org/mathscinet
数学文摘数据库	http://zmath.lib.tsinghua.edu.cn

5.4.3　信息学科类资源导航

1. 国内外专业学会、协会及其网站

中国中文信息学会	http://www.cipsc.org.cn
中国信息协会	http://www.ciia.org.cn
美国信息科学学会	http://www.asis.org
国际信息科学与工程技术协会	http://www.iaiset.org

2. 国内外专业研究机构、科研院所

中国科学院信息工程研究所	http://www.iie.ac.cn
中国科学技术信息研究所	http://www.istic.ac.cn

斯坦福东方（北京）信息科学研究院	http://www.stfo.cn
中国电子科技集团公司信息科学研究院	http://isa.cetc.com.cn
中国电子科技集团公司电子科学研究院	http://www.caeit.cn
北京大学信息科学技术学院	http://eecs.pku.edu.cn
中国科学技术大学信息科学技术学院	http://sist.ustc.edu.cn
麻省理工学院	http://www.mit.edu
斯坦福大学	http://www.stanford.edu
哈佛大学	http://www.harvard.edu

3. 国内外专业电子期刊网站

中文信息学报	http://jcip.cipsc.org.cn
中国图书馆学报	http://www.jlis.cn/jtlsc/ch/index.aspx
图书情报工作	http://www.lis.ac.cn/CN/model/index.shtml

4. 国内外其他专业资源

科学网信息科学频道	http://www.sciencenet.cn/information
中国互联网络信息中心	http://www.cnnic.cn
计算机世界网	http://www.ccw.com.cn

5.4.4　系统科学类资源导航

1. 国内外专业学会、协会及其网站

中国系统工程学会	http://www.sesc.org.cn
欧亚系统科学研究会	http://www.essra.org.cn
国际系统研究联合会	http://www.ifsr.org
国际系统工程协会	http://www.incose.org
国际系统动力学会	http://www.systemdynamics.org

2. 国内外专业研究机构、科研院所

中国科学院系统科学研究所	http://iss.amss.cas.cn
北京交通大学系统科学研究所	http://trans.njtu.edu.cn/cms/item/12.html
中国科学院大学	http://www.gucas.ac.cn
北京师范大学系统科学学院	http://sss.bnu.edu.cn
国防科技大学信息系统与管理学院系统工程系	http://www.nudt.edu.cn/ArticleShow.asp?ID=35
国际应用系统分析研究所	http://www.iiasa.ac.at

美国圣菲研究所　https://www.santafe.edu
麻省理工学院　http://www.mit.edu
斯坦福大学　http://www.stanford.edu

3. 国内外专业电子期刊网站

系统科学与数学　http://sysmath.com/jweb_xtkxysx/CN/volumn/home.shtml
系统科学与复杂性　http://sysmath.com/jweb_xtkxyfzx
系统工程学报　http://jse.tju.edu.cn
系统工程理论与实践　http://www.sysengi.com/CN/volumn/current.shtml
系统工程与电子技术　http://www.sys-ele.com/CN/model/index.shtml
模糊系统与数学　http://www.mohu.org/zh

4. 国内外其他专业资源

乌杰系统科学网　http://www.wujie.org

5.5　化学、化工、材料与生物制药类资源导航

5.5.1　化学资源导航

1. 国内外专业学会、协会及其网站

中国化学会　http://www.chemsoc.org.cn
国际纯粹与应用化学联合会　https://iupac.org
美国化学学会　https://www.acs.org
英国皇家化学学会　http://www.rsc.org
德国化学家学会　https://www.gdch.de
日本化学会　http://www.csj.jp
澳大利亚皇家化学会　https://www.raci.org.au

2. 国内外专业研究机构、科研院所

中国科学院化学研究所　http://www.iccas.ac.cn
中国科学院长春应用化学研究所　http://www.ciac.jl.cn
中国科学院上海有机化学研究所　http://www.sioc.ac.cn
中国科学院兰州化学物理研究所　http://www.licp.cas.cn
北京大学化学与分子工程学院　http://www.chem.pku.edu.cn
南京大学化学化工学院　http://chem.nju.edu.cn
马克斯·普朗克化学研究所　https://www.mpg.de/153030/chemie

日本理化学研究所	http://www.riken.jp/en
哈佛大学化学和化学生物学系	http://chemistry.harvard.edu
剑桥大学化学系	http://www.ch.cam.ac.uk

3. 国内外专业电子期刊网站

中国化学会期刊平台	http://www.ccspublishing.org.cn
中国化学快报	http://www.chinchemlett.com.cn
高分子学报	http://www.gfzxb.org
Journal of Biological Chemistry	http://www.jbc.org
International Journal. of Electrochemical Science	http://www.electrochemsci.org
Acta Crystallographica Section E	http://journals.iucr.org/e/index.html
BMC Biochemistry	http://bmcbiochem.biomedcentral.com

4. 国内外其他专业资源

上海有机化学所化学数据库	http://202.127.145.134/scdb
SciFinder 数据库	http://scifinder.cas.org
美国化学学会 ACS 数据库	http://pubs.acs.org
英国皇家化学学会 RSC 数据库	http://www.rsc.org/journals-books-databases
Reaxys 数据库	https://www.reaxys.com
Organic Syntheses	http://www.orgsyn.org
The Cambridge Structural Database	https://www.ccdc.cam.ac.uk

5.5.2 化学工程资源导航

1. 国内外专业学会、协会及其网站

中国化工学会	http://www.ciesc.cn
世界化学工程联合会	http://chemengworld.org
欧洲化学工业委员会	http://www.cefic.org
亚太化学工程联盟	http://www.apcche.org
美国化学工程师学会	https://www.aiche.org
美国纳米科学技术学会	http://www.nsti.org
英国化学工程师学会	http://www.icheme.org
加拿大化学工程学会	http://www.cheminst.ca

2. 国内外专业研究机构、科研院所

中国科学院过程工程研究所	http://www.ipe.cas.cn
中国科学院大连化学物理所	http://www.dicp.ac.cn

天津大学化工学院	http://chemeng.tju.edu.cn
北京化工大学化学工程学院	http://chem.buct.edu.cn
弗劳恩霍夫化工技术研究所	https://www.ict.fraunhofer.de/en.html
麻省理工学院化学工程学院	http://web.mit.edu/cheme/index.html
帝国理工大学化学工程系	http://www.imperial.ac.uk/chemical-engineering

3. 国内外专业电子期刊网站

过程工程学报	http://www.jproeng.com
储能科学与技术	http://www.energystorage-journal.com
化工进展	http://www.hgjz.com.cn
化工学报	http://www.hgxb.com.cn
中国表面工程	http://www.csejournal.com
中国化学工学学报	http://www.cjche.com.cn
环境科学研究	http://www.hjkxyj.org.cn
Energies	http://www.mdpi.com/journal/energies
Atmospheric Chemistry and Physics	http://www.atmos-chem-phys.net/volumes.html

4. 国内外其他专业资源

化学工业资源搜索引擎	http://www.chemindustry.com
中国科学院过程所图书馆	http://lib.ipe.ac.cn
化学化工论坛	http://www.chembbs.com.cn
中国聚合物网	http://www.polymer.cn
中国化工网	http://china.chemnet.com
ChemicalBook	http://www.chemicalbook.com
Chemexper Chemical Directory	http://www.chemexper.com

5.5.3 材料科学资源导航

1. 国内外专业学会、协会及其网站

中国材料研究学会	http://www.c-mrs.org.cn
国际材料研究学会联盟	http://www.iumrshq.org
美国材料学会	http://www.mrs.org
美国材料和试验协会	https://www.astm.org
英国材料、矿物和采矿学会	http://www.iom3.org
伊比利亚国际纳米技术实验室	http://inl.int
马克斯·普朗克科学促进会	https://www.mpg.de

2. 国内外专业研究机构、科研院所

中国科学院金属材料研究所	http://www.imr.cas.cn
中国科学院上海硅酸盐研究所	http://www.sic.cas.cn
清华大学材料学院	http://www.mse.tsinghua.edu.cn
北京科技大学材料科学与工程学院	http://mse.ustb.edu.cn
哈尔滨工业大学材料科学与工程学院	http://mse.hit.edu.cn
美国加利福尼亚纳米技术研究院	http://www.cnsi.ucla.edu/research
德国马普钢铁研究所	http://www.msiport.com
德国联邦材料研究与测试研究所	https://www.bam.de
日本国立材料科学研究所	http://www.nims.go.jp
麻省理工学院材料科学与工程系	https://dmse.mit.edu
曼彻斯特大学材料学院	http://www.materials.manchester.ac.uk

3. 国内外专业电子期刊网站

材料期刊网	http://www.jmonline.org
无机材料学报	http://www.jim.org.cn
材料研究学报	http://www.cjmr.org
材料导报	http://www.mat-rev.com
硅酸盐通报	http://gsyt.chinajournal.net.cn
材料热处理学报	http://www.mhtcn.org
建筑材料学报	http://jzclxb.allmaga.net
材料科学与工艺	http://hit.alljournals.cn/mst_cn
Materials Views China	http://www.materialsviewschina.com
npj Computational Materials	http://www.sic.ac.cn/npj_cm
IOM3 学会期刊	http://www.iom3.org/journals
Nature Reviews Materials	http://www.nature.com/natrevmats
Nana Research	http://www.thenanoresearch.com

4. 国内外其他专业资源

中国新材料网	http://www.xcl.net.cn
Total Materia 材料性能数据库	http://apac.totalmateria.com
材料科学领域基础科学数据库	http://www.matsci.csdb.cn:8080
MatWeb 材料物性数据库	http://www.matweb.com
PoLyInfo 高分子材料库	http://polymer.nims.go.jp/index_en.html
CAMPUS 塑料工业材料信息库	http://www.campusplastics.com
Advanced Science News	http://www.advancedsciencenews.com

5.5.4　生物制药资源导航

1. 国内外专业学会、协会及其网站

中国生物工程学会	http://www.biotechchina.org
美国全球生物技术工业组织	https://www.bio.org
国际药物学联合会	http://www.fip.org
英国制药行业协会	http://www.abpi.org.uk
美国药学院联盟	http://www.aaps.org

2. 国内外专业研究机构、科研院所

中国科学院上海药物研究所	http://www.simm.cas.cn
中国医学科学院药物研究所	http://www.imm.ac.cn
中国药科大学生命科学与技术学院	http://sky.cpu.edu.cn
美国斯克利普斯研究所	http://www.scripps.edu
德国皇家生物技术	http://www.royalbiotech.com
日本生物科学研究所	http://www.jbsl-net.com
约翰·霍普金斯大学	https://www.jhu.edu

3. 国内外专业电子期刊网站

中国医药工业	http://www.cjph.com.cn
生物技术通讯	http://swjstx.xueshu.com
药学进展	http://www.cpupps.cn
中国药物化学杂志	http://zgyh.cbpt.cnki.net
药学学报	http://www.yxxb.com.cn:8081/aps
PMC Journals	https://www.ncbi.nlm.nih.gov/pmc/journals
The Biological Bulletin	http://www.journals.uchicago.edu/toc/bbl/current
BMC Pharmacology	http://bmcpharmacoltoxicol.biomedcentral.com
Acta Pharmacologica Sinica	http://www.chinaphar.com
Current Neuropharmacology	https://www.ncbi.nlm.nih.gov/pmc/journals/555
Pharmacological Reports	http://if-pan.krakow.pl/en

4. 国内外其他专业资源

中国生物技术信息网	http://www.biotech.org.cn
美国国家生物技术信息中心	https://www.ncbi.nlm.nih.gov
Pub Med	https://www.ncbi.nlm.nih.gov/pubmed
BIOSIS Previews	http://apps.webofknowledge.com

Medline 数据库	http://apps.webofknowledge.com
Thieme 数据库	https://www.thieme-connect.com
National Bioscience Database Center	https://biosciencedbc.jp/en
Biology Web Directory	http://www.biologydir.com

5.6　地质、矿业、石油、土木、建筑科学资源导航

5.6.1　地质科学资源导航

1. 国内外专业学会、协会及其网站

中国地质学会	http://www.geosociety.org.cn
国际地质科学联合会	http://www.iugs.org
美国石油地质学家学会	http://www.aapg.org

2. 国内外专业研究机构、科研院所

中国地质调查局	http://www.cgs.gov.cn
中国地质科学院	http://www.cags.ac.cn
中国科学院地质与地球物理研究所	http://www.igg.cas.cn
北京大学地球与空间科学学院	http://sess.pku.edu.cn
中国地质大学（北京）	http://www.cugb.edu.cn
美国地质调查局	http://www.usgs.gov
加利福尼亚理工学院地质与行星科学学院	http://www.gps.caltech.edu
科罗拉多大学（博尔德）	http://www.colorado.edu

3. 国内外专业电子期刊网站

中国地学期刊网	http://www.geojournals.cn
AAPG Bulletin	http://aapgbull.geoscienceworld.org
Journal of Sedimentary Research	http://jsedres.geoscienceworld.org
美国 GSA 电子期刊	http://www.gsapubs.org
AGU 电子期刊	http://publications.agu.org/journals

4. 国内外其他专业资源

中国地质图书馆（地学文献中心）	http://www.cgl.org.cn
GeoScienceWorld（GSW）数据库	http://www.geoscienceworld.org

GeoRef（地质学题录）　http://geoscienceworld.org/georef

5.6.2　矿业科学资源导航

1. 国内外专业学会、协会及其网站

中国矿业联合会　http://www.chinamining.org.cn
美国国家矿业学会　http://nma.org
欧洲矿业协会　http://www.euromines.org

2. 国内外专业研究机构、科研院所

北京矿冶研究总院　http://www.bgrimm.com
中国矿业大学（徐州）　http://www.cumt.edu.cn
中南大学　http://www.csu.edu.cn
科罗拉多矿业学院　http://www.mines.edu
麻省理工学院　http://web.mit.edu

3. 国内外专业电子期刊网站

中国矿业报　http://www.zgkyb.com
世界金属导报　http://www.worldmetals.com.cn
中国冶金文摘　http://www.chinametaldigest.cn
中国矿业杂志　http://www.chinaminingmagazine.com

4. 国内外其他专业资源

冶金信息网　http://www.metalinfo.com.cn
中国矿业网　http://www.chinamining.org.cn
中国有色网　http://www.cnmn.com.cn

5.6.3　石油科学资源导航

1. 国内外专业学会、协会及其网站

中国石油学会　http://www.cps.org.cn
美国石油工程师学会　http://www.spe.org
美国石油学会　http://www.api.org
巴西石油天然气协会　http://www.ibp.org.br

2. 国内外专业研究机构、科研院所

中石油勘探开发研究院　http://riped.cnpc.com.cn/riped/index.shtml
中国石化石油勘探开发研究院　http://pepris.sinopec.com/pepris

中国石油大学（北京）	http://www.cup.edu.cn
美国天然气工艺研究院	http://www.gastechnology.org
俄罗斯天然气及技术科学研究院	http://www.vniigaz.gazprom.ru
得州大学（奥斯汀）石油工程专业	http://www.engr.utexas.edu/programs/petroleum
斯坦福大学地球、能源与环境科学学院	http://earth.stanford.edu

3. 国内外专业电子期刊网站

石油期刊集群平台——油气在线	http://www.petroj.cn
Oil & Gas Journal	http://www.ogj.com
Oil Shale	http://www.kirj.ee/oilshale

4. 国内外其他专业资源

石油文摘数据库	http://www.pa.utulsa.edu
OnePetro 数据库	http:// www.onepetro.org
美国能源信息署	http://www.eia.gov

5.6.4　土木科学资源导航

1. 国内外专业学会、协会及其网站

中国土木工程学会	http://www.cces.net.cn
中国岩石力学与工程学会	http://www.csrme.com
美国土木工程师学会	http://www.asce.org
英国土木工程师学会	http://www.ice.org.nk

2. 国内外专业研究机构、科研院所

中国科学院武汉岩土力学研究所	http://www.whrsm.ac.cn
清华大学土木与水利学院	http://www.civil.tsinghua.edu.cn
同济大学土木工程学院	http://civileng.tongji.edu.cn
麻省理工学院土木与环境工程系	http://cee.mit.edu

3. 国内外专业电子期刊网站

ASCE 电子期刊	http://www.asce.org/publications
Civil Engineering	http://www.asce.org/cemagazine

4. 国内外其他专业资源

中国岩土网	http://www.yantuchina.com
国际土木学术网	http://www.ice-edu.org

ICE 虚拟图书馆	http://www.icevirtuallibrary.com
土木工程网	http://www.civilcn.com

5.6.5　建筑科学资源导航

1. 国内外专业学会、协会及其网站

中国建筑学会	http://www.chinaasc.org
中国建筑金属结构协会	http://www.zgjjj.org
英国皇家建筑师学会	http://www.architecture.com
美国建筑师协会	http://www.aia.org

2. 国内外专业研究机构、科研院所

中国建筑科学研究院	http://www.cabr.com.cn
中国建筑设计研究院	http://www.cadreg.cn
清华大学建筑学院	http://www.arch.tsinghua.edu.cn
同济大学建筑与城市规划学院	http://caup.tongji.edu.cn
麻省理工学院建筑与规划学院	http://sap.mit.edu
伦敦大学学院 Bartlett 建筑学院	http://www.ucl.ac.uk/bartlett/architecture

3. 国内外专业电子期刊网站

建筑学报	http://www.aj.org.cn
Architecture Media Magazines	http://architecturemedia.com
Architectural Digest	http://www.architecturaldigest.com

4. 国内外其他专业资源

中国建设科技网	http://www.build.com.cn
中国建筑钢结构网	http://www.ccmsa.com.cn
中国智能建筑信息网	http://www.ib-china.com
英国皇家建筑学会图书馆	http://riba.sirsidynix.net.uk/uhtbin/webcat

思考题

1. 地质学学科重要的学会有哪些？试列举两个。

2. 主要的世界大学学科排名系统有哪几个？试查找地球科学、矿业工程、石油工程、土木工程、建筑学 5 个学科排名在前 10 名的世界大学。

3. 土木工程专业重要的学会组织有哪些？建筑学学科重要的数据库有哪些？

5.7　航空航天、交通运输类资源导航

5.7.1　航空航天类资源导航

1. 国内外专业学会、协会及其网站

（1）中国航空学会

中国航空学会成立于 1964 年 2 月。中国航空学会及各专业分会、地方学会每年均举行各种形式的学术会议。学会及各级组织每年举办的学术会议平均为 50 次左右，交流的论文在千篇以上。中国航空学会出版的期刊有《航空学报》《航空动力学报》《航空材料学报》《航空工程进展》《航空知识》《航空模型》。网址为 http://www.csaa.org.cn。

（2）美国航空航天学会

美国航空航天学会（AIAA），于 1963 年由美国火箭学会和美国宇航科学学会合并而成。发展至今，AIAA 已经是全球最大的致力于航空、航天、国防领域的科学和技术的非政府、非营利的学会。AIAA 还是世界上最大的航空航天出版机构之一，被公认为是早期航空航天文献的重要资源之一，拥有最早可回溯至 20 世纪初的文献。在 70 多年的发展中，AIAA 出版了 1000 多种出版物，包括期刊、杂志、系列图书、美国和国际标准。用户可以在 AIAA Electronic Library 中访问 AIAA 的期刊、会议论文、图书、美国和国际标准等。网址为 https://arc.aiaa.org。

（3）其他学会或协会

中国宇航学会	http://www.csaspace.org.cn
国际航空科学理事会（ICAS）	http://www.icas.org
美国宇航学会（AAS）	http://astronautical.org

2. 国内外专业研究机构、科研院所

（1）美国国家航空航天局

美国国家航空航天局（NASA），是美国联邦政府的一个行政性科研机构。它于 1958 年 10 月 1 日正式成立。在美国国家航空航天局的带领下，美国完成了很多太空探索，包括阿波罗登月任务、天空实验室空间站，以及后来的航天飞机。NASA 华盛顿指挥部为最高管理机构，下设多个研究中心。网址为 https://www.nasa.gov。

（2）其他专业研究机构、科研院所

中国航空研究院	http://www.cae.ac.cn
中国空间技术研究院	http://www.cast.cn
北京航空航天大学	http://www.buaa.edu.cn
国防科学技术大学	http://www.nudt.edu.cn
西北工业大学	http://www.nwpu.edu.cn
哈尔滨工业大学	http://www.hit.edu.cn
南京航空航天大学	http://www.nuaa.edu.cn

麻省理工学院	http://www.mit.edu
加利福尼亚理工学院	http://www.caltech.edu
斯坦福大学	http://www.stanford.edu
剑桥大学	http://www.cams.ac.cn
加利福尼亚大学伯克利分校	http://www.berkeley.edu

3. 国内外专业电子期刊网站

航空学报	http://hkxb.buaa.edu.cn/index.html
空气动力学学报	http://kqdlxxb.cars.org.cn/CN/volumn/home.shtml
推进技术	http://www.tjjs.casic.cn/ch/index.aspx
航空动力学报	http://www.jasp.com.cn/ch/index.aspx
宇航学报	http://www.yhxb.org/CN/volumn/home.shtml
Progress in Aerospace Sciences	https://www.journals.elsevier.com/progress-in-aerospace-sciences
IEEE Transactions on Aerospace and Electronic Systems	http://ieeexplore.ieee.org/xpl/RecentIssue.jsp?reload=true&punumber=7

4. 国内外其他专业资源

（1）简氏信息集团

简氏信息集团成立于 1988 年，由原简氏出版公司、防务市场服务公司（DMS）和国际航空有限公司（ISA）三个情报公司组成，是目前世界上最大的防务、宇航和运输方面的情报机构和出版商。其整合了 32 个军用装备与技术信息资源数据库，从而建成一个综合性的情报中心。每项信息资源在其专业领域均具权威性。网址为 http://www.janes.com。

（2）其他研究机构、数据库

中国民用航空局	http://www.caac.gov.cn/index.html
中国国家航天局	http://www.cnsa.gov.cn
航空在线	http://www.aviationnow.com.cn
航空网	http://www.hangkong.com
中国载人航天官方网站	http://www.cmse.gov.cn
民航特色数据库	http://www.cauc.edu.cn/tsg/list_more_30.html
航空行业标准全文数据库	http://hkbz.lib.buaa.edu.cn
IEEE-AESS 宇航和电子系统数据库	http://ieee-aess.org
欧洲航天局数据库	http://www.esa.int
AV-DATA	http://www.avdata.com.au
Airbus World	http://www.airbusworld.com

5.7.2　交通运输类资源导航

1. 国内外专业学会、协会及其网站

（1）世界轨道交通发展研究会

世界轨道交通发展研究会是由中国铁道学会、中国地方铁路协会、中国城市公共交通协会、中国香港铁路学会、中国交通运输协会运输与物流研究会、中国铁道科学研究院、住房与城乡建设部地铁与轻轨研究中心、西南交通大学、北京交通大学、同济大学、亚洲交通运输学会等单位联合支持创办的首家涵盖国家干线铁路、地方铁路、城市铁路（地铁、轻轨）的综合性行业团体。

（2）世界交通研究会

世界交通研究会（WCTRS）是全球交通运输研究界最具影响力的学术机构之一。WCTRS 涉及的研究主题包括城市规划与交通、城市交通政策、交通环境、道路交通工程、铁路工程、航空运输和水运交通等领域。目前世界交通研究会会员为 1900 名，其中中国成员超过 300 名，会员分别来自全球 70 多个国家。WCTRS 自 1977 年开始每 3 年举办一届全球性学术交流大会——世界交通大会。网址为 http://www.wctrs.org。

（3）其他

中国交通运输协会	http://www.cctanet.org.cn
中国道路运输协会	http://www.crta.org.cn
欧洲交通协会	http://www.forum8.co.jp/topic/kaigai-it84.htm
亚洲交通运输学会	http://www.easts.info
日本交通政策研究会	http://www.nikkoken.or.jp

2. 国内外专业研究机构、科研院所

（1）交通运输部公路科学研究院

交通运输部公路科学研究院主要从事道路、桥梁、交通工程、智能交通、公路运输、汽车运用、公路环保、交通物流等的科学研究与技术开发工作，拥有一批包括中国工程院院士在内的交通行业国内外知名专家。网址为 http://www.rioh.cn/Stencil/002/index.asp。

（2）美国交通研究局

美国交通研究局（TRB）成立于 1920 年，主要任务包括现行交通调查与实践相关的信息交换、共同研究及其他研究程序管理、联邦及其他研究项目相关的国内交通政策问题与指针分析、出版及研究信息收集等。网址为 http://www.trb.org/Main/Home.aspx。

（3）其他

中国铁道科学研究院	http://www.rails.com.cn
交通运输部水运科学研究院	http://www.wti.ac.cn
北京交通大学	http://www.bjtu.edu.cn
西南交通大学	http://www.swjtu.edu.cn
长安大学	http://www.chd.edu.cn

中南大学	http://www.csu.edu.cn
交通运输部科学研究院	http://www.motcats.com.cn
麻省理工学院	http://www.mit.edu
斯坦福大学	http://www.stanford.edu
美国特纳费尔班克公路研究中心	http://www.tfhrc.gov
欧洲国家道路研究中心	http://www.fehrl.org

3. 国内外专业电子期刊网站

中国公路学报	http://zgglxb.chd.edu.cn/CN/volumn/home.shtml
交通运输工程学报	http://transport.chd.edu.cn
中国铁道科学	http://www.rails.com.cn/index.php?id=198
铁道学报	http://www.tdxb.org
桥梁建设	http://qljs.qikann.com
IEEE Transactions on Intelligent Transportation Systems	http://ieeexplore.ieee.org/xpl/RecentIssue.jsp?punumber=6979
Institute of Transportation Engineers	http://www.ite.org/itejournal/default.asp
Journal of Advanced Transportation	http://onlinelibrary.wiley.com/journal/10.1002/（ISSN）2042-3195
Journal of Transportation Engineering	http://ascelibrary.org/journal/jtpedi

4. 国内外其他专业资源

交通运输科技信息资源共享平台	http://www.transst.cn/PlatForm/Default.aspx
交通运输科技资源数据库	http://www.transst.cn/resource/Default.aspx
交通运输专题知识数据库	http://traffic.xianzhiwang.cn
中国交通运输标准服务平台	http://www.yuetong.cn/bzfw/default.aspx
美国 TRIS Online	http://www.trisonline.nl
美国运输部	https://www.transportation.gov
美国联邦公路管理局	https://www.fhwa.dot.gov

思考题

1. AIAA 有哪些期刊和会议论文？
2. 航空航天专业领域国内外有哪些著名大学？
3. 交通运输领域有哪些专业的学会、协会？

5.8 经济、图书情报与档案管理类资源导航

5.8.1 经济学资源导航

1. 国内外专业学会、协会及其网站

中国宏观经济学会	http://csm.macrochina.com.cn
中国金融学会	http://www.zgjrxh.org
中国信息经济学会	http://www.cies.org.cn
国际经济协会	http://www.iea-world.org
美国经济协会	https://www.aeaweb.org
欧洲经济协会	https://www.eeassoc.org

2. 国内外专业研究机构、科研院所

国务院发展研究中心	http://www.drc.gov.cn
中国社会科学院金融研究所	http://ifb.cass.cn
北京大学	http://www.pku.edu.cn
复旦大学	http://www.fudan.edu.cn/index.html
欧洲经济政策研究中心	https://www.ceps.eu
美国国家经济研究局	http://www.nber.org
哈佛大学	http://www.harvard.edu
芝加哥大学	http://www.uchicago.edu

3. 国内外专业电子期刊网站

经济研究	http://www.erj.cn
世界经济	http://manu30.magtech.com.cn/sjjj/CN/volumn/home.shtml
金融研究	http://www.jryj.org.cn/CN/column/column137.shtml
American Economic Review	http://econpapers.repec.org/article/aeaaecrev
Journal of Political Economy	http://www.journals.uchicago.edu/toc/jpe/current
Quarterly Journal of Economics	https://academic.oup.com/qje

4. 国内外其他专业资源

中国经济信息网	http://www.cei.gov.cn

金融界	http://www.jrj.com.cn
MBA 智库百科	http://wiki.mbalib.com/wiki
人大经济论坛	http://bbs.pinggu.org/forum-393-1.html
国研网教育版	http://www.drcnet.com.cn/www/edu
国泰安研究服务中心数据库	http://www.gtarsc.com/Home
中国经济网	http://www.ce.cn
21 经济网	http://www.21jingji.com
经济合作与发展组织	http://www.oecd.org
Altaplana 国际经济学门户	http://altaplana.com/gate.html
IPL-Business and Economics	http://www.ipl.org/IPLBrowse/GetSubject?vid=13&tid=6607& parent=0
Research Papers in Economics（RePEc）	http://repec.org

5.8.2　图书情报与档案管理资源导航

1. 国内外专业学会、协会及其网站

中国图书馆学会	http://www.lsc.org.cn/cn/index.html
中国图书馆学会高等学校图书馆分会	http://www.sal.edu.cn
国际图书馆协会联合会	http://www.ifla.org
美国图书馆协会	http://www.ala.org
美国信息科学与技术协会	https://www.asist.org
美国档案学会	http://www2.archivists.org

2. 国内外专业研究机构、科研院所

中国科学院文献情报中心	http://www.las.ac.cn
国家科技图书文献中心	http://www.nstl.gov.cn
高等教育文献保障系统管理中心	http://www.calis.edu.cn
中国高校人文社会科学文献中心（CASHL）	http://www.cashl.edu.cn/portal
中国科学技术信息研究所	http://www.istic.ac.cn
武汉大学	http://sim.whu.edu.cn
中国人民大学	http://www.irm.cn
联机计算机图书馆中心	http://www.oclc.org/zh-Hans/home.html
日本国立情报学研究所（NII）	http://www.nii.ac.jp
伊利诺伊大学厄本香槟分校	http://ischool.illinois.edu
华盛顿大学	https://ischool.uw.edu

3. 国内外专业电子期刊网站

中国图书馆学报	http://zgts.chinajournal.net.cn
大学图书馆学报	http://www.scal.edu.cn
情报学报	http://qbxb.alljournals.net.cn/ch/index.aspx
档案学研究	http://www.idangan.com/JournalX/Login.action
Mis Quarterly	http://www.misq.org
Scientometrics	http://www.springer.com/business+%26+management/journal/41265
Journal of the American for Informatics Science and Technology	http://www.asist.org/publications/jasist

4. 国内外其他专业资源

中国档案学术网	http://www.idangan.com/CN/model/index.shtml
中华人民共和国国史网	http://www.hprc.org.cn
国家数字文化网	http://www.ndcnc.gov.cn/gongcheng
中国科技情报网	http://www.chinainfo.org.cn
E 线图情	http://www.chinalibs.net
Digital Library Federation	https://www.diglib.org
Emerald Management Xtra	http://www.emeraldinsight.com
Project MUSE 电子期刊（图书馆学及出版学）	http://muse.jhu.edu

思考题

1. 国内专业的经济学期刊有哪些？请列举三种。
2. 国内图书情报与档案管理领域有哪些专业的研究机构？请列举三个。
3. 国外图书情报与档案管理领域有哪些专业的期刊？请列举三个。

5.9 农业、林业、牧业类资源导航

5.9.1 农业科学资源导航

1. 国内外专业学会、协会及其网站

中国农学会	http://www.caass.org.cn
美国农学会	https://www.agronomy.org
欧洲农学会	http://www.european-agronomy.org

2. 国内外专业研究机构、科研院所

中国农业科学院	http://www.caas.net.cn
中国农业机械化研究院	http://www.caams.org.cn
浙江大学原子核农业科学研究所	http://inas.zju.edu.cn
中国农业大学	http://www.cau.edu.cn
南京农业大学	http://www.njau.edu.cn
西南大学	http://www.swu.edu.cn
瓦赫宁根大学及研究中心	http://www.wur.nl
加利福尼亚大学戴维斯分校	https://www.ucdavis.edu
康奈尔大学	http://www.cornell.edu

3. 国内外专业电子期刊网站

中国农业科学	http://www.chinaagrisci.com
土壤学报	http://pedologica.issas.ac.cn/trxb
农业工程学报	http://www.tcsae.org/nygcxb
作物学报	http://zwxb.chinacrops.org

4. 国内外其他专业资源

国家农业科学数据共享中心	http://www.agridata.cn
国家农业图书馆	http://www.nais.net.cn
中国农业科技信息网	http://www.cast.net.cn
农业科技热点网络检测系统	http://yuqing.nais.net.cn:90/om
中国农业信息网	http://www.agri.cn
农搜	http://www.sdd.net.cn
搜农	http://www.sounong.net
中华农业文明网	http://www.icac.edu.cn/html/gyns/hwns/1.html
农业信息搜索引擎	https://www.agnic.org
美国国家农业图书馆	https://www.nal.usda.gov
联合国粮食及农业组织	http://www.fao.org

5.9.2 林业科学资源导航

1. 国内外专业学会、协会及其网站

中国林学会	http://www.csf.org.cn
美国林学会	http://www.eforester.org
加拿大林学会	http://canadianforestry.com/wp/en

2. 国内外专业研究机构、科研院所

中国林业科学研究院	http://www.caf.ac.cn
国际林业研究组织联盟	http://www.iufro.org
南京林业大学竹类研究所	ttp://zls.njfu.edu.cn
国际竹藤中心	http://www.icbr.ac.cn
北京林业大学	http://www.bjfu.edu.cn
东北林业大学	http://www.nefu.edu.cn
华中农业大学	http://www.hzau.edu.cn
瓦赫宁根大学及研究中心	http://www.wur.nl
加利福尼亚大学戴维斯分校	https://www.ucdavis.edu
康奈尔大学	http://www.cornell.edu

3. 国内外专业电子期刊网站

林业科学	http://manu28.magtech.com.cn/lykx
林业科学研究	http://www.lykxyj.com
北京林业大学学报	http://j.bjfu.edu.cn
园艺学报	http://www.ahs.ac.cn

4. 国内外其他专业资源

中国林业信息网	http://www.lknet.ac.cn
国家林业局	http://www.forestry.gov.cn
中国林业新闻网	http://www.greentimes.com
中国林业数据库	http://data.forestry.gov.cn/lysjk/indexJump do?url=view/moudle/index
森林资源数据库	http://www.data.ac.cn/zrzy/G04.asp?name=&pass=&danwei=
草场资源数据库	http://www.data.ac.cn/zrzy/G05.asp?name=&pass=&danwei=
野生动植物资源数据库	http://www.data.ac.cn/zrzy/G06.asp?name=&pass=&danwei=
中国园林网	http://www.chla.com.cn

5.9.3 牧业科学资源导航

1. 国内外专业学会、协会及其网站

中国畜牧兽医学会	http://www.caav.org.cn
中国畜牧业协会	http://org.caaa.org.cn

中国兽医协会	http://www.cvma.org.cn

2. 国内外专业研究机构、科研院所

中国农业科学院北京畜牧兽医研究所	http://www.iascaas.net.cn
四川省畜牧科学研究院	http://www.sasa.cn
中国农业大学	http://www.cau.edu.cn
华中农业大学	http://www.hzau.edu.cn
浙江大学	http://www.zju.edu.cn
四川农业大学	http://www.sicau.edu.cn
西北农林科技大学	http://www.nwsuaf.edu.cn
东北农业大学	http://www.neau.edu.cn
瓦赫宁根大学及研究中心	http://www.wur.nl
加利福尼亚大学戴维斯分校	https://www.ucdavis.edu
康奈尔大学	http://www.cornell.edu

3. 国内外专业电子期刊网站

畜牧兽医学报	http://118.145.16.233/Jweb_xmsy
中国畜牧兽医	http://manu22.magtech.com.cn/Jweb_zgxmsy
中国畜牧杂志	http://www.zgxmzz.cn/WKC3/WebPublication/index.aspx?mid=ZGXM

4. 国内外其他专业资源

中国畜牧网	http://www.chinafarming.com
畜牧人网站	http://www.xumuren.com
中国畜牧兽医信息网	http://www.cav.net.cn
畜牧工程网	http://www.caaa.cn/association/xmgc
中国畜牧业信息网	http://www.caaa.cn
新牧网	http://www.xinm123.com
爱畜牧	http://www.ixumu.com
中国饲料工业信息网	http://www.chinafeed.org.cn
饲料行业信息网	http://www.feedtrade.com.cn
畜牧网	http://www.wattglobalmedia.com
畜牧工程网	http://www.caaa.cn/association/xmgc

5.10 天文、地理、大气、海洋、环境类资源导航

5.10.1 天文学资源导航

1. 国内外专业学会、协会及其网站

中国天文学会	http://astronomy.pmo.cas.cn
国际天文学联合会（IAU）	http://www.iau.org
英国皇家天文学会（RAS）	http://www.ras.org.uk
美国天文学会（AAS）	https://aas.org

2. 国内外专业研究机构、科研院所

中国科学院国家天文台	http://www.nao.cas.cn
中国空间技术研究院	http://www.cast.cn
美国国家光学天文台（NOAO）	https://www.noao.edu
月球与行星实验室（LPL）	https://www.lpl.arizona.edu
南京大学天文与空间科学学院	http://astronomy.nju.edu.cn
麻省理工学院行星科学系	https://eapsweb.mit.edu

3. 国内外专业电子期刊网站

天文研究与技术	http://jart.ynao.ac.cn
Astronomy & Astrophysics	https://mms-aanda.obspm.fr/is/aa
Astronomical Journal	https://aj.msubmit.net

4. 国内外其他专业资源

探月工程数据服务与信息发布系统	http://moon.bao.ac.cn
Astrophysics Data System （ADS）	http://ads.bao.ac.cn

5.10.2 地理类资源导航

1. 国内外专业学会、协会及其网站

中国地理学会	http://www.gsc.org.cn
国际地理联合会（IGU）	http://igu-online.org
英国皇家地理学会（RGS-IBG）	http://www.rgs.org
美国国家地理协会（NGS）	http://www.nationalgeographic.com
国际地貌学家协会（IAG）	http://www.geomorph.org

2. 国内外专业研究机构、科研院所

中国科学院地理科学与资源研究所	http://www.igsnrr.cas.cn
华东师范大学地理科学学院	http://www.geo.ecnu.edu.cn
剑桥大学地理系	http://www.geog.cam.ac.uk

3. 国内外专业电子期刊网站

地理学报	http://www.geog.com.cn
地理研究	http://www.dlyj.ac.cn
National Geographic Magazine	http://www.nationalgeographic.com

4. 国内外其他专业资源

中国国家地理网	http://www.dili360.com
GeoBase	http://geobase.ca

5.10.3　大气类资源导航

1. 国内外专业学会、协会及其网站

中国气象学会	http://www.cms1924.org
国际气象和大气科学协会（IAMAS）	http://www.iamas.org
世界气象组织（WMO）	https://public.wmo.int/en
英国皇家气象学会（RMetS）	https://www.rmets.org
美国气象学会（AMS）	https://www.ametsoc.org/ams
大气研究大学联盟（UCAR）	http://www.ucar.edu

2. 国内外专业研究机构、科研院所

中国气象科学研究院	http://www.camscma.cn
中国科学院大气物理研究所	http://www.iap.cas.cn
美国国家大气研究中心	https://ncar.ucar.edu
南京信息工程大学大气科学学院	http://cas.nuist.edu.cn
麻省理工学院地球、大气与行星科学系	https://eapsweb.mit.edu

3. 国内外专业电子期刊网站

中国科学院大气物理研究所期刊	http://www.dqkxqk.ac.cn
中国气象科学研究院期刊	http://qikan.camscma.cn
中国气象学会期刊	http://www.cmsjournal.net
美国气象学会期刊	http://journals.ametsoc.org

4. 国内外其他专业资源

国家气象科学数据共享服务平台 http://data.cma.cn
NOAA Climate Diagnostics Center https://www.ncdc.noaa.gov
AMS Journals Online http://journals.ametsoc.org

5.10.4 海洋类资源导航

1. 国内外专业学会、协会及其网站

中国海洋学会 http://www.cso.org.cn
中国海洋湖沼学会 http://csol.qdio.ac.cn
国际海洋物理科学协会（IAPSO） http://iapso.iugg.org
政府间海洋学委员会（IOC） http://www.unesco.org

2. 国内外专业研究机构、科研院所

中国科学院海洋研究所 http://www.qdio.cas.cn
国家海洋局海洋发展战略研究所 http://www.cima.gov.cn
美国国家海洋与大气管理局（NOAA） http://www.noaa.gov
英国国家海洋学中心（NOC） http://noc.ac.uk
法国海洋开发研究院（IFREMER） http://wwz.ifremer.fr
中国海洋大学 http://www.ouc.edu.cn
哈佛大学 http://www.harvard.edu

3. 国内外专业电子期刊网站

海洋科学、海洋与湖沼、海洋科学集刊 http://qdhys.ijournal.cn
中国海洋学会期刊 http://www.hyxb.org.cn
Paleoceanography https://paleoceanography-submit.agu.org

4. 国内外其他专业资源

中国 Argo 实时资料中心 http://www.argo.org.cn
中国海洋与气候变化信息网 http://www.cocc.net.cn

5.10.5 环境类资源导航

1. 国内外专业学会、协会及其网站

中国环境科学学会 http://www.chinacses.org
中国生态学学会 http://www.esc.org.cn
美国生态学会（ESA） http://www.esa.org/esa

国际生态经济协会（IEEPA）	http://www.ieepa.org

2. 国内外专业研究机构、科研院所

中国科学院生态环境研究中心	http://www.rcees.ac.cn
中国环境科学研究院	http://www.craes.cn
全球环境研究所	http://www.geichina.org
清华大学环境学院	http://www.tsinghua.edu.cn/publish/env/index.html
加利福尼亚大学伯克利分校土木与环境工程系	http://www.ce.berkeley.edu

3. 国内外专业电子期刊网站

中国环境科学	http://manu36.magtech.com.cn/Jweb_zghjkx/CN/volumn/home.shtml
环境科学	http://www.hjkx.ac.cn
美国生态学会期刊	http://esajournals.onlinelibrary.wiley.com

4. 国内外其他专业资源

资源环境学科信息门户	http://www.resip.ac.cn

思考题

1. 天文学学会或协会有哪些?
2. 有大气学科专业的国外著名大学有哪些?
3. 请列出 3～5 个海洋学科主要专业研究机构、科研院所?

5.11 管理、教育、心理、法律类资源导航

5.11.1 管理学资源导航

1. 国内外专业学会、协会及其网站

中国管理科学学会	http://www.mss.org.cn
中国管理研究国际学会	http://www.iacmr.org
国际管理学会	http://www.imi.edu
美国管理学会	http://aom.org

2. 国内外专业研究机构、科研院所

中国管理科学研究院	http://www.zhongguanyuan.org.cn
清华大学	http://www.tsinghua.edu.cn

麦肯锡咨询公司	http://www.mckinsey.com
哈佛大学	http://www.harvard.edu

3. 国内外专业电子期刊网站

管理世界	http://www.mwm.net.cn
中国行政管理	http://www.cpaj.com.cn
Academy of Management Journal	http://amj.aom.org
Strategic Management Journal	http://onlinelibrary.wiley.com/journal/10.1002/（ISSN）1097-0266

4. 国内外其他专业资源

中国企业家网	http://www.iceo.com.cn
21 世纪网	http://www.21cn.com
USA. gov	https://business.usa.gov
Alliance for Nonprofit Management	http://www.allianceonline.org

5.11.2 教育学资源导航

1. 国内外专业学会、协会及其网站

中国教育学会	http://www.cse.edu.cn
中国高等教育学会	http://www.hie.edu.cn
国际教育学会	http://www.iie.org
国际教育成就评价协会	http://www.iea.nl

2. 国内外专业研究机构、科研院所

中国教育科学研究院	http://www.nies.net.cn
北京师范大学	http://www.bnu.edu.cn
美国国家教育科学研究所	https://ies.ed.gov
伦敦大学	http://www.london.ac.uk

3. 国内外专业电子期刊网站

教育研究	http://www.nies.net.cn/jyyj
教育发展研究	http://www.cnsaes.org/homepage/html/magazine
Educational Studies	http://www.tandfonline.com/loi/ceds20
Journal of Educational Research	http://www.tandfonline.com/loi/vjer20

4. 国内外其他专业资源

中国教育在线	http://www.eol.cn
中国学位与研究生教育信息网	http://www.cdgdc.edu.cn
Education World	http://www.educationworld.com
Special Education Resources on the Internet	http://www.specialednet.com/resources.html

5.11.3 心理学资源导航

1. 国内外专业学会、协会及其网站

中国心理学会	http://www.cpsbeijing.org
中国社会心理学会	http://www.casponline.org.cn
国际应用心理学会	http://www.iaapsy.org
国际心理科学联合会	http://www.iupsys.net

2. 国内外专业研究机构、科研院所

中国科学院心理研究所	http://www.psych.ac.cn
神经心理学中心	http://www.neuropsych.com
北京师范大学	http://www.bnu.edu.cn
哈佛大学	http://www.harvard.edu

3. 国内外专业电子期刊网站

心理学报	http://journal.psych.ac.cn/xlxb/CN/0439-755X/home.shtml
心理科学进展	http://journal.psych.ac.cn/xlkxj/CN/1671-3710/home.shtml
Journal of Behavioral and Brain Sciences	http://www.scirp.org/journal/jbbs
Annual Review of Psychology	http://www.annualreviews.org/journal/psych

4. 国内外其他专业资源

中国心理网	http://www.pchina.cn/Index.shtml
华夏心理	http://www.psychcn.com
Science Watch	http://sciencewatch.com
Edge	https://www.edge.org/conversations/tag/psychology

5.11.4 法学资源导航

1. 国内外专业学会、协会及其网站

中国法学会	https://www.chinalaw.org.cn
中国国际法学会	http://www.csil.cn

国际法学协会	http://www.aisj-ials.com
国际法协会	http://www.ila-hq.org

2. 国内外专业研究机构、科研院所

中国社会科学院法学研究所	http://www.iolaw.org.cn
北京大学法学院	http://www.law.pku.edu.cn
瑞士比较法研究所	http://www.isdc.ch
亚太网络法律研究中心	http://www.apcyber-law.com
马普国际法研究所（Max Planck Institute）	https://www.mpicc.de/en/home.cfm
耶鲁大学	http://www.yale.edu

3. 国内外专业电子期刊网站

法学研究	http://www.faxueyanjiu.com/ch/index.aspx
中国法学	https://www.zgfxqk.org.cn/WKA3/webPublication/index.aspx?mid=zgfx
Harvard Law Review	https://harvardlawreview.org
Yale Law Journal	http://www.yalelawjournal.org

4. 国内外其他专业资源

中国法律信息网（北京大学法学院）	http://www.chinalawinfo.com
法制网	http://www.legaldaily.com.cn
国际法院	http://www.icj-cij.org
美国联邦最高法院	https://www.supremcourt.gov

思考题

1. 国内外专业的管理学期刊有哪些？请至少列举两种。
2. 国内外教育学领域专业网络资源有哪些？请至少列举两种。
3. 国内外心理学领域知名研究机构有哪些？请至少列举两所。
4. 国内外法学领域专业学会、协会有哪些？请至少列举两所。

5.12 人文社科类资源导航

5.12.1 哲学资源导航

1. 国内外专业学会、协会及其网站

中国哲学史学会	http://www.zgscph.org
中国逻辑学会	http://www.cnlogic.net

国际哲学协会联合会　http://wcp2018.pku.edu.cn
国际中国哲学会　http://www.iscp-online.org
美国哲学学会　https://amphilsoc.org
美国哲学协会　http://www.apaonline.org
美国哲学与心理学学会（SPP）　http://www.socphilpsych.org
英国皇家哲学学会　http://royalinstitutephilosophy.org
英国应用哲学学会　http://www.appliedphil.org

2. 国内外专业研究机构、科研院所

中国社会科学院哲学研究所　http://philosophy.cass.cn
北京大学　http://www.phil.pku.edu.cn
北京大学外国哲学研究所　http://www.phil.pku.edu.cn
北京师范大学哲学与社会学学院　http://phil.bnu.edu.cn
复旦大学哲学院　http://philosophy.fudan.edu.cn
华东师范大学哲学系　http://www.philo.ecnu.edu.cn
吉林大学哲学社会学院　http://zsy.jlu.edu.cn
南京大学哲学系·宗教学系　https://philo.nju.edu.cn
南开大学哲学院　http://phil.nankai.edu.cn
清华大学哲学系　http://www.phil.tsinghua.edu.cn
山东大学哲学与社会发展学院　http://www.sps.sdu.edu.cn
武汉大学哲学院　http://philosophy.whu.edu.cn
中国人民大学哲学院　http://phi.ruc.edu.cn
香港中文大学哲学系　http://www.phil.arts.cuhk.edu.hk
法国国家科学研究院　http://www.cnrs.fr
曼彻斯特大学　http://www.manchester.ac.uk
牛津大学　http://www.ox.ac.uk
悉尼大学　http://sydney.edu.au

3. 国内外专业电子期刊网站

哲学动态　http://www.zhexuedongtai.com
哲学研究　http://www.zhexueyanjiu.com
世界哲学　http://philosophy.cssn.cn/zykw/sjzx
The Philosophical Review　http://philreview.dukejournals.org
The Journal of Philosophy　http://www.journalofphilosophy.org
Mind　https://academic.oup.com/mind

4. 国内外其他专业资源

国家哲学社会科学文献中心	http://www.ncpssd.org
中国高校人文社会科学文献中心	http://www.cashl.edu.cn
哲学中国网	http://www.philosophy.org.cn
人民数据—中国共产党文献信息库	http://data.people.com.cn
人大复印报刊资料系列数据库	http://ipub.exuezhe.com
中国社会科学引文索引	http://cssci.nju.edu.cn
社会科学引文索引	http://webofscience.com
人文社会科学会议录引文索引	http://webofscience.com

5.12.2 马克思主义理论资源导航

1. 国内外专业学会、协会及其网站

安徽省马克思主义学会	http://www.ahmarx.cn
法国“马克思园地”全国协会	http://www.espaces-marx.net

2. 国内外专业研究机构、科研院所

中国社会科学院马克思主义研究院	http://myy.cssn.cn
中共中央文献研究室	http://www.wxyjs.org.cn
北京大学	http://www.pku.edu.cn
武汉大学	http://www.whu.edu.cn
中国人民大学	http://www.ruc.edu.cn
马克思主义互联网档案馆	https://www.marxists.org
俄勒冈大学	http://uoregon.edu
伦敦大学	http://www.senatehouselibrary.ac.uk
哥伦比亚大学	http://www.columbia.edu

3. 国内外专业电子期刊网站

求是	http://www.qstheory.cn
马克思主义研究	http://mkszy.qikann.com
马克思主义与现实	http://mkszyyxs.qikann.com
Historical Materialism	http://www.historicalmaterialism.org

4. 国内外其他专业资源

马克思主义研究网	http://myy.cssn.cn
北京大学马克思主义学院	http://marxism.pku.edu.cn
中国社会科学引文索引	http://cssci.nju.edu.cn

中国共产党历史网	http://www.zgdsw.org.cn
人民数据—中国共产党文献信息库	http://data.people.com.cn
人大复印报刊资料系列数据库	http://ipub.exuezhe.com
工人国际委员会马克思主义资源	http://www.marxist.net
社会科学引文索引	http://webofscience.com
社科人文会议录索引	http://webofscience.com

5.12.3　历史学资源导航

1. 国内外专业学会、协会及其网站

中国史学会	http://zgsxh.cn
美国历史协会	https://www.historians.org
英国皇家历史学会	http://royalhistsoc.org
国际历史学会	http://www.cish.org

2. 国内外专业研究机构、科研院所

中国社会科学院近代史研究所	http://jds.cass.cn
当代中国研究所	http://www.iccs.cn
北京大学	http://www.pku.edu.cn
南京大学	https://www.nju.edu.cn
四川大学	http://www.scu.edu.cn
马克斯・普朗克研究所	http://www.eva.mpg.de/index.html
哈佛大学	http://www.harvard.edu
密歇根大学	https://www.umich.edu
哥伦比亚大学	http://www.columbia.edu

3. 国内外专业电子期刊网站

中国史研究	http://zgsyj.zgsyjzzs.org
史学月刊	http://sxyk.henu.edu.cn
American Historical Review	https://academic.oup.com/ahr
The Journal of Modern History	http://www.journals.uchicago.edu/toc/jmh/current
Journal of Early Modern History	http://www.brill.com/journal-early-modern-history

4. 国内外其他专业资源

中国社会科学网	http://his.cssn.cn
中国共产党历史网	http://www.zgdsw.org.cn

中国社会科学引文索引	http://cssci.nju.edu.cn
人民数据—中国共产党文献信息库	http://data.people.com.cn
人大复印报刊资料系列数据库	http://ipub.exuezhe.com
社会科学引文索引	http://webofscience.com
社科人文会议录索引	http://webofscience.com

思考题

1. 2018 年第 24 届世界哲学大会将在哪里举行?
2. 中国高校人文社会科学文献中心包括哪些资源?
3. 有国内外马克思主义理论专业著名的大学有哪些?
4. 目前国际历史学会包括哪些成员?

第 6 章 学术论文写作及相关注意事项

6.1 学术论文概述

6.1.1 概述

《GB7713-87 科学技术报告、学位论文和学术论文的编写格式》认为学术论文是某一学术课题在实验性、理论性或观测性上具有新的科学研究成果或创新见解和知识的科学记录，或是某种已知原理应用于实际中取得新进展的科学总结，用以提供学术会议上宣读、交流或讨论，或在学术刊物上发表或做其他用途的书面文件。

学术论文应提供新的科技信息，其内容应有所发现、有所发明、有所创造、有所前进，而不是重复、模仿、抄袭前人的学术成果。

学术论文作为一种用来表述学术研究成果的文章体裁。它不同于一般的文章、评论，它是对科学领域中的某一学术问题进行探讨、研究，以发表科学研究成果的文章，包括提出问题（论点）、分析问题（论据和论证）、解决问题（论证方法和步骤）和得出结论等方面。

6.1.2 学术论文的主要特点

（1）科学性

学术论文的科学性，要求作者在立论上不得带有个人好恶的偏见，不得主观臆造，必须切实地从客观实际出发，从中引出符合实际的结论；在论据上，应尽可能多地占有资料，以最充分的、确凿有力的论据作为立论的依据；在论证时，必须经过周密思考，进行严谨的论证。

（2）创造性

科学研究是对新知识的探求。学术论文的创造性在于作者要有自己独到的见解，能提出新的观点、新的理论等。创造性是科学研究的生命，没有创造性，学术论文就没有科学价值。

（3）理论性

学术论文在形式上属于议论文，但它与一般议论文不同，其要有自己的理论系统，对所涉及的事实与材料等要进行分析、研究，不能简单地罗列，应该从感性认识上升到理性认识。学术论文具有论证色彩。学术论文的内容必须符合“实事求是”“有的放矢”“既分析又综合”的科学研究方法。

（4）平易性

平易性是指要用通俗易懂的语言表述科学道理，要做到文字准确、鲜明，通顺的表达主题。

（5）专业性

学术论文的专业性是区别不同类型论文的主要标志，也是论文分类的主要依据。

（6）实践性

学术论文的实践性是论文价值的具体体现。

6.1.3　学术论文的基本类别

按研究的学科，学术论文可分为自然科学论文和社会科学论文。每类又可按各自的门类进行细分。例如，社会科学论文可细分为文学、历史、哲学、教育、政治等学科论文。

按研究的内容，学术论文可分为理论研究论文和应用研究论文。理论研究侧重于对各学科的基本概念和基本原理的研究；应用研究侧重于如何将各学科的知识转化为专业技术和生产技术，直接服务于社会。

按写作目的，学术论文可分为交流性论文和考核性论文。交流性论文的目的在于专业工作者进行学术探讨，发表各家之言，以显示各门学科发展的新态势；考核性论文的目的在于检验学术水平，成为有关专业人员升迁晋级的重要依据。

思考题

按研究的学科学术论文如何分类？

6.2　学 术 规 范

学术规范是从事学术活动的行为规范，是学术共同体成员必须遵循的准则，是保证学术共同体科学、高效、公正运行的条件，学术规范从学术活动中产生，成为相对独立的系统。就学术知识生产主体及行为而言，学术规范源于学术的合作、竞争、组织和互动，并为这些相互关系提供框架，通过各种要求对每个学术成员个人加以制约，从而提高领域内知识生产的效率和质量。学术规范化有可能保证知识生产活动的严肃性，提高学术共同体的社会公信力。关于学术规范的定义有过多种讨论，其中学者叶继元的定义比较突出，“所谓学术规范，是指学术共同体根据学术发展规律参与制定的有关各方共同遵守而有利于学术积累和创新的各种准则和要求，是整个学术共同体在长期学术活动中的经验总结和概括”。

6.2.1　学术论文写作基本规范

学术论文作为科研成果交流传播的载体，具有比较独立的结构体系，除了引言、正文、结论等主体部分外，基本包含了标题、摘要、关键词、中图分类号、文献标志码、参考文献、作者信息等内容。一般而言，学位论文遵循《科学技术报告、学位论文和学术论文的编写格式》和《学位论文编写规则》，期刊论文遵循《中国高等学校社会科学学报编排规范》等。

学术论文的写作规范首先结构要完整，其次论文标题拟制、作者署名、摘要编写、关键词标引、图表编制、数字用法、计量单位使用，以及引文、注释和参考文献的著录等内容要符合国家相关标准。

1. 学术引文规范

《高校人文社会科学学术规范指南》提出了八条学术引用的规则，即①引用应尊重原意，不可断章取义；②引用应以论证自己观点的必要性为限，要避免过度引用；③引注观点应尽可能追溯到相关论说的原创者；④引用未发表作品应征得作者同意并保障作者权益，并且更要防止过度引用；⑤引用未成文的口语实录应将整理稿交作者审核并征得同意；⑥学生采用导师未写成著作的思想应集中阐释并明确说明；⑦引用应伴以明显的标识，以避免读者误会；⑧凡引用均须标明真实出处，提供与引文相关的准确信息。其他如《科研活动诚信指南》对文献引用也做了相应的规定。

2. 学术成果规范

《高等学校哲学社会科学研究学术规范（试行）》提出，①不得以任何方式抄袭、剽窃或侵吞他人学术成果。②应注重学术质量，反对粗制滥造和低水平重复，避免片面追求数量的倾向。③应充分尊重和借鉴已有的学术成果，注重调查研究，在全面掌握相关研究资料和学术信息的基础上，精心设计研究方案，讲究科学方法，力求论证缜密，表达准确。④学术成果文本应规范使用中国语言文字、标点符号、数字及外国语言文字。⑤学术成果不应重复发表，另有约定再次发表时，应注明出处。⑥学术成果的署名应实事求是，署名者应对该项成果承担相应的学术责任、道义责任和法律责任。⑦凡接受合法资助的研究项目，其最终成果应与资助申请和立项通知相一致；若需修改，应事先与资助方协商，并征得其同意。⑧研究成果发表时，应以适当方式向提供过指导、建议、帮助或资助的个人或机构致谢。

6.2.2　如何避免学术失范行为

学术失范也称为学术不当、学术不端，国内有学者提出，学术失范是进行学术研究和从事学术写作的人故意违反学术规范，为谋取不正当利益或达到不正当目的而制造学术垃圾和学术泡沫的学术不端行为。《麻省理工学院规章》认为学术不当是指作弊、剽窃、未经同意署名、故意干涉别人作品的完整性、伪造或篡改数据等其他行为。

2016 年经教育部审议通过、从 2016 年 9 月 1 日起施行《高等学校预防与处理学术不端行为办法》。该办法明确了学术不端行为的概念与内容，为处理和惩戒学术不端行为划出了边界。学术不端行为是指高等学校及其教学科研人员、管理人员和学生，在科学研究及相关活动中发生的违反公认的学术准则、违背学术诚信的行为。其明确了六类学术不端情形，包括：①剽窃、抄袭、侵占他人学术成果；②篡改他人研究成果；③伪造科研数据、资料、文献、注释，或者捏造事实、编造虚假研究成果；④未参加研究或创作而在研究成果、学术论文上署名，虚构合作者共同署名，或者多人共同完成研究成果中未注明他人工作、贡献；⑤在申报课题、成果、奖励和职务评审评定，申请学位等过程中提供虚假学术信息；⑥买卖论文、由他人代写或者为他人代写论文；⑦其他根据高等学校或者有关学术组织、相关科研管理机构制定的规则，属于学术不端的行为。同时授权高等学校可以结合学校实际，自行规定六类之外的学术不端情形。

学者之所以有学术失范行为，从根本上说是因为学术利益，为避免这种行为，就必须从多方面、各种角度综合解决。

1. 从理念上确立对学术规范的认识

科研工作者要从根本上避免学术失范，就要从理念上确立对学术规范的尊重，明确学术规范应遵守的内容。为此，要从学术伦理道德层次规范学术行为，对科研工作者进行学术诚信教育，确立学术规范的道德观念，从成为研究者之初，就有意识地通过课程、传授等方式进行学术伦理道德教育，力图培养严谨的治学态度，使研究人员从内心深处重视学术责任和社会责任，从自身做起，严格恪守学术道德，加强自我规范意识和学术积累。

2. 从制度上建立科学公正的学术评价与监督体系

学术评价与监督制度要尊重科学自身的发展规律，建立科学的学术水平考核评价标准、办法，能够起到引导学者潜心研究的作用，有助于产生创新性、独创性的研究成果，在推动科研与社会进步的同时，提升社会对个人的学术水平的认可。在具体规定中可以建立科研人员学术诚信记录，在年度考核、职称评定、岗位聘用、课题立项、人才计划、评优奖励中强化学术诚信考核。

3. 建立明确与可操作的学术规范标准

学者要遵守学术规范，首先必须明确学术规范的具体内容，做到“有章可循，有章必循”。具体内容可能随着学术的发展进行调整，但其着眼点应是尊重他人的知识产权。

4. 从技术层面上规范学术行为

随着技术的进步，目前已产生了众多监测学术失范的工具与软件。

国外有反剽窃系统 Tumitin，已经应用于多所高校及科研机构，包括加利福尼亚大学伯克利分校、杜克大学、德国汉堡大学等，Tumitin 能有效地辨别文章是否存在剽窃行为，引导学生行文引用时尊重原文，有效的保护了原著者的知识产权。其他的学术监测系统还包括由 CrossRef 与 iParadigms 共同开发的抄袭检测平台 CrossCheck，该工具于 2008 年 6 月正式启用。我国也有诸多反学术失范行为的工具，如中国知网 CNKI 学术不端行为检测系统、万方论文相似性检测系统等。

6.2.3　论文检测系统概述

目前存在多种论文检测系统，可从一定程度上监测学术失范行为。

1. 国内学术论文检测系统

目前国内主要有四个学术论文检测系统，主要是中国知网 CNKI 学术不端行为检测系统、万方数据的论文相似性检测系统、维普通达论文检测系统和超星数据库大雅相似性分析系统。其中，中国知网 CNKI 学术不端行为检测系统是目前使用最普遍的系统。

中国知网 CNKI 学术不端行为检测系统，检测范围涵盖中国学术期刊网络出版总库、中国博士论文网络出版总库、中国优秀硕士论文网络出版总库、中国报纸全文数据库、中国专利全文数据库（知网版）、中国科技成果数据库（知网版）、中国年鉴网络出版总库、中国工具书数据库、中国标准数据库（知网版）。该系统正陆续引进英文数据库、网络数据库等资源。该系统以中国学术文献网络出版总库为系统比对数据库，支持与互联网资源或自建资源库进行比对，可以实现对抄袭与剽窃、伪造、篡改等学术不端行为的快速检测。该系统采用基于语义指纹的多阶运算检测方法，将论文内容划分成固定长度的片段生成数字指纹，与数据库中文档片段的语义指纹进行比对，按照文档类型与内容特征的不同，支持从词到句子、段落篇章级别的语义指纹。相似字符串检测阈值根据用户需求可以调整，以获得用户需要的检测精度。

2. 国外学术论文检测系统

Turnitin 是全球权威的英文检测系统，基于 iThenticate 比对技术，作为学术工具类系统，将用户提交的文稿与 Turnitin 背后海量的全球数据库和网页内容作比对，以快速得出一个相似度比例和涵盖大量相关信息的“原创性报告”给评审者，评审者能够根据 Turnitin 精确定位出文稿中非原创的内容，对文稿整体的原创性做出客观判断。现已支持英文、中文、阿拉伯文、荷兰文、芬兰文、法文、德文、意大利文、日文、韩文、葡萄牙文、西班牙文、瑞典文和土耳其文等 30 多种语言的检测。

CrossCheck 是由 CrossRef 推出的一项服务，应用 iThenticate 软件技术，用于帮助检测论文是否存在剽窃行为。CrossCheck 是在国际出版链接协会组织下，由国际几大出版商和美国电子与电气工程师协会及美国计算机学会共同完成的全球性项目。CrossCheck 试图在全球范围内最大限度地检查和防范学术剽窃行为，达到严正学术道德、净化学术空气的目的。目前全球会员单位有 50 多家，包括一些国际科学出版集团和科学学会，如自然出版集团、爱思唯尔、施普林格、威立 · 布莱克威尔、英国医学期刊出版集团、泰勒弗朗西斯出版集团、美国科学进步协会、美国物理学会等。

需要指出的是，由于技术及其他多种原因，学术不端行为检测软件存在不足之处，目前此类工具主要作为纯文字复制检测工具，而对纯文字复制行为做出分析界定，不可能从根本上遏制学术不端行为。只有从多种角度着手才能更为有效地治理学术失范。

思考题

阅读教育部 2016 年发布的《高等学校预防与处理学术不端行为办法》，简要说明该《办法》中提出的预防学术不端行为的方法。

6.3　学术论文撰写注意事项

学术论文是科研人员运用系统的、专门的知识，针对某个科学领域中的学术问题进行研究，以符合规范的方式进行表述，最后形成表述科学研究成果的文章。学术论文是研究成果的表达方式，因此撰写学术论文时，首先要确定研究主题具有价值与内容，其次是要以符合规范的方式表达出来。

6.3.1　学术论文的行文规范

研究人员从事科学研究、撰写学术论文及发表研究成果时，要遵守相关法律法规，以及相应的行文规范。学术成果的发表应严格遵守《中华人民共和国著作权法》等法律法规，申请专利要严格遵循《中华人民共和国专利法》《中华人民共和国专利法实施细则》和专利行政部门的相关规定。

学术论文主要包括题名、署名、摘要、关键词、正文、结论和建议、参考文献等内容。

1. 题名

题名是以最恰当、最简明的词句反映论文最重要的特定内容，应以简明、具体、确切的词语概括文章的主要内容，应符合编制题录、索引和便于检索的有关原则，应有助于选择关键词，应避免使用不常用的缩略语、字符、代号、公式和结构式等。其基本要求是清晰准确、简洁凝练、外延和内涵明确。学术论文中的层次标题应简短、明确，准确反映该层次的内容，尽量避免使用外文字母和数字；同一层次的标题应尽可能采用排比模式，也就是说各层次标题的结构、类型要尽量相同或相近，意义相关，语气一致。英文篇名应与中文篇名含义一致。

2. 摘要

摘要也称提要，是对学术成果的内容不加注释和评论的简短陈述。摘要的写作目的，是使读者不看全文即可尽快地了解论文的大致内容，也便于二次文献的编制，促进信息的交流与传播。

摘要的内容主要包括研究目的、方法、结果和结论等。摘要可分为报道性文摘，即尽可能多地提供定量和定性信息，以指明研究论文的主题范围及内容梗概的文摘；或指示性文摘，即指示研究论文的陈述主题及取得的成果性质和水平的文摘；或报道-指示性文摘，即以报道性文摘形式表述研究论文中信息价值较高的部分，而以指示性文献形式表述其余部分的文摘。需要注意的是，摘要应具有独立性、自明性和完整性，不分段，不用图表、化学结构式和不常用的缩写词、符号或术语，不应引用文中的图表、公式和参考文献的序号。英文摘要一般与中文摘要的内容相对应。采用第三人称表述，谓语动词尽量用一般现在时或过去时，转行应遵守相应规则；文中涉及中文地名用汉语拼音拼写等。

3. 关键词

关键词是指反映学术论文主题概念的词或词组，在研究成果中起关键作用、最能代表成果中心内容特征的词或词组。

一般而言关键词选取 3～8 个，置于摘要的下方和正文的上方。排列时可不考虑语法上的联系，仅仅是将几个关键词组合在一起。应在研究对象、学科归属、特殊方法、学术流派等方面选取关键词，选取关键词要注意其代表性、专指性、可检索性和规范性。关键词应以与正文不同的字体字号编排，多个关键词之间用符号进行分隔。中英文关键词应一一对应。

4. 正文

正文是学术论文的核心部分，占主要篇幅，包括调查对象、实验和观测方法、仪器设备、材料原料、实验和观测结果、计算方法和编程原理、数据资料、经过加工整理的图表、形成的论点和导出的结论等。

由于研究工作涉及的学科、选题、研究方法、工作进程、结果表达方式等都有很大的差异，对正文内容无法作统一的规定，但其基本要求是客观、准确完备、合乎逻辑、层次分明、简练可读。

5. 参考文献

参考文献是指对一个信息资源或其中一部分进行准确和详细著录的数据，位于文末或文中的信息源。学术论文的参考文献应遵守相应的标准。

《中国高等学校自然科学学报编排规范》（修订版）指出，参考文献是“为了反映论文的科学依据和作者尊重他人研究成果的严肃态度以及向读者提供有关信息的出处，应在论文的结论（无致谢段时）或致谢段之后列出参考文献表。参考文献表中列出的一般应限于作者直接阅读过的、最主要的、发表在正式出版物上的文献。私人通信和未公开发表的资料，一般不宜列入参考文献表，可紧跟在引用的内容之后注释或标注在当页的地脚”。

6.3.2　学术论文参考文献的标注

参考文献著录的基本原则是，只著录最必要、最新的文献，多引用连续出版物参考文献；著录的文献一般为正式出版物；采用标准化的著录格式。

我国对于参考文献的标注普遍参照国家标准（GB/T 7714—2015）《信息与文献　参考文献著录规则》。但因各期刊有各自的具体标准，研究人员应遵照相应的要求。在国外主要有三种广泛应用的格式，即美国科学编辑理事会制定的 CSE 格式、美国现代语言学会制定的 MLA 格式、美国心理学会制定的 APA 格式。

本部分按照国家标准（GB/T 7714—2015）说明常见文献类型的标注方法。

1. 文中标注

文中标注格式见表 6-1。

表 6-1　文中参考文献标注方式与示例

文中标注	说明与举例
顺序编码制	按正文中引用的文献出现的先后顺序连续编码，将序号置于方括号中 例如，德国学者 N.克罗斯研究了瑞士巴塞尔附近侏罗山中老第三纪断裂对第三第褶皱的控制[235]…… 例如，莫拉德对稳定区的节理格式的研究[255-256]
著者-出版年制	正文引用的文献采用著者-出版年制时，各篇文献的标注内容由著者姓氏与出版年构成，并置于“( )”内 例如，The notion of an invisible college has been espolred in the sciences （Crane,1972）. It may be ……

需要注意的是，同一处引用多篇文献时，应将各篇文献的序号在方括号内全部列出，各序号间用“，”。如遇连续序号，起讫序号间用短横线连接，此规则不适用于计算机自动编码的序号。多次引用同一著者的同一文献时，在正文中标注首次引用的文献序号，并在序号的“[]”外著录引文页码。如果用计算机自动编序号时，应重复著录参考文献，但参考文献中的著录项目可简化为文献序号及引文页码。

2. 参考文献著录格式示例

针对几种常见的文献，表 6-2 给出了国家标准（GB/T 7714—2015）参考文献格式示例。

表 6-2　常见参考文献标注方式示例

完整出版物	
普通图书	蒋有绪，郭泉水，马娟等. 中国森林群落分类及其群落学特征[M]. 北京：中国科学出版社，1998
论文集、会议录	中国社会科学院台湾史研究中心. 台湾光复六十五周年暨抗战史实学术研讨会论文集[C]. 北京：九州出版社，2012
报告	中华人民共和国务院新闻办公室. 国防白皮书：中国武装力量的多样化运用[R/OL].（2013-0416）[2014-0611]. http://www.mod.gov.cn/ affair/2013-04/16/content_4442839.htm
学位论文	CALMS R B. Infrared spectronscopic studies on solid oxygen[D]. Berkeley: Univ. of California,1965
专利文献	张凯军. 轨道火车及高速轨道火车紧急安全制动辅助装置：CN201220158825.2[P].2012-04-05
标准文献	全国信息与文献标准化技术委员会. 文献著录：第 4 部分 非书资料：GB/T 3792.4-2009[S]. 北京：中国标准出版社，2010：3
析出文献（出版物的内容）	
专著	白书农.植物开化研究[M]//李承森.植物科学进展.北京：高等教育出版社，1998：146-163
期刊	于潇，刘义，柴跃廷等. 互联网药品可信交易环境中主体资质审核备案模式[J]. 清华大学学报（自然科学版），2012, （11）:1518-1523.
报纸	丁文详.数字革命与竞争国际化[N].中国青年报，2000-11-20（15）
电子资源（不包括电子专著、电子连续出版物、电子学位论文、电子专利）	
	萧钰. 出版业信息化迈入快车道[EB/OL].（2001-12-19）[2002-04-15]. http://www.creader.com/news/20011219/200112120019.html

3. 文献类型及文献载体标识代码

表 6-3 及表 6-4 列举了国家标准（GB/T 7714—2015）中文献类型和文献载体标识代码。

表 6-3 文献类型和标识代码

文献类型	普通图书	会议录	汇编	报纸	期刊	学位论文	报告	标准
标识代码	M	C	G	N	J	D	R	S
文献类型	专利	数据库	计算机程序	电子公告	档案	舆图	数据集	其他
标识代码	P	DB	CP	EB	A	CM	DS	Z

表 6-4 电子资源载体类型和标识代码

电子资源的载体类型	载体标识代码
磁带（magnetic tape）	MT
磁盘（disk）	DK
光盘（CD-ROM）	CD
联机网络（online）	OL

6.3.3 学术论文的投稿

科研人员应严格依照《中华人民共和国著作权法》及相关法律法规关于学术成果的发表、引用、改编等相关规定。

1. 选择合适的期刊

作者根据相应的学术规范，按照正确的格式完成学术论文后，在投稿时可查阅相关领域内核心期刊的网址，目前大多数期刊采用网络投稿模式，作者可根据其投稿指南按照程序投稿。在《乌利希国际期刊指南》（*Ulrich's Periodicals Directory*）中，可查询期刊详细情况及网址。

纸版投稿指南，一般刊载在期刊每年第一期或最后一期的封面二、封面三。

2. 不能一稿多发

稿件原则上只能在一个刊物上发表，避免一稿多发。因为当前不同刊物处理稿件的规定不同，投稿应注意以下情况。①由于无法掌握发表情况同时向多处投递稿件，在第一次发表后，应立即通知其他投递处停止处理稿件，如其他刊物已经处理无法撤稿又同意重复用稿，一般应公开说明首次发表的情况。超过刊物退稿时间而突然发稿形成一稿两投，责任在刊物不在作者。②同一刊物转载已经发表的稿件，应明确要求刊物注明“转载”字样，并公开说明原刊载处。③未经正式出版的学术会议论文集刊登的稿件，可以再次在其他正式刊物上发表。正式出版的学术会议论文集刊登的稿件再在其他刊物上发表，应征求主编与出版部门的意见。④论文公开发表后收入论文集，应注明原来发表的出处。

3. 成果署名

1）个人论著。个人发表学术论著，有权按照自己意愿署名。没有参与论著写作的人，不应署名。

2）合作论著。合作论著应联合署名，署名次序应按对论著的贡献排列，执笔者或总体策划者应居署名第一列。第一作者是论文的执笔者，通常是具体工作的主要执行者；而通信作者是研究课题的负责人，也是整个研究工作的主要设计者，对论文的可靠性进行负责。许多情况下，第一作者与通信作者是同一人；只有二者不统一时，才需要说明通信作者。

贡献大致相同者也可按音序或笔画排列，由于承担义务和权利与署名、排序有关，不按贡献排序时，需要明确说明，在这种情况下，署名人均可按第一顺序呈报成果。署名者必须对成果承担相应的学术责任、道义责任和法律责任。

思考题

1. 学术人员选择研究主题要注意可行性，主要是指什么？
2. 参考文献著录的基本原则是什么？

6.4 科研立项及申请报告撰写

6.4.1 科研项目类别

从大的方面来看，科研项目一般可分为横向项目和纵向项目。横向项目是指由企业提供设备、资金及实验环境，科技人员提供技术和人才支持的研究项目。一般在时间上较为充分，容易成功，但是其产生的社会效益较低。纵向项目是指由国家的各级科技计划规划部门、科研管理机构、各行业主管部门和职能部门，以及其他科技管理组织下达的研究项目。高校及科研院所的科技人员更多的是参与纵向项目研究。

在我国，经过几十年的科技发展，已经逐步形成了完善的科研项目资助体系。几种主要的科研基金及其受理机构见表 6-5。

表 6-5　部分科研基金及其受理机构

科研基金	管理机构	网址
国家自然科学基金	国家自然科学基金委员会	http://www.nsfc.gov.cn
国家社会科学基金	全国哲学社会科学规划办公室	http://www.npopss-cn.gov.cn/
教育部社会科学基金	中国高校人文社会科学信息网	http://www.sinoss.net
中国博士后科学基金	人力资源和社会保障部	http://jj.chinapostdoctor.org.cn

6.4.2　科研立项的一般程序

科研立项程序一般包括文件或指南研究、项目选题、申请书填写、项目报送四个阶段。

1. 项目文件或指南研究

项目指南一般会阐明项目资助的宗旨、性质、范围及申请条件等。

（1）资助宗旨

不同的资助机构、不同的计划或项目，其资助宗旨有着很大的差别。例如，国家自然科学基金以基础研究为主要资助对象。而其中的面上项目主要资助自然科学基础研究和应用基础研究，促进国家科技进步和繁荣；重点项目则侧重于资助学科发展；重大项目更突出资助研究国家经济发展急需解决的重大科技问题或有重大应用前景的基础性问题。

（2）资助对象与范围

各类项目计划的资助对象不同。例如，国家自然科学基金的面上项目面向全国进行资助，申请人不分年龄，但通常需要具有高级以上职称，否则必须有两名高级职称人员推荐；高等学校博士学科点专项科研基金仅资助中央有关部委重点高校的博士生导师、博士学科点上的教授和年龄在 45 岁以下的副教授。

资助范围多以指南方式公布。例如，国家自然科学基金项目指南上不仅明确列出了资助的主要范围和鼓励的研究领域等，还列出了拟资助的重点项目和重大项目的名称及主要研究内容、目标和要求等。

（3）申报条件

各类项目的申报指南中都对申报条件有明确的说明，申报人应根据自身条件选择对口的渠道进行申请。例如，大多数项目要求通过本单位科研管理部门集中申报。

（4）资助方式与资助强度

资助方式通常有拨款、贷款、自筹，以及几种方式相结合的形式。拨款方式主要资助基础性研究和公益性研究；贷款方式主要资助开发研究项目；另外，有些国家级科技计划要求和鼓励地方匹配及单位自筹部分资金。例如，国家自然科学基金主要采用拨款方式予以资助。

不同项目计划的资助强度不同。例如，2016 年国家自然科学基金面上项目的资助强度平均为 60.09 万元/项。而各省区市设置的各类科技计划资助强度有着较大的差别。

（5）申报限定的时间和程序

不同的项目计划申报时间和程序不尽相同。例如，国家自然科学基金项目、国家社会科学基金项目等一般在每年的 1～3 月份进行申报。一般来说，各高等院校及科研院所都设有专门的科研管理部门，负责跟踪和发布各种项目基金的申报时间。研究者可密切关注本单位的科研管理部门发布的申报通知。

2. 项目选题

项目选题是科学研究中最重要的一个环节。一般来说，选择适合自己专长又有一定研究基础的项目最有可能获得同行专家的认可，从而得到经费资助，也最有可能获得重大突破。

项目选题不能偏离拟申报项目计划的资助范围。例如，申报基础研究类项目计划，应选择具有重要学术意义、并有应用前景的基础问题或应用基础问题申报；申报科技成果推广计划项目时，应选择新产品、新技术的推广应用进行申报。

选题时，要重点阐明研究的目的性和应用性，研究既要有科学性，又要有创新性；既要立足需求，又要切实可行。另外，还要考虑经济上的合理性。

通常情况下，可根据以下几个方面来选题：①根据各级政府部门下达的科研任务选题；②通过调查研究，找出当前社会生产实践中急需解决的问题选题；③阅读文献，掌握研究进展，找出科学研究中急需解决的问题选题；④根据科研过程中发现的新问题确定自己的研究选题。

另外，在选题时还要对以往的立项进行检索，避免重复研究。例如，通过科学基金共享服务网（http://npd.nsfc.gov.cn）查询历年立项的自然科学基金项目和项目成果。

3. 填写申请书

确定项目选题后，关键的工作就是填写好申请书。通过申请书将自己的学术思想、研究思路充分表达出来，争取同行专家和项目主管部门的认可。不同类型项目申请书格式可能不一样。申请书填写的注意事项详见 6.4.3 节。

4. 项目报送

我国现有科技项目，一般只受理申请者所在单位的申请，不接受申请者个人的申报。因此，项目申请是申请者和所在单位科技管理人员共同的任务，包括正确选择报审学科和及时将申请书送达指定的申请受理处。申请者应根据各机构具体要求及所申请项目类别选择规定的途径呈报。

6.4.3 项目申请书的撰写

1. 项目申请书的内容和格式

不同类型的科技计划其项目申请书格式不尽相同，编写内容和侧重点也有差异。但总体来说，一般都包括封面、简表、理论依据、研究方案、研究基础、经费预算、申请者正在研究的其他项目、申请者承诺、推荐意见（可选）、单位审查与保证等内容。

2. 项目申请书撰写的注意事项

在项目申请书中，立项依据、研究方案和研究基础是申请书的主体。下面主要介绍这三项内容的表述和填写。

（1）立项依据

立项依据是项目申报能否获取资助的首要问题。填写立项依据时应注意以下几点内容。

1）充分论证项目的理论意义和应用价值。在理论意义方面，对于一些科学长期未解决的理论或技术问题，在叙述其研究背景时应多做一些文字说明。例如，拓宽学科领域的理论框架，丰富学科的理论体系或澄清理论上的模糊观点等；对于国内外尚未开展或鲜为人知的新学术项目，首先应做一些科普介绍，把项目中的概念、理论、规律等陈述清楚，以便专家对该项目有大概了解，并认同理论依据；还要阐明申请项目学术上的新颖性和学术深度，分析项目完成后可为某学科发展提供新的实验数据或创造性的新方法、新技术或全新理论等。

在应用价值方面，基础研究成果的应用价值可能是间接地推动科技发展，也可能是直接用于指导生产实践；应用研究成果的应用价值大多以技术经济指标来判定，还要说明成果应用后可能产生的经济、社会、生态效益，对于效益的预测要科学、客观、实事求是。

2）认真分析国内外研究现状。分析国内外与本项目相关的研究所取得的进展及所采用的研究方法与手段等。通过对研究进展的归纳、总结、分析，指出当前存在的不足，本项目与已取得的研究成果的关系等；通过对相关研究采用的方法、手段的分析，阐明其优点和不足之处，提出自己将要采用的新方法、新手段，因此有可能获得更准确、更科学、更先进的结果。

3）列出主要参考文献，以便同行专家评审时查阅。参考文献不宜太多，但也不能太少。一般可列出和研究密切相关的 20～30 条参考文献即可，而且应该包含近三年权威的、新的文献，最好有当年的新文献。

（2）研究方案

研究方案要重点注意以下几个方面的内容。

1）研究目标、研究内容和拟解决的关键问题。研究目标是项目在理论、方法或技术上所要达到的结果，涉及技术、经济指标的要量化。研究内容是申请书的核心，表达一定要具体、明确、重点突出、层次分明，要紧扣研究目标，使同行专家对申请者拟做工作完成后能否达到预计的研究目标有一个肯定的看法。拟解决的关键问题是指项目完成后，预计可以解决的科学理论或方法上的某些关键问题。

2）研究方法、技术路线、实验方案及可行性分析。研究方法是项目研究所采用的具体手段，包括实验材料、技术、方法等；技术路线是项目研究过程中的基本步骤或基本流程，可用文字叙述，也可以用框图表达；实验方案是项目实施的具体技术细节，是整个实验的具体安排，实验方案一定要具体可行。

3）创新和特色。创新是科技进步的动力，是项目能否得到资助的最重要的指标之一。阐述项目的创新和特色时，要重点表述项目在采用的理论、技术、方法、材料等方面与他人的不同之处。

4）预期研究进展和成果。预期研究进展可以分解到每个年度工作计划之中，并注意年度之间的交叉与衔接，以便立项之后主管部门检查和督促。

预期成果可分为理论成果和技术成果。理论成果多以论文、论文集或专著形式发表；技术成果多以方案设计、新技术、新方法、新产品、计算机软件等形式表达。提供何种形式的成果，需要根据项目性质而定。

（3）研究基础

研究基础是项目申请者本人及其研究集体和申请者所在单位综合研究实力的表现。一般应包括以下内容：与本项目有关的研究工作积累和已取得的成绩；本单位的研究基础条件，以及尚缺少的技术环境条件及其解决的途径、措施等；申请者与项目组主要成员的简介。

思考题

1. 科研项目的种类有哪些？各有什么特点？
2. 科研立项的流程一般包括哪些？
3. 项目申请书撰写时，立项依据、研究方案应该注意哪些方面？

6.5　国内期刊遴选体系

期刊的质量在一定程度上决定了我们获取文章的质量，国内学术期刊种类和数量繁多，其质量参差不齐，因此学术期刊的评价机构通过期刊文章的被引次数、刊文量及专家评审等对期刊的质量进行分类定级，从而筛选出部分能代表学科和专业研究水平的高质量期刊。

纵观国内期刊遴选体系可以看出，大部分高等学校和科研单位普遍认可的国内期刊遴选体系主要有以下四种。

6.5.1　中国科学引文数据库的来源期刊

1. 中国科学引文数据库

中国科学引文数据库（Chinese Science Citation Database，CSCD）创建于 1989 年，由中国科学院文献情报中心主办。该数据库收录了中国出版的中英文科技核心期刊和优秀期刊千余种，被誉为“中国的 SCI”。

中国科学引文数据库是中国的第一个引文数据库。2007 年，中国科学引文数据库以 ISI Web of Science 为平台，实现了与 Web of Science 的跨库检索，中国科学引文数据库是 ISI Web of Science 平台上第一个非英文语种数据库。目前，CSCD 已在中国科研院所、高等学校的课题查新、基金资助、项目评估、成果申报、人才选拔及文献计量与评价研究等多方面作为权威文献检索工具获得广泛应用。

2. 中国科学引文数据库的来源期刊

CSCD 来源期刊遴选对象为中国出版的中英文学术性期刊。学科覆盖范围为数学、物理学、化学、地球科学、生物科学、农业科学、医药卫生、工程技术、环境科学等领域。

CSCD 来源期刊每两年遴选一次。每次遴选均采用定量与定性相结合的方法。定量数据来自中国科学引文数据库，定性评价则通过聘请国内专家对期刊进行的定性评估。定量与定性综合评估结果构成了中国科学引文数据库来源期刊。

CSCD 定量遴选、专家定性评估，2017～2018 年度中国科学引文数据库收录来源期刊 1229 种，其中中国出版的英文期刊 201 种，中文期刊 1028 种。CSCD 来源期刊分为核心库和扩展库两部分，其中核心库 887 种（以备注栏中 C 为标记）；扩展库 342 种（以备注栏中 E 为标记）（图 6-1、图 6-2）。网址为 http://sciencechina.cn/cscd_source.jsp。

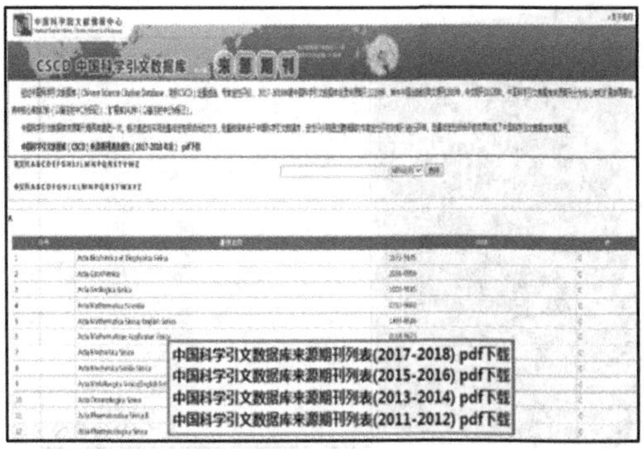

图 6-1　CSCD 来源期刊下载界面

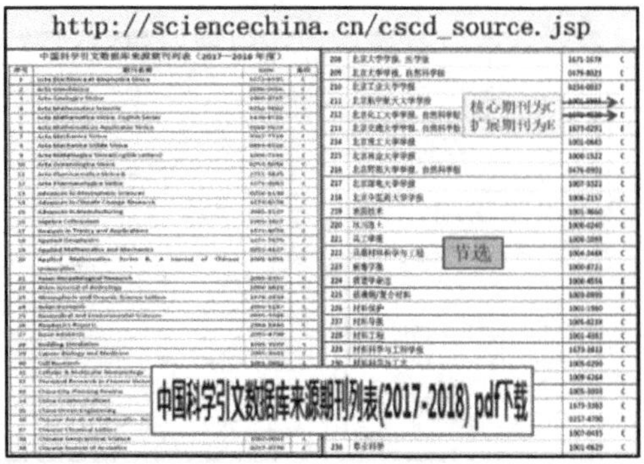

图 6-2　CSCD 来源期刊列表（2017～2018）节选

6.5.2　中国科技论文统计源期刊

《中国科技论文统计源期刊》又称为《中国科技核心期刊》是中国科技论文与引文数据库（CSTPCD）选择的期刊。CSTPCD 由中国科学技术信息研究所自行研制。利用该库的数据，中国科学技术信息研究所每年对中国科研产出状况进行各种分类统计和分析，以年度研究报告和新闻发布会的形式定期向社会公布统计分析结果，公开出版《中国科技论文统计与分析》年度研究报告、《中国科技期刊引证报告》（核心版），为政府管理部门和广大高等院校、研究机构和研究人员提供了丰富的信息和决策支持。

中国科技论文与引文数据库采取以定量评估数据为主、专家定性评价为辅的原则，开展中国科技论文统计源期刊的遴选工作。中国科技论文统计源期刊每年进行遴选和调整，并向社会公布。

2017 年版中国科技论文统计源期刊分为社会科学部分和自然科学部分两部分（图 6-3）。网址为 http://www.istic.ac.cn/tabid/518/default.aspx。

6.5.3　中文核心期刊要目总览

《中文核心期刊要目总览》又称为《中文核心期刊目录总览》已于 1992 年、1996 年、2000 年、2004 年、2008 年、2011 年、2014 年出版过七版。第七版是由北京大学图书馆主编，北京等多个相关单位的专家和期刊工作者参加了研究。

第七版《中文核心期刊要目总览》采用定量评价和定性评审相结合的方法。经过定量评价和定性评审，从我国正在出版的中文期刊中评选出 1983 种核心期刊，学科覆盖社会科学、自然科学各个专业领域，分属 7 大编的 74 个学科类目（图 6-4）。

6.5.4　中文社会科学引文索引的来源期刊

1. 中国社会科学研究评价中心

1997 年，南京大学和香港理工大学合作研制开发了中文社会科学引文索引（Chinese Social Sciences Citation Index，CSSCI）数据库。目前设在南京大学的中国社会科学研究评价中心负责学术期刊、学术集刊、学术图书相关学术成果的引文研究工作，建设了中文社会科学引文索引数据库、中文社会科学引文索引（扩展版）数据库、学术集刊引文

图 6-3　2017 年中国科技核心期刊目录

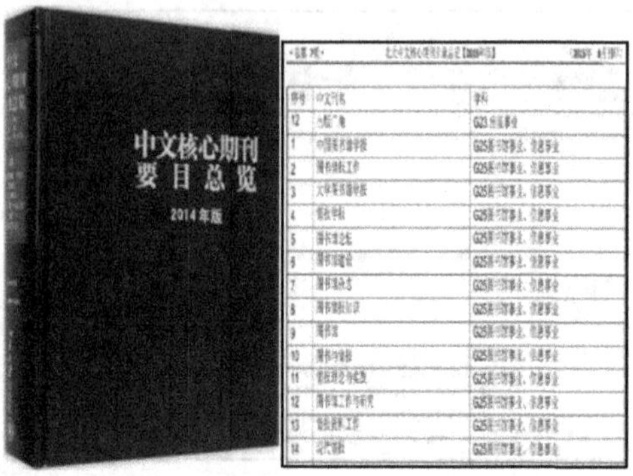

图 6-4　第七版《中文核心期刊要目总览》节选

索引数据库、港澳台及海外华文引文索引数据库、中文学术图书引文索引数据库等多个人文社科系统。网址为 http://cssrac.nju.edu.cn/index.html。

2. 中文社会科学引文索引数据库及其来源期刊

CSSCI 数据库采取定量与定性评价相结合的方法，从中国 2700 余种中文人文社会科学学术性期刊中精选出学术性强、编辑规范的期刊作为来源期刊。其覆盖法学、管理学、经济学、历史学等在内的 25 大类的 500 多种学术期刊，其中 CSSCI（2014—2016）来源期刊收录期刊共 533 种（图 6-5、图 6-6）。网址为 http://cssrac.nju.edu.cn。

图 6-5　CSSCI 下载位置

图 6-6　CSSCI（2014—2016）来源期刊收录目录节选

思考题

1. 2017～2018 年度中国科学引文数据库的核心库收录多种核心期刊?
2. 2016 年版中国科技核心期刊目录分哪几部分？名称是什么?

6.6　国外著名检索工具收录期刊选介

6.6.1　国际著名检索工具

1. Web of Science 系列引文数据库

通过 Web of Science 核心合集可以直接访问三大引文数据库，即科学引文索引、社会科学引文索引及艺术与人文科学索引。

（1）科学引文索引

科学引文索引收录了数学、物理、化学、生命科学、临床医学、天文地理、环境、材料、农业、工程技术等学科 8000 多种科技期刊，是目前国际上被公认的最具权威的科技文献检索工具和评价工具。其详细介绍见 3.9 节。

（2）社会科学引文索引

社会科学引文索引收录了历史学、政治学、法学、语言学、哲学、心理学、图书情报学、公共卫生等 50 多个学科领域的 3000 多种重要期刊，是社会科学领域的重要期刊文摘索引数据库。其详细介绍见 3.9 节。

（3）艺术与人文科学索引

艺术与人文科学索引收录了语言与语言学、文学、哲学、宗教与神学、古典研究、历史、考古、艺术、建筑、表演艺术等领域的 1700 多种国际性、高影响力的学术期刊，是全球最权威的人文艺术引文数据库。其详细介绍见 3.9 节。

（4）Web of Science 系列数据库来源期刊

访问科睿唯安网站（http://ip-science.thomsonreuters.com/mjl）可获取 Web of Science 系列数据库来源期刊列表，也可通过 ISI Web of Science™平台，点击主页下方的“Web of Science 下所有数据库的主期刊列表”获取来源期刊信息、期刊投稿链接、三大引文数据库收录期刊的变化信息等内容。

2. 工程索引数据库

《工程索引》是美国工程信息公司出版的工程技术领域综合性检索工具。详细介绍见第 3.8 节。

该数据库共收录 3615 种期刊（截至 2016 年 12 月），最新 Ei Compendex 收录期刊目录访问网址为 http://www.elsevier.com/solutions/engineering-village/content/compendex。

6.6.2　国际著名分析评价工具

1. JCR 期刊引用报告数据库

（1）JCR 数据库简介

期刊引用报告（Journal Citation Reports，JCR）是一个综合性、多学科的期刊分析评价工具。它以期刊所刊载论文数量、论文被引用次数等原始数据为依据，利用文献计量学原理，计算出各种期刊的影响因子、即时指数、被引半衰期等反映期刊质量和影响的参数，系统地分析各学科期刊的相对重要性。

JCR 包括自然科学版（JCR-Science）和社会科学版（JCR-Social Sciences）。JCR-Science 版涵盖 83 个国家或地区约 2000 家出版机构的 8500 多种期刊，覆盖 176 个学科领域。JCR-Social Sciences 版涵盖 52 个国家或地区约 713 家出版机构的 3000 多种期刊，覆盖 56 个学科领域。网址为 http://jcr.incites.thomsonreuters.com。

（2）JCR 主要定量评价指标

1）期刊影响因子（impact factor）：是期刊评价指标中最为重要的一个指标。某期刊在统计年的影响因子是指该刊前两年发表的论文在统计当年被引频次之和与该刊前两年的载文量之比。该指标实际上是指期刊所刊载论文在一定时期内的平均被引频次。一般来说，对于同一学科期刊的比较，期刊的影响因子越大，它的影响力也就越大。

2）期刊总载文量（total articles）：是指期刊从创刊到统计年所刊载的论文总数。这里的论文仅指原创性论文（article）和综述性论文（review），其他类型如社论（editorials）、快报（letters）、新闻条目（news items）、会议摘要（meeting abstracts）等均不统计在内。

3）期刊总被引频次（total cites）：是指期刊自创刊以来的全部论文在统计当年被 ISI 来源期刊所引用次数的总和。该指标为绝对指标，与期刊的总载文数量有关，办刊时间长或载文量大的期刊显然有优势。

此外，还有反映期刊快速影响力的期刊即时指数，反映期刊老化程度的被引半衰期，反映作者利用文献新颖度的引用半衰期，以及期刊自引率、期刊自被引用率等指标。

（3）JCR 的使用方法

1）主界面登录。访问网址为 https://jcr.incites.thomsonreuters.com，可直接登录 Journal Citation Reports®；也可通过 ISI Web of Science™平台提供服务，在 ISI Web of Science™平台首页导航栏中，单击“Journal Citation Reports®”，进入 JCR 数据库主界面。

2）主界面介绍。JCR 主界面分为以下 4 个区域，如图 6-7 所示。

①筛选区：用户可以根据多个选项来筛选期刊数据集，包括学科、年份、JCR 版本、分区、出版社、国家/地区、影响因子区间等；也可以查看期刊的更名历史（View Title Changes）。

②期刊或学科筛选区：选择期刊排名模式（Journals by Rank）或学科排名模式（Categories By Rank）浏览数据。

③图示区：展示期刊或学科的网络关系视图，通过点击“Show Visualization”和“Hide Visualization”来显示或隐藏可视化关系图。

④结果区：显示经过筛选得到的数据和相应的指标。

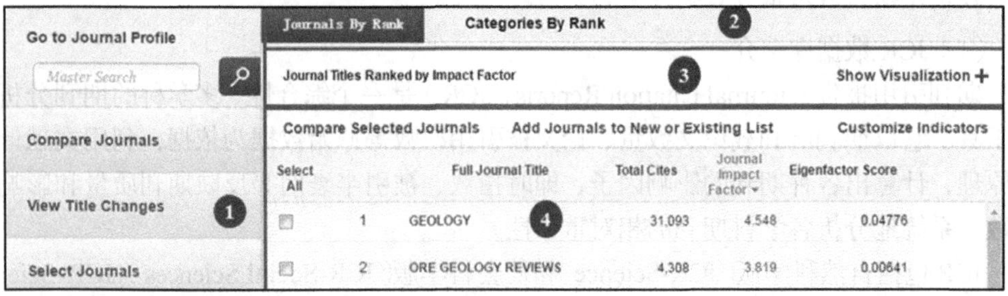

图 6-7　JCR 主界面

2. 基本科学指标数据库

（1）基本科学指标数据库简介

基本科学指标（Essential Science Indicators，ESI）数据库是美国科学信息研究所于

2001 年推出的衡量科研绩效、跟踪科研发展趋势的基本分析评价工具，是用以评价高校、学术机构、国家及地区国际学术水平及影响力的重要评价指标工具之一。

ESI 是基于 Web of Science 所收录的全球 11 000 多种学术期刊的 1000 多万条文献记录而建立的计量分析数据库，将 10 年间发表论文的被引情况、研究机构、国家及期刊进行统计分析，由此提供对 22 个学科研究领域中的国家、机构、科学家及期刊的科研绩效统计和科研实力排名。网址为 http://esi.incites.thomsonreuters.com。

（2）ESI 重要指标

ESI 的指标较多，详见表 6-6。

表 6-6　ESI 重要指标列表

指标	解释
高被引论文（Highly Cited Papers）	指近 10 年间发表的论文，按同一年同一个 ESI 学科被引频次由高到低排在前 1%的论文
热点论文（Hot Papers）	指某一 ESI 学科最近两年发表的论文，按照最近两个月里被引频次由高到低排列，进入前 0.1%的论文
高水平论文（Top Papers）	高被引论文和热点论文合并在一起，构成了高水平的论文集合
研究前沿（Research Fronts）	是一组高被引论文，通过聚类分析确定的核心论文。论文之间通过共被引频次来计算高被引论文之间的相关性，并进行聚类，形成各主题的核心论文组，再通过对核心论文组中论文题目的分析形成相应的研究前沿
学科基准值（Field Baselines）	指某一 ESI 学科论文的分年度期望被引频次，是衡量研究绩效的基准
引用阈值（Citation Thresholds）	在某一 ESI 学科中，将论文按照被引频次降序排列，确定其排名或百分比位于前列的最低被引次数
其他指标	篇均被引次数（Citation Rates）、百分位（Percentiles）、学科排名（Field Rankings）、ESI 学科阈值（ESI Thresholds）、高被引论文阈值（Highly Cited Thresholds）、热点论文阈值（Hot Paper Thresholds）等

（3）ESI 的使用方法

1）ESI 登录。一种通过直接访问网址为 http://esi.incites.thomsonreuters.com；另一种通过 ISI Web of Science™平台访问，在首页导航栏，单击“Essential Science Indicators℠”，进入 ESI 数据库。

2）ESI 主界面介绍。ESI 主界面分为上下两部分，如图 6-8 所示。上半部分为数据类型与下载导出，用户可以选择 ESI 各学科所有机构的数据指标（Indicators）、基准值（Field Baseline）或 ESI 引用阈值（Citation Thresholds）等不同数据类型；下载导出部分包括下载、打印或保存数据三个按钮。下半部分为数据筛选与分析区，用户可以通过自由组合各项指标来查找某机构已经进入全球前 1%的 ESI 学科；明确该机构在 ESI 学科中的影响力排名；直接获取该机构在各 ESI 学科的高水平论文、高被引论文和热点论文。

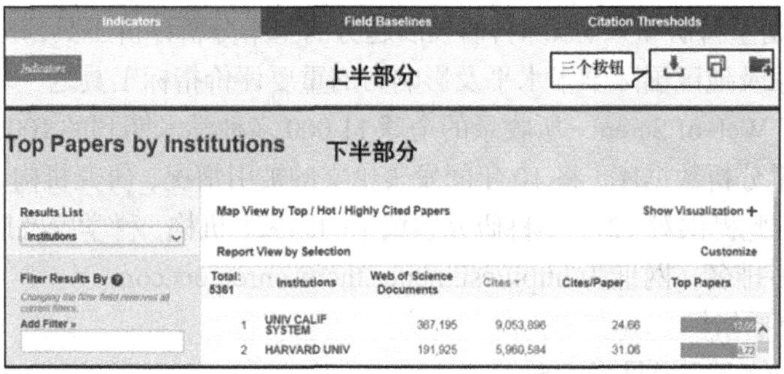

图 6-8　ESI 主界面

6.6.3　JCR 期刊分区介绍

JCR 期刊分区影响较为广泛的有两种，一种是 Thomson Reuters 公司制定的分区，中文一般翻译为汤森路透 JCR 期刊分区（简称汤森路透分区）；第二种是中国科学院文献情报中心制定的分区，即中国科学院 JCR 期刊分区（简称中国科学院分区）。这两种分区方式均是基于 SCI 收录期刊影响因子进行分区的，但分区方式有较大的差异。

1. 汤森路透分区

汤森路透分区将 SCI 收录的 8500 多种期刊分为 176 个不同学科，每个学科按照期刊的影响因子高低分类，平均分为 Q1、Q2、Q3 和 Q4 四个区。各学科分类中，影响因子前 25%（含 25%）期刊划分为 Q1 区，前 25%～50%（含 50%）为 Q2 区，前 50%～75%（含 75%）为 Q3 区，75%之后的为 Q4 区。在汤森路透分区中，期刊的数量是均匀分为四个部分，期刊质量相对来说也按 Q1、Q2、Q3、Q4 从高到低排列。网址为 http://jcr.incites.thomsonreuters.com。

2. 中国科学院分区

中国科学院分区将 JCR 期刊分为大类、小类两种学科分类体系，大类为数学、物理、化学、生物、地学、天文、工程技术、医学、环境科学、农林科学、社会科学、管理科学及综合性期刊 13 个学科领域，小类依据汤森路透的 JCR 学科分类体系，分为 176 个学科。中国科学院分区表以学术影响力作为划分方式，把每个学科的所有期刊按照学术影响力（3 年平均 IF）由高到低降序排列，依次划分为 4 个区，使得每个分区的影响力总和相同。由于学科内期刊的 3 年的偏态分布，使得 1 区期刊数量极少。为了保证 1 区期刊数量，1 区期刊取学科数量总和的前 5%，2～4 区期刊使用 3 年平均 IF 总和相同的方式划分。网址为 http://www.fenqubiao.com。

思考题

1. 结合自己的学科，查找与本学科有关期刊的影响因子。其中，影响因子最高的期刊是什么？

2. 请查找北京交通大学的 ESI 学科以及高水平论文。

3. 请介绍一下期刊影响因子。

6.7　学术论文收录引证检索

6.7.1　收录引证检索概述

学术论文的收录引证检索是指通过查找论文被国内外权威数据库的收录情况，以及被引用情况。在大多数情况下，还需要由检索机构出具盖有公章的检索证明。

收录引证检索可以为科研产出能力、学术论文、学术期刊等的评价提供数据支撑，在个人职称评定、人才引进、课题申报、机构评估、成果评比等方面，可以作为重要的量化指标。

目前，被国内科研用户及机构普遍认可的收录检索工具见表 6-7。除此之外，CNKI 中国知网引文数据库、Scopus 数据库，甚至一些搜索引擎，如 Google Scholar、Baidu Scholar 等也提供学术论文的引证检索服务。

表 6-7　国内外主要的收录检索数据库及平台

检索工具		平台	收录检索	引证检索
科技类	SCIE（科学引文索引）	Web of Science	√	√
	CPCI-S（科技会议录索引）	Web of Science	√	√
	Ei （工程索引）	Engineering Village	√	×
	CSCD（中国科学引文）	Web of Science	√	√
社科类	SSCI（社会科学引文索引）	Web of Science	√	√
	CPCI-SSH（社会科学及人文科学会议录索引）	Web of Science	√	√
	A&HCI（艺术与人文科学引文索引）	Web of Science	√	√
	CSSCI（中文社会科学引文索引）	中文社会科学引文索引数据库	√	√

6.7.2　Web of Science 收录检索

1. 检索平台及检索方法

（1）收录检索平台

SCIE、CPCI-S、SSCI、A&HCI 等收录检索都是基于 Web of Science 平台。进入平台后，默认的是所有数据库。收录检索时，选择“Web of Science 核心合集”，然后在“更多设置”中，根据需求勾选相应的数据库。例如，SCIE 收录检索只需要选中“Science Citation Index Expanded”即可（图 6-9）。

（2）检索方法

论文收录检索既可根据论文题名进行精确检索，也可根据作者姓名进行模糊检索。

1）论文题名检索：学术论文收录检索，一般需要作者提供详细的论文列表。如果论文语种是中文，可通过在中国知网 CNKI 或万方数据库中检索，获得英文题目。在题名检索时，可在检索框中输入论文英文题名的全部或部分（图 6-9）。获取检索结果后，可通过作者、机构等途径再精炼结果。

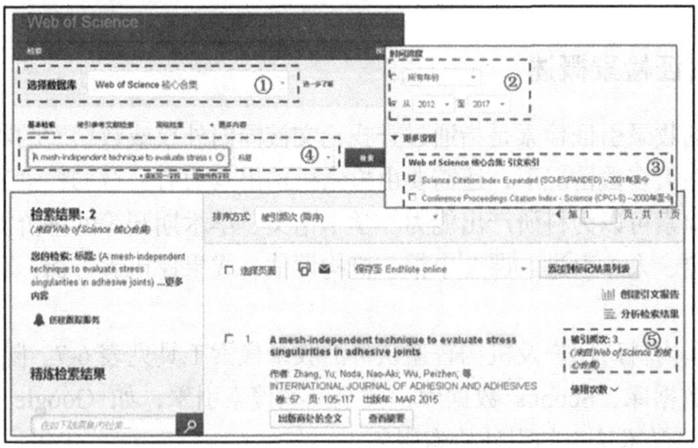

图 6-9　以论文题目检索 SCIE 收录

2）作者姓名检索：如果作者没有提供论文列表，也可以通过作者途径进行检索（图 6-10）。检索时特别需要注意的是，作者姓名可能有多种形式。

在 Web of Science 数据库中，对作者姓名的著录通常为姓的全称加名的缩写。如高德利院士可能有多种拼写方式：Gao D L、Gao Deli、Gao D、Gao D-L 等。以机构扩展方式进行组合检索（图 6-10），可缩小检索范围，提高查准率。另外，也可以利用检索结果页面左边的"精炼检索结果"功能，通过限定主题领域、作者、刊名、发表年等进行精确检索。

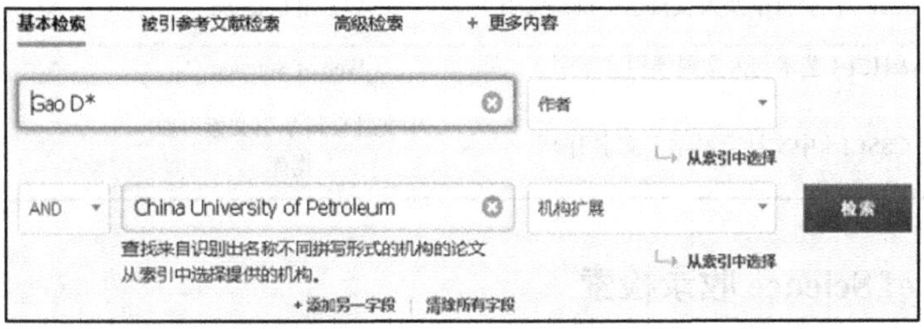

图 6-10　以作者姓名和机构扩展组合检索 SCIE 收录

2. 收录检索的注意事项

1）在 Web of Science 中进行检索时，除 CSCD 外，其他数据库只限于论文的英文题目检索。

2）在利用作者姓名检索时，如果全名不太确定，可使用截词符。如 Gao D*，不区分大小写。

3）以作者单位地址检索时，一般需缩写，去掉 of 等介词。例如，以地址途径检索"（Univ* Petr* OR Petr* Univ*） Same （Beijing OR 1022*）"可以筛选中国石油大学（北京）的论文。另外，也可以使用机构扩展方式进行精确检索，如图 6-10 所示。

4）有的论文可能会同时被 SCIE 和 CPCI 收录。这时，其入藏号（UT）是一致的。

5）SCIE 收录的时间比论文发表的时间一般稍晚些，通常收录入库会滞后 3～6 个月。

6.7.3　Engineering Village 收录检索

1. 检索平台

Ei 数据库为工程技术类综合型数据库，文献主要为工程类期刊、会议论文集和技术报告。Ei 收录是国内普遍公认的三大检索收录之一。Ei 数据库具体介绍可参见相关章节。

进入 Engineering Village 平台后，仅勾选 Compendex 数据库进行收录检索。

2. 收录检索的注意事项

1）通过论文题目进行检索，结果较为准确。如果论文语种是中文，可通过中国知网或万方数据库检索获得英文题目。注意避免题名中包含数据库系统不能识别的符号，如括号、化学分子式等特殊拼写方式的词。在检索时需要将这些符号去掉。

2）根据作者姓名检索时要注意作者姓名的多种拼法。在 Ei 中，作者姓名的拼写方式较多，如马费成教授可能有以下多种拼写："MA,FEICHENG" "MA, FEI-CHENG" "FEICHENG,MA" "FEI-CHENG,MA" "FEICHENG,M." "MA,F.C." "MA,F." 等。

3）在 Ei 中，中文刊物可以用刊名的汉语拼音进行检索，如《计算机工程》可以用 "jisuanji gongcheng" 进行检索。

4）没有英文题名和摘要的论文不会被 Ei 收录。

5）以作者单位检索时需要注意：不是论文所有作者的地址都有著录；有些文献，系统并未标明作者单位；单位名称拼写方法可能较多，需要逐一检索。

6）Ei 对来源刊中的论文是选择性收录的。即使某一期刊被 Ei 作为来源刊，但并不是该刊中的每一篇论文都被收录。

6.7.4　引证检索

1. 引证检索平台

论文的引证检索，一般指的是在 Web of Science 平台中检索收录论文或未被收录论文的被引用情况。Web of Science 平台的检索方法参见本节及本书相关部分。

1）收录论文的引证检索。在 Web of Science 中的收录检索结果列表中，点击被引频次后面的数字如图 6-9 所示，可查看被收录论文的引证情况。值得注意的是，这里的引用次数是指来自 Web of Science 核心合集的所有数据库（如 SCIE、SSCI、CPCI 等）的引用次数。

2）未被收录论文的引证检索。在 Web of Science 中，利用被引参考文献检索功能，可对未被收录的其他论文的被引用情况进行检索。

2. 引证检索的注意事项

1）同一篇论文在不同的引证平台中，检索结果可能是不一样的，其权威性也是不一样。对于引证检索而言，目前国内普遍认可的是 Web of Science 平台。

2）检索到的引证次数是基于特定数据库的统计结果，并不代表所有被引用情况。

3）引证包括自引和他引，施引文献和被引文献中，有一个或多个相同作者，即为自引。如果没有相同作者，即为他引。相比自引，他引更能反映论文的影响力。引证检索一般并不区分自引和他引，如果委托人要求他引检索，一般应说明是对以下哪种情况进行检索：①文献被除作者及合作者以外的其他人引用（施引文献和被引文献无相同作者）；②文献被除检索作者本人以外的其他人引用（施引文献作者不含检索人）；③文献被除第一作者以外的其他人引用（施引文献和被引文献第一作者不相同）。

6.7.5 收录与引证检索证明

大多数情况下，收录引证检索需要以检索报告的形式为用户提供书面证明。不同的机构为委托人出具的报告形式不尽相同，但一般都包括作者单位及姓名、检索收录年限、数据库、检索结果、检索详细结果。另外，检索结果还需要作者签字确认、检索人员签字并加盖检索机构公章。图 6-11 是某科技查新站出具的 SCIE 和 Ei 收录引证检索报告样例。

作者单位： 中国××大学
论文作者： 张×
论文发表年限： 2012-2017 年
检索数据库：

SCI-EXPANDED	2001-present	网络版
EI-Compendex	1967-present	网络版

检索结果：
1）SCI 收录：有 3 篇被收录
2）EI 收录：有 6 篇被收录
（详细结果见附件）
特此证明！

（盖　章）
检索报告人：×××
2017 年 05 月 12 日

附件：
一、SCI 收录情况
第 1 条，共 3 条
标题：A mesh-independent technique to evaluate stress singularities in adhesive joints
作者：Zhang, Y (Zhang, Yu); Noda, NA (Noda, Nao-Aki); Wu, PZ (Wu, Peizhen); Duan, ML (Duan, Menglan)
……
被引频次合计：3
入藏号：WOS:000348084700013
……
中科院 JCR 分区：
小类 ENGINEERING, CHEMICAL 工程：化工　3
……
大类工程技术　3　否

第 2 条，共 3 条
……
二、EI 收录情况
1. Analytical study of the strength of adbesive joints of riser pipes
……
Database:Compendex
（**End**）

经委托人确认签字：

图 6-11　收录引证检索报告样例

第7章 案例分析

7.1 如何选择最适合你的图书

如何尽快找到一本与你课程或科研或兴趣相关的最适合你的图书是每位读者都将面临的问题，下面从三个方面展开叙述。

1）在没看到图书之前，如何判别哪本书比较好？

2）看到图书之后，如何判别哪本书更适合你？

3）欲借某图书时，但该书已被他人借走或没有怎么办？

7.1.1 没看到图书之前，判别哪本书比较好的方法

1. 操作原则

第一步：先在你熟悉的图书馆中进行检索（主要通过该图书馆的馆藏目录检索）。

第二步：依据作者、出版者、摘要等对检中信息进行初步筛选，建议初选5～10条记录。

第三步：利用网络搜索引擎补全初选的5～10条记录的书目记录信息。

第四步：利用网上图书馆，选择 3～5 所图书馆（图书馆选择的原则是以你选择图书所属的重点专业的重点大学图书馆为突破口，进行查找）对你所初选的5～10条记录逐一进行检索。

第五步：收藏某书的图书馆越多，反映该书质量相对比较好。可根据此道理，对你初选的5～10条图书记录进行筛选，最终选出收藏较多的3～5种图书。通过检索就会发现某本书只有一个图书馆收藏，某本书有两三个图书馆收藏，而某本书有 5 个图书馆都收藏。

通过以上五步，读者基本可以在没看到真实的图书之前，初步判定哪本书质量相对比较好。

2. 示例

例如，选择北京交通大学图书馆，查找《通信原理教程》这本书，登录北京交通大学图书馆网址 http://www.bjtu.edu.cn→信息资源→图书馆。

通过匿名（适用于任何用户，无论你是否是该图书馆的注册用户）或实名方式登录（如果你是该图书馆的注册用户）如图7-1所示。

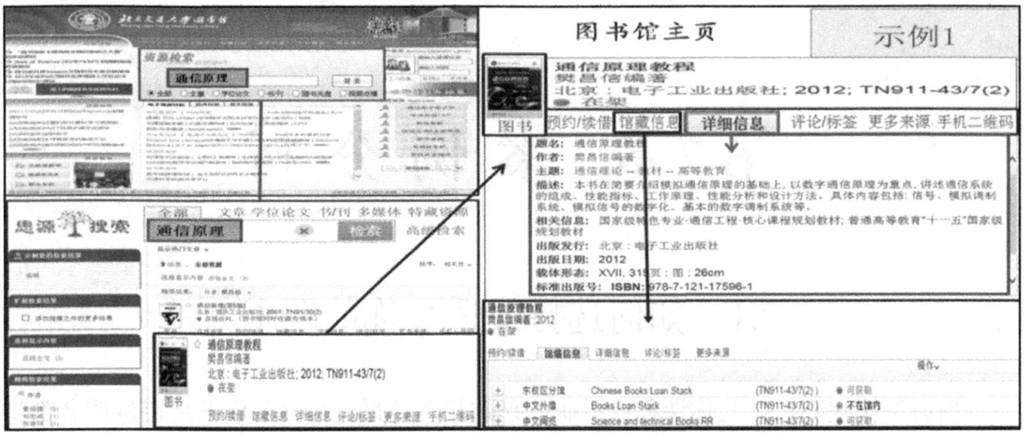

图 7-1 北京交通大学图书馆馆藏目录匿名检索界面及检索结果

在所查找的图书馆找到馆藏目录，在其检索框输入你要查找图书的相关信息进行查找；检索的结果可能很多，需要你依据作者、出版者、摘要等著录的详细信息进行初选，选择你认为满意的、符合你要求的 5～10 条记录（千万不要太多，最多不能超过 10 条），如图 7-2 所示。

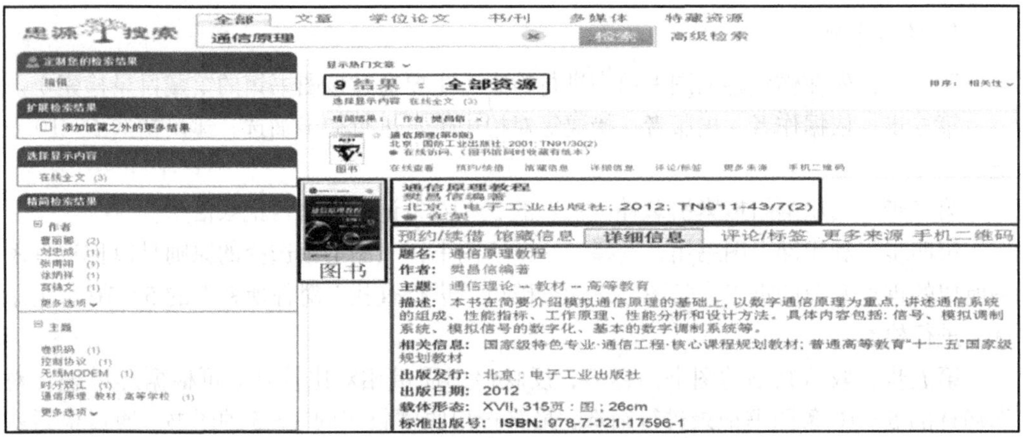

图 7-2 馆藏目录检索结果详细信息界面

利用网络搜索引擎补全已查到的书目记录信息。例如，作者简介、书的内容简介、书的目录、书的价格、版本等信息，以便你对所确定的 5～10 条书目信息有更加细致地了解。

利用网上图书馆，选择 3～5 所图书馆（图书馆选择的原则是以你选择图书所属的重点专业的、重点大学的图书馆为突破口，进行查找）对你所初选的 5～10 条记录逐一进行检索。

读者可参考如下链接选择你预选择的图书馆网址：清华大学图书馆提供的国内外图书馆的链接（http://www.lib.tsinghua.edu.cn/find/find_library.html）；中国国家图书馆提供的国内外图书馆链接（http://www.nlc.gov.cn）；中国科学院国家科学图书馆提供的国内外大型图书馆链接（http://www.las.ac.cn）。

7.1.2　看到图书后，判别哪本书更适合你的方法

通过 7.1.1 节我们介绍的五个步骤，读者基本可以在没看到真实的图书之前，初步选择 3～5 种质量相对比较好的图书。

这 3～5 种图书虽然大家都认为好，但是否适合你，还需要读者自己根据以下方法进行判别。

1）读者要阅读该书的版权页提供的信息，通过以下几方面做出判定：①出版社的特色及知名度（找该专业的知名出版社）；②该书再版次数及印量大小（找再版次数多且销量大的图书）；③出版时间（一些学术图书有实效性，尽量找最新出版的）；④是否是相关级别的规划教材、精品教材等（优选国家级精品教材、规划教材等）。

2）读者要仔细阅读该书作者的简介（如果该书没有提供，可上网查找作者简介），通过作者简介可以了解该书作者是否有很深的学术造诣，以及是否有相关的理论联系实际的工作经验等。

3）读者要阅读该书的目录，了解该书是否有你需要的章节或你需要的内容。

4）读者要阅读该书中的某一比较浅显的章节，通过阅读，了解该书的条理性、作者的写作风格、语言表达能力、分析问题和处理问题的能力等是否适合你的需求。

5）通过图书提供的目录和初步阅读，了解该书内容的难易程度等是否适合你。

总之，通过上述 5 个方面的判定，读者基本上能在 3～5 种图书中选择出适合自己阅读的图书。

7.1.3　解决图书已被他人借走或没有馆藏的办法

（1）能提供借阅服务的图书馆收藏你欲借的图书，但目前已经被其他读者借走

1）通过该图书馆提供的预约服务功能，自己预约该书，待该书返还图书馆后，你就可以前去借阅该书了。

2）到该图书馆的科技/社科图书阅览室，一般图书馆的所有图书，在管理时要抽出一本保留在相关阅览室内，如果需要，可以到相关阅览室阅读，有些图书馆为提高图书的利用率，对阅览室的图书提供短期出借服务，可以利用此功能。

3）利用馆际间的相互借阅服务，实现借阅图书的目的。目前国内大部分图书馆均提供馆际互借服务，馆际互借是在协议图书馆之间实行的一种返还式馆际文献资源共享的服务方式。当本馆没有该文献或该文献已被读者借走时，一般图书馆会为本馆读者提供这种馆际互借服务。具体操作方式可咨询图书馆的相关部门。

4）自己购买或图书馆代购。

（2）能提供借阅服务的图书馆没有收藏你欲借的图书

1）利用图书馆提供的馆际互借功能，实现借阅图书的目的。

2）自己购买或由图书馆代购。

3）推荐图书馆购买。一般图书馆都会提供图书的推荐功能，读者可以把你需要的图书或你认为比较好的图书推荐给图书馆。

思考题

1. 在没看到真实的图书之前，如何判别哪本书相对比较好?
2. 在能够看到真实图书的时候，如何判别哪本书更适合你?
3. 欲借某书，但该种图书已被他人借走或没有怎么办?

7.2　如何挑大学选专业

选择大学与专业时，可适当考虑利用大学排名榜。需要指出的是不同的大学排名榜，选择的指标体系各不相同、各有侧重，因此可能会出现同一学校排名不同的情况。

大学排名指没有直接参与被评估对象发展与运作的大学外部评估组织，根据特定目的，遵循预先经过科学论证的评估标准与评估方法，对大学的科研活动和科研成果进行分类评估或综合性整体评估，给出分类排名或整体排名，为学生择校、高校应聘者、政府资助、高校自我认识和改进提供一个基准参考或价值尺度。

7.2.1　大学排行评价介绍

目前国内外有许多政府机构或公益性组织主导的高校排名探索，参见下表 7-1（参考杨天平等所著的《国内外大学评价指标体系的发展趋势》）。本节对其中部分排名情况进行说明，如表 7-1 所示。

表 7-1　大学排行榜概述

排名分类	排名名称	排名对象	排名开始时间
国内官方大学排名	教育部学位与研究生教育发展中心学科评估	我国具有研究生培养和学位授予资格的一级学科	2002 年
	教育部普通高等学校本科教学工作合格评估	普通高等本科学校	1994 年
国内民间大学排名	武书连中国大学评价	国内大学	1993 年
	武汉大学中国高校综合竞争力评价	国内重点大学	2004 年
	网大中国大学排行榜	国内大学	1999 年
	校友会大学排行	国内大学	2003 年
国外大学排名	U.S.News 美国大学排名	美国大学	1987 年
	加拿大 Macleans 大学排名	加拿大大学	1991 年
	CHE 德国大学排名	德国大学	1998 年

续表

排名分类	排名名称	排名对象	排名开始时间
全球大学排名	上海交通大学世界大学学术排名	全世界大学	2003年
	THE世界大学排名	全世界大学	2004年
	QS世界大学排名	全世界大学	2004年
	U.S.News世界大学排名	全世界大学	2014年

1. 上海交通大学世界大学学术排名

上海交通大学世界一流大学研究中心基于第三方公开数据，自2003年开始，每年发布世界大学学术排名。其特征是评价体系客观透明、评价指标独特，并具有国际可比性。排名包括世界一流大学的总排名、分领域排名和分学科排名。

2. QS世界大学排名

QS世界大学排名(QS World University Rankings),由教育组织Quacquarelli Symonds在2004年初次发布。2004～2009年，QS与泰晤士高等教育合作，在《泰晤士高等教育增刊》发布世界大学排名，称为THE-QS世界大学排名。自2010年起，QS与泰晤士开始各自发布世界大学排名。

QS世界大学综合排名运用六个方面的具体指数衡量世界大学，目前QS排名同出版集团Elsevier合作推出，现涵盖世界综合排名、学科分类排名；三个持不同准则的地区性排名（亚洲、拉丁美洲、金砖五国）、全球顶尖年轻大学排名、全球最佳求学城市排名。

3. U. S. News世界大学排名

美国新闻与世界报道(U. S. News & World Report)自2014年10月起发布U. S. News世界大学排名（U. S. News Best Global Universities），根据大学的学术水平、国际声誉等十项指标得出全球最佳大学排名，以便为全世界的学生在全球范围选择理想的大学提供科学的参考依据。

7.2.2 学科排行介绍

大学学科的排名指标体系也多种多样，各不相同。

1. 我国教育部学科评估

教育部学位与研究生教育发展中心按照教育部和国务院学位委员会颁布的《学位授予和人才培养学科目录》，对具有研究生培养和学位授予资格的一级学科进行整体水平评估，并根据评估结果进行聚类排位。此项工作于2002年首次在全国范围内开展，至今已完成四轮评估。学科评估采用“客观评价与主观评价相结合、以客观评价为主”的指标体系，包括“师资队伍与资源”“科学研究水平”“人才培养质量”和“学科声誉”四个一级指标，指标权重全部由参与学科声誉调查的专家确定。

2. 武汉大学《中国大学及学科专业评价报告》

武汉大学中国科学评价研究中心（RCCSE）是我国高等院校中第一个综合性的科学评价研究中心，自 2004 年起，RCCSE 开始按年度连续发布中国大学及学科专业评价报告。2017 年 1 月 RCCSE、中国教育质量评价中心联合中国科教评价网推出《2017 年中国大学及学科专业评价报告》。RCCSE 的专业评价从学科门类、专业类和专业三个层次展开，从 2012 年起增加了专业类的评价。

3. QS 全球学科排名

QS 评价学科的指标体系包括全球学术声誉、全球雇主声誉、篇均引用及高被引指数。这 4 个指标均指某一学科过去 5 年的长期综合质量。全球学术声誉，是指每个学科在其专业领域里，全球最顶尖专家学者对这个学科的专业评价和认可度；全球雇主声誉，是指该学科过去 5 年培养的毕业生的综合素质和竞争力在全球顶尖用人单位的评价和认可度；篇均引用及高被引指数，是指整个学科在 SCOPUS 数据库中的引用情况统计。各学科的评价指标相同，但根据学科特点，每个指标的权重不同。

7.2.3 综合考虑学校与专业

选择大学与专业时，可以参考国内外的大学与专业排行榜，但因各榜单评价指标各有侧重，在选择时应根据个人的实际情况，结合个人兴趣，做出最符合自身需求的决定。

思考题

1. 利用 QS 世界大学排名，查找世界范围内 2017 年电气领域排名前十的大学。

2. 利用教育部学位与研究生教育发展中心 2012 年学科评估结果，查询电气学科全国排名前十的学校。

7.3 如何选择研究生导师

读万卷书不如行万里路，行万里路不如名师点悟。每年考研季来临时，学生们都忙于找自己的研究生导师，怎样才能选择一位适合自己的研究生导师呢？在此作者想从利用信息检索查找导师的科研能力和学术成果层面提出一些建议供学子们参考。

所谓“选择导师”在这里作者强调的是选择适合你的研究生导师。在选择适合你的研究生导师前，先要对自己做三个方面的评估或思考：第一，对你本人的学习能力和科研能力的评估；第二，思考是否自己已经比较明确地把握了自己的研究兴趣并正确评估自己的研究兴趣；第三，思考你本人是否将来有意从事与研究生阶段研究内容相关的工作。

如果你对自己的能力、研究兴趣和择业三个方面没有清醒的认识，那么选择也只会是盲目而轻率的。下面着重介绍如何利用文献检索来对“候选”导师的科研能力和学术成果方面进行综合评价，通过综合评价来选择适合你的研究生导师。

7.3.1 初步了解“候选”导师

根据你对自己能力的评估和以往各校招生的分数线情况，首先选择欲报考专业的“候选”学校，选出1所“候选”学校；通过“候选”学校主页查找相关教师简介或教师个人页面初步了解“候选”导师。中国研究生招生信息网的网址为 http://yz.chsi.com.cn；中国学位与研究生教育信息网的网址为 http:// www.cdgdc.edu.cn。

7.3.2 掌握导师的基本信息

掌握“候选”导师的学习经历、工作经历、研究方向、招生专业、社会兼职及导师的办公地点、电话、电子邮箱等信息。这些信息可以通过“候选”导师所在学校的教师介绍或招生简章中获取。

7.3.3 了解导师所在学术团队情况

通过“候选”导师发表的论文或科研项目等了解“候选”导师所在学术团队的整体情况。比如，论文的参与者、科研项目的参与者等，再通过参与者的姓名查找相关参与者发表的学术论文等情况。

7.3.4 掌握导师的科研项目和学术成就

“候选”导师科研项目（级别及经费）、学术成果、获奖情况的主要获取途径。

1）从其所在学校的教师介绍中获取相关信息（不一定全面）。

2）通过网上查找到“候选”导师的相关信息，尽量补全。

3）通过相关数据库检索，可以获得“候选”导师相对准确、全面的学术成果信息，主要包括“候选”导师出版的专著、撰写的期刊论文、会议论文、科研报告、申请的专利情况、“候选”导师本人的学位论文，以及其所指导研究生的学位论文等情况。

只有了解了“候选”导师的各方面情况，才能有的放矢地选择好适合你的研究生导师。

下面以解答问题的方式解读“候选”导师部分学术成果的查找过程，具体有以下几种途径。

案例 1 如何查找“候选”导师在国内相关期刊上发表的期刊论文数量、论文所在期刊、发表时间、研究主题、论文原文及合作者等信息

案例分析：读者可以通过查找三大中文期刊论文数据库获取。

（1）维普网的中文科技期刊数据库

1）通过维普网（http://www.cqvip.com）期刊文献检索功能，利用高级检索（作者和机构联合检索）查找该数据库收录的“候选”导师的上述信息。

2）国内一些高校、科研院所或机构购买了维普网的中文科技期刊数据库，通过该数据库的检索可以直接阅读或下载该导师已发表的论文，由此更加深入地了解“候选”

导师的具体研究成果。

3）还可以通过维普网提供的服务方式，付费阅读到期刊论文的全文。

（2）万方数据平台及其《中国学术期刊数据库》

1）通过万方数据平台（http://www.wanfangdata.com.cn）高级检索功能，查找该网站中的期刊论文数据库收录的“候选”导师的上述信息。

2）国内一些高校、科研院所或机构购买了万方的《中国学术期刊数据库》，通过该数据库的检索可以直接阅读或下载该导师已发表的论文，由此更加深入地了解“候选”导师的研究成果。

3）还可以通过万方数据平台提供的服务方式，付费阅读到期刊论文的全文。

（3）CNKI 中国知网及其《中国学术期刊（网络版）》

1）通过 CNKI 中国知网（http://www.cnki.net），查找该数据库中的《中国学术期刊（网络版）》数据库收录的“候选”导师的上述信息。

2）国内一些高校、科研院所或机构购买了 CNKI 中国知网的《中国学术期刊（网络版）》，通过该数据库的检索可以直接阅读或下载该导师已发表的论文，由此更加深入地了解“候选”导师的研究成果。

3）还可以通过 CNKI 中国知网数据平台提供的服务方式，付费阅读期刊论文的全文。

案例 2　如何查找“候选”导师在国外相关期刊上发表的期刊论文数量、论文所在期刊、发表时间、研究主题、论文原文及合作者等信息

案例分析：读者可通过查找各学科重点的综合型期刊数据库或所在专业期刊数据库获取。

从各学科重点的综合型期刊数据库中查找并获取。例如，美国的科学引文索引数据库、美国的工程索引数据库等。也可通过该导师所研究的主题或专业领域的一些专业数据库有针对性地查找并获取。例如，美国土木工程师协会数据库（ASCE）、美国机械工程师协会数据库、美国计算机协会数据库等。

案例 3　如何查找“候选”导师本人的学位论文及导师所带学生的学位论文情况

案例分析：通过查找学位论文数据库，可查到（公开不保密）导师本人的硕士论文、博士论文或博士后出站报告，也可查到该导师所指导的已毕业的研究生的学位论文（公开不保密），通过导师本人的学位论文，以及他所指导的学生的学位论文情况，进一步了解该导师的研究方向和研究经历。

案例 4　如何查找“候选”导师出版的专著、会议论文、科研报告、申请的专利情况

案例分析：利用第 2 章不同出版类型文献资源的检索与利用，读者可检索“候选”导师出版的专著、会议论文、科研报告、专利等情况。

思考题

1. 如何初步了解“候选”导师？
2. 如何掌握“候选”导师的基本信息？
3. 如何了解“候选”导师所在学术团队的情况？

7.4 如何选择研究主题

学术论文是研究人员从事科学研究，针对某些学术问题撰写的具有自身见解的论文。学术论文是研究成果的体现，而研究人员为完成学术成果，需要进行大量的基础性工作。首先研究人员要在某一学科、专业领域有长期的积累，熟悉本领域的研究历史、研究现状及研究的热点难点，在此基础上，研究人员要经过缜密地思考，发现某研究问题的新观点、新思路或解决某一问题的新方法，或某一科学技术在社会实践中的新应用等，然后收集大量文献资料，设计研究方案，验证研究假设，最终按照一定的学术规范，形成学术论文。

7.4.1 选题的标准

科学研究首先面临的问题就是选择研究课题。如何选择一个科研课题是科学研究活动的起点，并直接关系到科研进展。

一般来说，科研选题主要包括两方面内容：一是研究方向的确立；二是研究课题的选择。前者决定了研究团体和研究者个人在较长时间内进行科学研究的主攻方向和目标；后者则是在研究方向确立后选定突破口，制订较为具体的研究计划。本节所讨论的选题，主要针对研究方向确立后，确定具体的研究课题。

1. 重要性

选择本学科领域内举足轻重的、对学科发展产生深远影响的题目。选择本学科重要的论题，就要大量地搜集、占有资料，这样不仅可以掌握本学科最新的科研信息，了解、跟踪本学科的最新研究动态，同时搜集资料的过程也是调查研究逐渐形成论点的过程。

2. 创新性

学术论文必须有所创新，绝不能是已有文献地简单堆砌与重新组合。选题的创新可从论点、研究方法、研究资料等方面着手。创新性是科学研究工作的本质属性之一，当今世界科学发展日新月异，创新可以体现在诸多方面，新观点、新内容、新结论、新方法、新进展、新变化等都是创新。

3. 可行性

科研选题要量力而行，既要从客观条件出发，也要从研究者个人的知识结构和研究能力出发，从研究人员的兴趣爱好出发。选题要选择自己比较熟悉，能够把握的题材。只有自己亲自参加的科学研究活动，通过长期的体验、观察和分析，才能有所感触、有所领悟，最终形成独到的见解或主张。

7.4.2 选题的过程

论题的选择是一个思考的过程，也是一个不断调整的过程。学术论文的选题，是研究人员在自己的研究领域中通过不断思索逐步得出的，并根据所占有的学术资源、自身的知识结构不断进行修正与调节。这是一个长期的积累过程，并非突兀地存在于研究过程中。

1. 正确的研究方向

研究人员要充分了解所在研究领域的发展动向，为此要有相当深厚的专业知识积累，对关注的研究问题要熟悉其历史、现状、问题等，这样才有可能寻找到突破点。研究领域的发展方向，决定了未来很长一段时间内本领域的发展重点。社会的发展目标决定着科研的发展方向，而学术课题作为解决一个相对单一的科学、技术问题而确定的主题，是科学研究的基本单元。因此，科研人员要想把握科研方向、选准课题，必须研究科技发展方向，站在学科的前沿，把客观需要同本学科、本专业的发展有机地结合起来。此外，要认真研究课题动态，即课题所涉及的内容在国内外的发展动向、发展趋势。

2. 可行的研究路线

科研人员在设计课题时要考虑详略得当、有所侧重，避免面面俱到，既无深度又无特色的研究。研究设计是否合理、技术路线是否得当、措施是否得力是科研选题成功的必备条件。因此，研究人员要对主要研究目标、实施步骤、实验内容、技术的关键环节和预期目标分阶段制订出详细计划，并准确掌握实验地点、仪器设备、协作单位及经费等情况。

7.4.3　选题实例

本节以图书馆的科学数据服务为例说明选择研究主题的过程。

1. 充分收集资料

从研究主题出发，进行充分的文献调研，在了解国内外研究的基础上，确定具体的研究题目。

1）中文文献利用 CNKI 期刊数据库，了解国内的研究成果。

①选择检索词。一般从研究主题着手选择检索词，可包括与主题相关的观念、理念、概念、专有名词等，本研究主题可使用“科学数据”进行初步检索，然后分析检索结果，从中收集其他相关词汇。

②检索过程。数据库为 CNKI 期刊数据库；数据范围为 2007～2016 年。

检索式 1：主题=科学数据 AND 主题=图书馆；检索结果为 194 条；检索时间为 2017-05-18。

略读检索结果，从中收集相关词汇，如科学数据、研究数据、科研数据。根据结果，调整形成以下检索式。

检索式 2：主题=科学数据 OR 研究数据 OR 科研数据 AND 主题=图书馆；数据年代为 2007～2016 年；检索结果为 370 条；检索时间为 2017-05-18。

③简要分析。按年代对论文时间分布进行分析，如表 7-2 所示。

表 7-2 论文数量年代分布（CNKI）

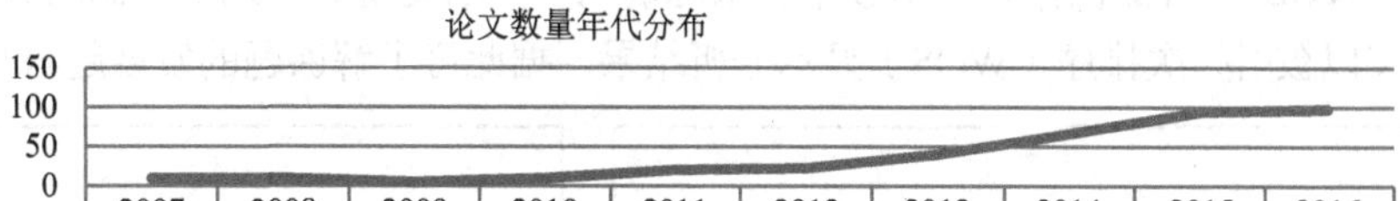

	2007年	2008年	2009年	2010年	2011年	2012年	2013年	2014年	2015年	2016年
论文数量(篇)	9	9	4	9	20	22	40	66	94	97

从表 7-2 中可以看出，国内图书馆对于科学数据的研究论文数量逐年增长，研究属上升趋势，这是一个值得研究的主题。

2）英文文献利用 WOS 平台进行检索。

①检索词。research data，science data，scientific data，data curation，data management，university，librarian.

②检索过程。数据库为 SCI-EXPANDED， SSCI 时间跨度=所有年份。

③英文检索式。标题为（research data OR science data OR scientific data）AND 主题为（university OR librarian OR curation OR management）；检索结果为 106 条；检索时间为 2017-05-19。

需要说明的是，在检索过程中根据检索结果要不断地调整检索式，最终检索结果多数是多个检索式组配而成，而不是一个检索式就能完全实现检索目标。

④简要分析。利用 WOS 的分析结果功能，对检索结果进行出版时间分析，如表 7-3 所示。

表 7-3 论文数量年代分布（WOS）

时间	2008 年	2009 年	2010 年	2011 年	2012 年	2013 年	2014 年	2015 年	2016 年
论文数量（篇）	7	8	7	7	11	14	31	30	26

从表 7-3 可知，国外学者也在探索图书馆关于科学数据管理方面的研究。

3）网络搜索引擎的检索。可利用各种网络搜索引擎，包括百度学术、谷歌、必应等补充文献。

综上所述，从国内外搜集到的资料分析，图书馆的科学数据管理是一个值得研究的问题。

2. 阅读有价值的文章

在了解研究主题变化趋势的基础上，在有限的时间内，应阅读更有价值的重要文章，文章包括但不限于发表在核心期刊上的文章。其也可利用数据库提供的分析功能，如“被引”功能，阅读通过数据库的分析功能选择出的重要文章。

（1）中文数据库的分析功能

中文数据库，如 CNKI 数据库具有分析功能，可将检索结果按照各种指标聚类，从而达到分析的目的。由图 7-3 论文以被引频次排序（CNKI），可看出研究人员更为关注学术论文。

（2）英文数据库的分析功能

WOS 平台提供作者、出版年、来源期刊、文献类型等十几个方面的分析功能。图 7-4 论文以被引频次排序（WOS）显示分析结果，据此可了解课题的发展趋势与发展阶段。

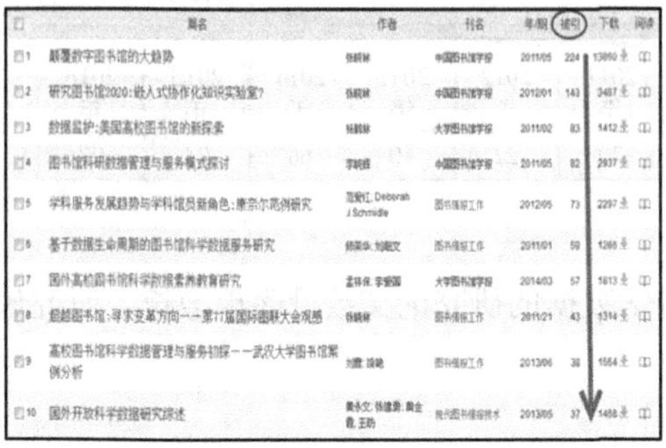

图 7-3 论文以被引频次排序（CNKI）

图 7-4 论文以被引频次排序（WOS）

3. 跟踪最新研究进展

在检索、收集、阅读论文时，要有意识地汇总相关词汇、重要的作者、研究机构等内容，并跟踪最新研究进展，以保证所研究的课题处于行业内比较领先的位置。例如，上述的 CNKI、WOS 等数据库都提供有创建定题跟踪、引文跟踪、RSS 订阅等功能。

就本书内容而言，经过分析在图书馆科学数据研究方面，国内研究水平较高的机构为中国科学院文献情报中心、武汉大学信息管理学院等；知名学者如张晓林、顾立平、黄如花等。国外研究水平较高的机构如约翰·霍普金斯大学、斯坦福大学等，知名学者如 Wilkinson、D Mark、Dumontier、Michel 等。

思考题

请根据自己的专业选择合适的研究主题，完成以下内容。

1）所用中外文资源的名称。

2）所用检索词与相应检索式。

3）简要说明检索中遇到的问题与解决方式。

4）利用数据库的分析功能，以被引频次排序，分别标引出中外文排序前三的论文。

5）利用数据库的分析功能，分析所选研究主题领域内重要的机构与作者，并思考追踪最新文献的方式。

7.5 如何选择中外文检索词

检索词是表达文献信息需求的基本元素，也是计算机检索系统中进行匹配运算的基本单元。它既可以是主题词、分类号，也可以是著者，甚至是 IPC 分类号、ISBN 号等。检索词选取的恰当与否，直接关系检索结果的好坏。选取检索词的过程是用户分析、识别、提炼和归纳信息需求主题的过程。本节所介绍的检索词的选取是指难度最大的主题词的选取。

7.5.1 检索词的选取方法

1. 选词原则

检索词的选取要遵循准确性、全面性、规范性三个原则。准确性即选取最恰当、最能表达课题主要内容的专业词汇进行检索。全面性即选取覆盖信息需求主要内容的所有词汇，包括隐含词。规范性即选取规范化的、具有独立意义的检索词。

2. 选词步骤

1）分析检索课题，将主题内容分解为数个概念，将这些概念作为检索词。

2）将检索词按重要程度进行排序，剔除无意义、与课题关联不大、重复的检索词。

3）确定好检索词后，有时需要将这些检索词进行转换，如利用主题词表进行比较对照，将不规范词转换成规范化的检索词；将隐含的概念显性化；将抽象的概念具体化。

4）将检索词的同义词、近义词、相关词、简缩写词等一并搜集。

3. 选词要点

（1）从课题名称中选词

课题名称一般最能反映检索的主要内容，通常可以从课题名称中直接获取检索词，通过补充或转化进一步完善检索词。

（2）从课题内容中选词

有些课题的实质性内容无法直接从课题名称中反映出来，课题所隐含的概念及相关内容需要从课题所属的专业角度进行深入分析，提炼出反映课题研究对象、方法、材料、过程、条件等相关的检索词，挖掘课题深层次的隐含概念。因此，在检索前必须充分研读课题相关的背景资料和文献，从中选取或提炼合适的检索词。

（3）选用具有独立检索意义的实词

1）副词、冠词、介词、连词、感叹词、代词、某些动词（助动词、连系动词、情感动词）、符号等不适合作为检索词。

2）使用比较广泛的词不宜作为检索词，如研究、问题、现状、进展、概况、展望、应用、利用、用途、作用、开发、分析、方法、效果、影响等。

3）词语延伸过多的词，建议少用，如一定要用，须将其同义词搜集全，否则容易造成文献漏检。例如，制造、开发、制备、生产、加工、工艺等系列词汇，提炼、精炼、萃取、提取、回收、利用等系列词汇。

案例5 检索课题“新能源汽车购买决策的影响因素研究”的相关文献

案例分析：去掉“的”“研究”等词，课题字面中可提取的检索词有“新能源汽车”“购买决策”“影响因素”，但仅从字面中提取的检索词去检索文献查全率较低，可能会遗漏许多重要的文献。其可通过阅读百科知识及相关文献资料，从中获取更多重要的检索词。

从百度百科中获知，新能源汽车包括纯电动汽车、增程式电动汽车、混合动力汽车、燃料电池电动汽车、氢发动机汽车、其他新能源汽车等。从文献初步调研看，新能源汽车购买决策的影响因素主要包括售后服务（售后服务网点密度、维修保养成本、停车场所和能源再补充的便利性等）、购车成本、汽车品质、使用能耗等。

为了保证查全率，可从与课题内容相关的背景资料中获取如下检索词，如新能源汽车的下位词有纯电动汽车、增程式电动汽车等；购买决策的近义词有消费者决策，相关词有购买动机、消费动机等；影响因素的隐含词包括价格、维护成本、充电、安全性等。

（4）选取中外文专业词汇，注意国外惯用的专业术语

一般口语化的检索词适合在搜索引擎中使用，但在数据库检索时应尽量使用学者常用的专业化词汇。尤其是外文检索词，应尽量选用国外通用的专业术语，而不是国内通用的翻译，可通过阅读外文文献获取国外常用专业术语。

案例 6 检索课题“长期少量核辐射对人体健康的影响”的相关文献

案例分析：从课题中提取检索词“长期”“少量”“核辐射”“健康”，分别在 CNKI 及 Elsevier ScienceDirect 数据库中进行试检，检索结果并不理想，相关文献极少。经分析发现，“少量”“核辐射”等检索词偏口语化，一般在专业文献中，“少量”用“小剂量”“低剂量”“low dose”等专业词汇来描述；关于“核辐射”的研究文献较少，而含义更为广泛的“电离辐射”“ionizing radiation”研究文献较多，可把检索词“核辐射”替换成“电离辐射”。替换检索词后重新在中外文数据库中检索，发现文献的查全率及查准率都较为满意。

（5）排除重复概念

课题中若存在蕴含关系的重复概念，检索前要先行将其排除。检索概念越多，检索结果数量就越少，使用重复概念会影响文献的查全率。

案例 7 检索课题“手术治疗近视眼”的文献

案例分析：检索词有“手术”“治疗”“近视眼”，事实上，“手术”是“治疗”的一种手段，“手术”较“治疗”更为具体化，故可将重复概念“治疗”去掉。

（6）选用表达最小概念的单元词作为检索词

为了提高文献的查全率，需要将句子切分成若干个有实质意义的词语，这些词语一般要切分成最小概念的单元词。例如，计算机信息检索，最好切分成“计算机”“信息检索”两个检索词，切分后的检索结果数量明显增多。但检索词不可过度切分，如“天然气水合物”是词组，如果将它切分成“天然气”“水合物”，就会失去检索词的完整性，影响文献的查准率。

（7）隐含词的选取

课题中提取的检索词并非都适合检索，对于那些从课题字面中获取的过于模糊、宽泛、狭窄或不专业的检索词，往往不能取得满意的检索结果，这时需要提炼更明确、更具体、更专指或更专业的概念词来替换原有检索词，或作为原有检索词的同义词一并检索。

案例 8 检索课题“高温下使用的不锈钢”的相关文献

案例分析：其显性概念为“不锈钢”，而隐含概念为“耐热钢”，因为“高温下使用的不锈钢”就是“耐热钢”。

（8）同义词的选取

对检索词进行同义词、近义词、上位词、下位词、相关词、简缩写词的扩展，是提高文献查全率的关键。同义词是指意义完全相同的词，如维生素与维他命；近义词

是指意思相近的词，如碾碎机与粉碎机；上位词是指概念上外延更广的主题词，如语言是汉语的上位词；下位词是指概念上内涵更窄的主题词，如望远镜是光学仪器的下位词；相关词是指意义相关的词，如外贸与出口。还要注意检索词的全称、简称及英文字母缩写，如乙型病毒性肝炎的简称为乙型肝炎、乙肝、HB；同时注意外来词的译写变化，如波尔兹曼，有时翻译成玻耳兹曼、玻尔兹曼、波耳兹曼、波尔茨曼等。同义词一般采用逻辑“或”的方式，与原有的检索词进行组配，有时也可直接替代原有的检索词。

7.5.2 中外文检索词的搜集渠道

1. 中文检索词的搜集渠道

在课题中获取基本检索词后，需要全面搜集同义词或相关词，可通过以下途径搜集。

1）从互联网中获取，如百度百科等。

2）从词（辞）典等工具书中获取。

3）从维普、万方、读秀等数据库提示的同义词库、推荐的相关词库中获取。

4）在中文数据库中进行试检，从检出的文献题名、摘要、关键词、原文中获取。

5）从《汉语主题词表》《中国分类主题词表》《社会科学检索词表》等主题词表获取。

2. 英文检索词的搜集渠道

1）从互联网中获取，如百度百科、维基百科等。

2）从词（辞）典等工具书中获取，尤其要利用科技词典、专业词典。

3）利用 Google 翻译、有道翻译、金山电子词典等把中文检索词翻译成英文。

4）到中文数据库中试检，从检出文献的英文题名、英文摘要及英文关键词中获取。

5）利用 CNKI 翻译助手（http://dict.cnki.net）获取。

6）从主题词表（又称为叙词表、词表）中选词。例如，《INSPEC 叙词表》《Ei 主题词表》等外文数据库词表中获取相关词汇。

案例 9 请利用 Ei 主题词表查找碳纳米管的相关词

案例分析：进入 Ei 数据库，选择主题词检索方式“Thesaurus Search”，在检索框中输入碳纳米管的英文检索词“Carbon nanotubes”，选择主题词表打开方式“Exact terms”，点击“Search index”，检索结果呈现检索词的主题词表结构，供读者选择相关词（图 7-5）。

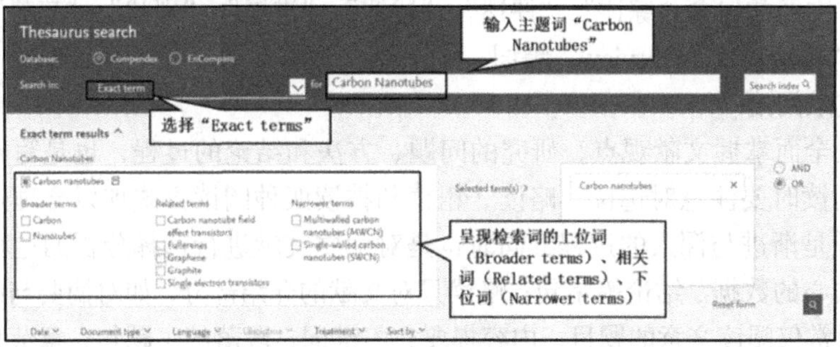

图 7-5 Ei 主题词表

思考题

1. 简述英文检索词的搜集方式。
2. 请利用 Ei 主题词表，查找“Computer Aided Design”的相关词。
3. 检索“石油工业废水处理技术研究”方面的参考文献，如何选择并扩展检索词？

7.6 如何撰写文献综述

7.6.1 文献综述概述

文献综述是对一定时间段内某一特定学科或主题的相关文献进行收集、整理、分析、研究，形成的书面报告，包括学科或主题的研究现状、动态及未来发展趋势。所谓“综”，是指综合了“百家”之言；所谓“述”，是指作者结合自己的观点和实践，对文献内容进行述评。

和其他类型的文献相比，文献综述具有综合全面、概括高度、述评客观、参考价值高等特点。科研人员通过阅读综述，可以快速了解领域动态和前沿；通过撰写综述，可以对不同研究视角、不同观点进行分析、比较、批判和反思，明晰研究现状，寻找研究的切入点和突破口，从而站在“巨人的肩膀上”，少走弯路。

和科技论文一样，文献综述除题目、作者、摘要、关键词等必备要素外，还要有以下四个部分，即前言、主体、结论和参考文献，其中主体是综述最主要的部分。

7.6.2 文献综述撰写步骤及注意事项

1. 撰写文献综述的一般步骤

（1）文献搜集

文献搜集就是从众多的文献资料中查找所需文献的过程，可采用常用法、追溯法、综合法等检索方法，借助各种检索工具完成，具体检索步骤参见 1.5 节。为了对课题有全面的了解，研究初期最好搜集一些综述文献，可通过 SCI-Expanded、Ei Compendex、CNKI 等数据库检索结果的聚类筛选功能获取。另外，综述文献也可以通过题目加以识别，其题目中经常包含“综述”“评述”“述评”“进展”“现状”“趋势”“动态”“review”“survey”“overview”等词。

（2）文献阅读

阅读是全面掌握文献观点、研究的问题、方法和结论的过程，也是写好文献综述的基础。阅读时要注意对选读、略读、粗读和精读四种阅读方式加以合理选择，几种阅读方式既是渐进与深入的过程，同时也是对优质文献进行选择分析的过程。选读只阅读自身关心的数据、结论等字句；略读只对文献的介绍部分，如对摘要与结论进行阅读；粗读通常仅阅读文章的题目、内容提要、关键词、段落的主题句、章节目录等；精读需要详细阅读全文。

要将批判性阅读的思维应用到阅读中，按照作者的研究思路及对相关概念的界定，全面分析文献的观点，厘清作者的论证过程，分析存在的问题、观点的不足与尚未提出的问题。

阅读时要做好笔记，详细、系统地记录各个文献中研究的问题、目标、方法、结果和结论。为提高阅读效率，可利用文献管理软件（如 NoteExpress、EndNote 等）做阅读笔记。

（3）文献分类

将搜集的文献按照一定的标准进行分类，以便在后续研究中使用。例如，按学科领域分类；按学术观点、学术流派分类；按问题研究的历史发展阶段分类；按研究方法的应用分类等。将相关的、类似的内容归为一类；对结论不一致的文献，要保留观点之间的分歧，读者要做出自己的是非判断。同时，对每一项资料的来源要注明完整的出处，不要忽略记录参考文献。

（4）拟定提纲

文献综述的格式与一般研究性论文的格式有所不同。这是因为研究性的论文注重论述研究的方法和结果，而文献综述重点介绍与课题有关的现状、动态、进展及展望。按照综述结构中的前言、主体、结论和参考文献四个部分拟写提纲。具体方法可按照以下步骤进行。

1）文献分组后，列出每组需要叙述和讨论的问题，即论点，每一组的素材就构成了论据。将每一组的论点用标题或一句话概括出来，做到简洁、直观、醒目。

2）利用 Word 目录功能制作论点陈述的最佳顺序。将各个论点按逻辑顺序排列，并完成大小标题的嵌套，构成多级标题目录。

3）检查论点是否完整合理？前后是否连贯？论据是否充分？是否还需要补充其他素材？最终确保提纲层次分明、重点突出、各部分连接流畅。

（5）撰写与修改

在撰写时，尽量做到观点明确、层次清晰、文字精练、表达准确。下面重点对前言、主体、结论、参考文献的撰写内容进行说明。

1）前言。阐明研究主题，定义重要概念，界定研究范围；说明写作的目的和意义；注明资料来源，扼要介绍主题相关的历史背景、发展过程、现状、争论焦点、应用价值和实践意义等，使读者对正文主体有一个初步印象。如果属于争鸣型综述，要指明争论的焦点所在（图 7-6）。

前言的文字要精练，要吸引读者读下去。前言的篇幅大小，并无硬性的统一规定，需视整篇论文篇幅的大小及论文内容的需要来确定，一般控制在 300～500 字。

2）主体。主体是综述的关键部分，内容包括历史发展、现状分析和趋向预测等几个方面。撰写时，通过提出问题、分析问题和解决问题，比较各种观点的异同点、理论依据、方法和数据，从而反映作者的见解。为把问题说得明白透彻，可分为若干个小标题分述。

主体的写法多样，没有固定的格式。可根据某一专题的历史背景、现状和发展趋势，按年代顺序纵向叙述（图 7-7）；也可对某一专题按不同问题、不同观点进行国内外横页岩气是典型的非常规天然气，产自极低孔渗、以富有机质页岩为主的储集岩系中。页岩气的形成与富集为自生自储、以游离气和吸附气为主、原位饱和富集于以页岩为主的储集岩系的微—纳米级孔隙—裂缝与矿物颗粒表面[1-2]。页岩气常被称为"人造气藏"，开采必须通过大型人工储层造缝（网）才能形成工业生产能力，初期产量一般较高、早期递减较快，后期低产稳产且生产时间长（一般 30～50 年）。页岩气是国外最早认识的天然气，自 1821 年在美国阿帕拉契亚盆地成功钻探第 1 口页岩气井以来，页岩气的发展已近 200 年历史。但 20 世纪 90 年代前，当时只重视了致密（岩石）气与煤层气，页岩气在天然气大家族中的地位微不足道[3]，21 世纪以来，随着页岩气地质与开发理论的创新和勘探开发关键技术的进步，尤其是水平井钻完井与分段压裂技术的进步及规模推广应用，页岩气迈进了大发展阶段。

2005 年以来，中国借鉴北美经验，开始了中国页岩气地质条件评价与勘探开发先导性试验[1,3-4]。迄今，不仅在地质认识上取得进展，在勘探开发实践上也取得突破，成为全球除北美以外地区率先发现页岩气的国家。笔者在全球页岩气发展现状与中国页岩气勘探开发实践现状把握基础上，初步探讨了中国页岩气形成与富集条件，对中国页岩气勘探开发前景做了预测，以期对推动中国页岩气的发展有所帮助。

【来源】：该段内容摘自一篇综述论文，CNKI 期刊全文库中可下载该论文，信息如下：董大忠等. 中国页岩气勘探开发进展与发展前景. 石油学报，2012，（S1）：107-114.

【评析】：该部分内容为综述的前言部分，给出了页岩气的定义，简要介绍了页岩气相关的历史背景、发展过程、现状，说明了本文的研究主题、目的和意义。

图 7-6　前言撰写示例

向比较和评述（图 7-8）；还可以就某一专题的发展方向进行全面系统的纵横向比较和预测，既有时间上的递进，又有不同问题、不同观点的阐述和比较。不管采用哪一种格式综述，都要将所搜集到的文献资料归纳、整理及分析比较，并使用中立的语言进行陈述，做到层次分明、条例清楚、语言精练、衔接流畅。

1.2 神经网络控制综述

第一个神经网络控制器当推 Widrow 和 Smith 于 1963 年提出的自适应线性单元 Adline[widrow,1987]，它用于学习产生一个开关曲线以稳定和控制一个倒立摆。自适应线性单元(Adline)是人们最早提出的人工神经元网络之一（另一为感知器网络[Rosenblatt,1961]),而构成这种网络的基本单元 Adline 类似于感知器。神经控制器的输出是离散的，可用于产生二元的控制作用。在 Michie 和 Chambers[Michie & Chambers,1968]以及 Barto 等人[Barto et al.,1983]利用这个问题评价他们的再励学习控制系统后，倒立摆问题已成为评价不同学习和自适应控制方案的标准测试平台[Miller et al.,1990a]。

七十年代，Albus[Albus,1975]提出一种模仿小脑如何控制肌体运动机理的控制模型，小脑模型关节控制器(Cerebellar Model Articulation Controller)简称 CMAC，并将其用于机械手的运动控制。八十年代早期开始，CMAC 已广泛用于高度非线性化工过程的建模和控制[Tolle & Ersü,1992]。八十年代中期，Miller 等人[Miller,et al.,1987,1990b]推广了 Albus 的结果并引入了神经网络的学习算法，CMAC 再一次用于机械手的控制。

八十年代，许多不同的人工神经网络和智能控制结构相继提出用于集成和扩展这些算法……这一时期，两项重要的工作，一个是美国物理家 Hopfield 于 1982 年提出的 Hopfield 人工神经网络和 Rumelhart 和 McClelland 于 1986 年提出的多层神经网络的反传(Back propagation)学习算法，简称 BP 算法，掀起了 80 年代中期以来人工神经网络的研究热潮，同时也推动了人工神经网络在控制中的空前应用……

九十年代是神经网络控制理论和应用蓬勃发展的时期。在理论方面的工作有……

【来源】：该段内容摘自清华大学博士论文《机械手的神经网络稳定自适应控制》，作者孙富春。在中国知网学位论文库中可检索并下载该文。

【评析】：该部分综述就神经网络控制的发展过程按时间顺序进行了纵向叙述，从 1963 年第一个神经网络控制器的提出，到 70 年、80 年代、90 年代每一个阶段的发展变化、取得的成果进行了分别叙述。

图 7-7　主体部分纵向叙述法撰写示例

3）结论。结论是对综述主体部分做简要总结，作者对各种观点进行综合评价，提出自己的看法，指出存在的问题及今后的发展方向。

结论应该准确、完整、明确、精练。结论部分一般应包括以下几个方面：①本文研究结果说明了什么问题；②对前人有关的看法做了哪些修正、补充、发展、证实或否定；③本文研究的不足之处或遗留未予解决的问题，以及对解决这些问题的可能的关键点和方向（图 7-9）。

国外对输气管道或管网调峰问题的研究主要可以分为四类：第一类是研究调峰可以采取的措施（地下储气库、LNG调峰厂、调峰用户、管存以及"照付不议"合同等）[14][15][16][17]，没有介绍制定和评价调峰方案的具体方法。根据国外运行经验[18]，枯竭油气田储气库和含水层储气库的单位运行费用为10.6～17.6 \$/km^3（0.08～0.13 CNY/m^3，取1\$＝7.5CNY），盐穴储气库的单位运行费用为10.6～88.3 \$/km^3（0.08～0.66CNY/m^3）。第二类是根据气体需求量的预测数据制定储气库的采气计划，在采气计划给定的前提下，优化储气库的运行，例如确定需要开启的气井数以及每口气井的采气量[19][20][21]，没有考虑管道系统运行参数的变化。随着储气库库存量的减少，气体的需求量可能增加，在采气末期，优化运行的目标函数可能转化为储气库的采气量最大。第三类是应用稳态模型分析天然气管道的中长期调峰问题，为储气库制定最优的调度计划以平衡气体总体需求和供应的矛盾[22][23][24]，但文献中对模型的建立描述很简略。第四类是采用输气管道或管网系统动态仿真软件进行短期调峰过程仿真。

【来源】：该段内容摘自中国石油大学（北京）博士学位论文《输气管网调峰方案仿真与优化研究》，作者左丽丽。

【评析】：该段内容就国外对输气管道或管网调峰问题分四类进行了评述，每一类问题在总结文献观点的基础上都有作者简单的评述，并提供多篇参考文献作为支撑。

图7-8 主体部分横向叙述法撰写示例

4 结论

（1）中国页岩气勘探开发起步较晚，但在全球为北美以外地区率先进入页岩气勘探突破和工业化开发先导性试验的国家。中国页岩气地质条件研究与关键开发技术储备已有较好基础，在古生界海相、石炭－二叠系海陆过渡相—煤系与中生界－新生界陆相（湖相）页岩气/油上陆续取得单井突破与发现，正进入开发先导性试验区建设阶段。

（2）中国发育海相、海陆过渡相—陆相煤系与陆相湖相3类富有机质页岩，页岩气资源潜力大。古生界海相页岩分布面积广，厚度大，有机碳含量丰富，成熟度高，页岩气形成与富集条件优越，是中国页岩气开发的重点领域。

（3）中国页岩气资源发展前景良好，目前勘探开发程度低，与北美典型页岩气产区地质与开发条件有明显差异，未来发展，需要借鉴北美的成功经验，针对中国的特点，加强基础地质条件和关键开发技术攻关，努力寻求环境友好、低成本的开发模式。

【来源】：该段内容摘自一篇综述论文，CNKI期刊全文库中可下载该论文，信息如下：董大忠等. 中国页岩气勘探开发进展与发展前景. 石油学报，2012，（S1）：107-114.

【评析】：该段内容为综述的结论部分，总结了国内页岩气取得的成果、指出了目前存在的不足及今后的发展重点及方向。

图7-9 结论撰写示例

4）参考文献。综述最后要列出所有的参考文献，说明其所依据的资料，增加综述的可信度，便于读者进一步阅读和检索。具体参考文献格式可以依据国家标准（GB/T 7714—2015）《信息与文献 参考文献著录规则》的要求撰写，也可根据期刊、会议等编辑部的格式要求进行撰写。在撰写时可利用文献管理软件，方便自动生成参考文献，并轻松实现各类参考文献格式的转换。

2. 撰写文献综述的注意事项

（1）搜集文献应尽量全面，并代表不同的学术观点

收集全面、大量的文献资料是写好文献综述的前提。所选用的文献应具有代表性、可靠性和科学性，要涵盖研究主题的重要学术观点，并要挑选出代表不同的观点及见解的文献。

（2）文献阅读要深入，不能"综"而不"述"

撰写综述必须充分理解已有文献的观点，并清晰地将这些观点准确无误地表述出来，因此综述作者要按一定的线索对文献进行再"加工"。如果综述仅是将前人的观点罗列出来，不进行系统的分类、归纳和提炼，那么内容就会十分杂乱、缺乏内在的逻辑，达不到分析、评论和发现问题的目的。

（3）忠于原始文献

撰写综述时提炼的观点必须忠于原始文献，不能把自己的观点强加给原作者。如果有不同的观点，可对原作者的观点进行评议，但论据必须充分，让读者能分清哪些是论述者的观点，哪些是原作者的观点，不能混淆在一起。

（4）标注参考文献

文献综述的末尾必须著录所引用的参考文献，所著录的参考文献应该是能够反映文献综述主题且作者直接阅读过的文献。

思考题

1. 请简述文献综述的结构。
2. 请简述文献综述的撰写步骤。
3. 撰写综述时应注意哪些问题？

7.7　如何开展学术研究

本节的学术研究主要指高等学校本科生及研究生从事的科学研究。根据研究工作的目的、任务和方法，通常可划分为基础研究、应用研究和开发研究三种类型。

基础研究是对新理论、新原理的探讨，目的在于发现新的科学领域，为新的技术发明和创造提供理论基础。

应用研究是基础研究的继续，即将基础研究发现的新理论应用于特定目标的研究，为基础研究的成果开辟具体的应用途径，使之转化为实用技术。

开发研究是将基础研究、应用研究应用于生产实践的研究，是科学转化为生产力的中心环节。

一般而言，科学研究的构成要素主要包括研究内容、研究方法和研究体系，其中研究内容是最为本质和核心的。高等学校本科生及研究生开展的研究主要为基础研究和应用研究，其研究具有一定的初始性，研究成果也主要以发表学术论文和申请专利等形式体现。由于学术论文和专利均具有“排他性”，即只有“第一”的时效性特点，要求其研究内容或研究方法或研究体系与别人有所不同。

7.7.1　科学研究的基本步骤

科学研究就是发现问题、解决问题并循环反复不断完善的过程。如图 7-10 所示，由科学探究的主要环节得出学术研究的基本步骤，按时间先后顺序大致可分为选题、方案设计、实践探索及分析论证、得出结论、形成成果五个阶段。

1）选题：即研究内容的凝练，通过大量文献调研遴选出有价值、具有创新性且具体可操作的研究内容。选题应明确所研究内容具有哪些重要的意义或价值，可以从理论上的重要意义和实际上的重要价值两个方面进行考虑，好的研究内容应该二者兼备。正确和精准的选题是研究成功的一半，也是决定研究水平和研究质量的关键。

2）方案设计：即根据研究内容选择适合的研究方法，制订切实可行的研究路线和实验方案，预测可能的研究结果。

3）实践探索及分析论证：即依据方案付诸实践。在实践过程中可能会遇到各种问题，需通过分析论证不断完善和修正研究方案。此阶段是研究中最核心的环节之一，往往需要反复实践才能求得正确的结果。

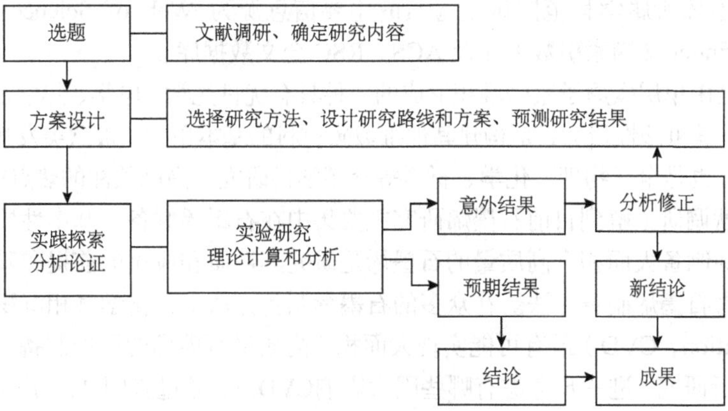

图 7-10　学术研究的基本步骤

4）得出结论：总结、凝练实践结果得出结论。当得出的结果与当初设计或预想不一致时，需重新核实前面步骤中的工作是否正确，但意外结果有时也可得到新的创新性结论。

5）形成成果：总结上述研究过程，形成规范化的文字表述形式，即完成论文的写作过程。

7.7.2　科学研究不同阶段的文献需求及检索重点

1. 选题

选题离不开大量的文献调研，其主要目的是全面了解研究现状，避免重复别人的工作。首先需依据研究所属的学科领域选择合适的数据库进行检索，建议以收录信息更全面的文摘索引数据库为主，其次结合学科相关的专业全文数据库补充部分最新信息。通过检出文献了解学科背景，了解该领域里别人做了什么？还有哪些没做或可以改进的？通过该研究想说明什么问题？如图 7-11 所示，通常通过阅读论文的前言或介绍部分可获取与研究主题相关的背景资料信息。

1. Introduction

The trinuclear osmium carbonyl $Os_3(CO)_{12}$ was first prepared in 1943 by Hieber and Stallman[1] but incorrectly identified as $Os_2(CO)_9$. The correct formula $Os_3(CO)_{12}$ was determined by Corey and Dahl[2] by X-ray diffraction in 1962 using visual estimation of the diffraction intensities. A more precise structural determination on $Os_3(CO)_{12}$ was later reported by Churchill and DeBoer[3] using automated X-ray diffraction methods. The structure of $Os_3(CO)_{12}$ has approximate D_{3h} symmetry with an equilateral Os_3 triangle and exclusively terminal CO groups.

Unsaturated trinuclear osmium carbonyls have also been observed experimentally. Thus the unsaturated trinuclear osmium carbonyl $Os_3(CO)_{11}$ has been generated photochemically by Bentsen and Wrighton[4] in rigid alkane glasses at 90 K and shown by its ν(CO) frequencies to contain only terminal CO groups like its $Os_3(CO)_{12}$ precursor. They suggest a structure for $Os_3(CO)_{11}$ based on the structure of $Os_3(CO)_{12}$ but with a missing axial CO group. A similar isomer of $Os_3(CO)_{11}$ has been observed by the photolysis of $Os_3(CO)_{12}$ adsorbed on the surface of silica.[5]

图 7-11　文献前言或介绍部分示例

案例 10　材料、化学与化工学科中比较热门的石墨烯研究

根据石墨烯所属学科范围确定检索的主要信息源为 Web of Science 核心合集、Scopus、Scifinder 文摘索引数据库及 ACS、RSC 全文数据库。

石墨烯是由单层碳原子紧密堆积形成的一种具有优良光学、电学、热学及力学性质的碳质新材料，其可塑性极大，是构建其他维数碳材料的基本单元，被欧美发达国家视为新兴战略材料，也是全球物理、化学、材料等众多学科研究者高度关注的热点前沿领域。

通过文献调研了解到目前石墨烯研究主要集中在石墨烯制备、基本性质及应用三个方面。考虑到制备大面积、高质量的石墨烯是研究其性质和应用的前提和基础，初步确定研究内容为石墨烯制备方法。在众多的石墨烯制备方法中，化学气相沉积（Chemical Vapor Deposition，CVD）最有可能实现大面积、高质量石墨烯的可控制备，因此明确围绕CVD法进行研究。进一步考虑有哪些因素影响CVD法，通过查阅文献了解到CVD法的影响因素主要包括衬底、碳源及生长条件，这些均可作为研究内容；在集成电路领域，现有CVD法生长的石墨烯在电子迁移率等方面与传统的硅材料相比并不具有明显优势，因此基于CVD法制备大面积、良好导电性的石墨烯有进一步深入研究的需求。此外，如何实现三维石墨烯、宏观石墨烯纤维及石墨烯带的制备，进而拓宽石墨烯的应用领域；如何实现低温、快速、任意衬底的石墨烯制备以实现工业化生产，是未来CVD法制备石墨烯的发展方向，也可作为研究内容。

2. 方案设计

此阶段的主要工作是依据研究内容选择适当的研究方法。在科学研究中，内容决定着方法的使用，在选择研究方法时应从需要解决的问题的角度来考虑。研究方法主要包括实验研究方法和理论研究方法，近年来的发展趋势是二者结合共同完成重大科学问题研究。在选择研究方法时可综合运用多种方法，比如定性研究和定量分析、理论探讨和实验研究的结合，各种方法取长补短，有利于发挥研究方法的整体优势。如图 7-12 所示，可通过阅读文献中的研究方法部分了解相关的常规研究方法。研究方法没有对错，只有适合不适合，不同的研究方法得出的结果可能大相径庭，恰当的研究方法能够事半功倍。

2. Theoretical Methods

Density functional theory methods (DFT) have been acknowledged to be a practical and effective computational tool, especially for organometallic compounds.[10-17] Three DFT methods, namely B3LYP, BP86 and MPW1PW91, were used in this study. The B3LYP method is a hybrid Hartree-Fock/DFT method, which combines Becke's three-parameter functional (B3) with the Lee-Yang-Parr (LYP) correlation functional.[18,19] The BP86 method is a pure DFT method which is the combination of Becke's 1988 exchange functional with Perdew's 1986 correlation functional.[20,21] The BP86 method has been shown to be somewhat more reliable than the B3LYP method for first-row transition metal organometallic systems. The MPW1PW91 method is a newer density functional, also based on the generalized gradient approximation (GGA);[22] it is expected to be more suitable for the second and third row transition metal systems. A recently reported[23] DFT study on $Os_3(CO)_{12}$ was limited to the B3LYP method.

图 7-12　文献理论方法部分示例

案例 11　第三过渡周期过渡金属羰基配合物的理论计算方案选择

该研究为重过渡金属羰基配合物的理论研究，通过相关文献阅读了解到在第一、第二过渡周期过渡金属羰基配合物的理论计算研究中，通常采用 MPW1PW91、BP86、B3LYP 三种密度泛函方法（DFT），但有关重过渡金属的研究未见相关报道。如图 7-13 所示，首先尝试上述三种 DFT 方法结合 SDD、LANL2DZ 两套 ECP 基组对已有实验合成数据的 $Os_3(CO)_{12}$ 进行分子结构计算，通过理论计算结果与前人实验数据的比较，优选出相对可靠，即与实验数据最接近的理论计算方案。结果表明，MPW1PW91 密度泛函方法与包含了相对论效应的 ECP 基组结合，在预测第三过渡周期过渡金属羰基配合物分子结构和振动频率方面是一个相对可靠的方法，进而应用该优选方案理论预测实验上尚未合成的第三过渡周期金属羰基配合物。

Table 1. The total energies (*E*, in hartree) and relative energies (Δ*E*, in kcal/mol^{-1}) for $Os_3(CO)_{12}$. The number of imaginary vibrational frequencies (*N*imag) for each structure is also listed.

		12-1 (D_3)	**12-2** (D_{3h})	**12-3** (C_{2v})	**12-4** (D_{3h})
	E total	−1632.274 15	−1632.272 25	−1632.260 99	−1632.253 48
B3LYP /SDD	Δ*E* relative	0	1.2	8.3	13.0
	*N*imag	0	1(15*i*)	1(44*i*)	0
	E total	−1632.781 43	−1632.777 75	−1632.775 52	−1632.768 38
BP86/SDD	*E* relative	0	2.3	3.7	8.2
	*N*imag	0	1(19*i*)	0	0
	E total	−1631.946 69	−1631.943 04	−1631.937 96	−1631.929 59
MPW1PW91/SDD	Δ*E* relative	0	2.3	5.5	10.7
	*N*imag	0	1(20*i*)	1(22*i*)	0
	E total	−1633.248 08	−1633.245 79	−1633.232 95	−1633.222 35
B3LYP /LANL2DZ	Δ*E* relative	0	1.4	9.5	16.1
	*N*imag	0	1(17*i*)	1(59*i*)	1(36*i*)
	E total	−1633.678 96	−1633.674 33	−1633.671 28	−1633.661 38
BP86/LANL2DZ	Δ*E* relative	0	1.9	4.8	11.0
	*N*imag	0	1(21*i*)	1(20*i*)	0
	E total	−1632.951 56	−1632.947 05	−1631.940 62	−1632.928 48
MPW1PW91/LANL2DZ	Δ*E* relative	0	2.8	6.9	14.5
	*N*imag	0	1(23*i*)	1(22*i*)	1(17*i*)

图 7-13　三种 DFT 方法结合 SDD、LANL2DZ 两套 ECP 基组计算结果

案例 12　化学气相沉积制备石墨烯的研究方法创新

通常针对特定的研究内容会有相对比较成熟的研究方法，但科学创新性要求科学研究的方法也要有所突破，有时运用非常规的研究方法会产生意想不到的研究结果。在化学气相沉积制备石墨烯的研究中，通常选择以金属铜或镍及铜镍合金作为衬底进行研究，原因在于铜或镍不仅起到承载石墨烯薄膜的作用，而且具有催化作用，能降低反应物质的活化能，易获得大面积、高质量的石墨烯。但北京大学刘忠范院士研究组有别于常规做法，将玻璃作为基底，在玻璃表面通过化学气相沉积法直接生长高品质层数可控的石墨烯，实现了熔融态玻璃表面 25 英寸[①]的大面积、高质量石墨烯制备。该方法不仅增强了玻璃与石墨烯的结合强度，避免了转移带来的石墨烯的损坏，且可集成到玻璃生产工艺中，成本低廉，方便快捷，更符合大规模工业生产要求，该创新性方法的运用开辟了超级石墨烯玻璃复合材料的新天地。

① 1 英寸 = 2.54 厘米。

3. 实践探索与分析论证

进入实践环节，信息需求的重点在于解决科学研究中的实际问题，此阶段更多地依赖于工具书、手册、技术报告、专利、标准等信息。同时，在此阶段需密切关注相关研究动态信息，了解竞争对手与合作伙伴的研究进展，可通过相关研究机构及个人的追踪掌握最新进展。

4. 结论及成果

作为研究的总结和对研究前景的预测展望，此阶段需对国内外文献再次进行全面追踪检索，一方面为总结或进一步完善研究提供帮助，另一方面利用已有信息对研究成果与同类工作进行比较并做出比较客观的评价，为后续研究指明方向。

思考题

1. 科学研究的类型有哪几种？
2. 科学研究的构成要素是什么？
3. 科学研究的基本步骤按时间顺序可分为哪几个阶段？

7.8　如何进行文献筛选与分析

科学研究的过程是一个不断查询、筛选、分析、利用信息的过程。从信息中发现问题到选择、吸收、利用信息去解决问题，文献筛选与分析贯穿于整个研究的各个阶段。如何从海量的信息中快速获取与研究相关的高质量信息，已经成为科学研究中非常重要的一部分。

7.8.1　问题的提出

科学研究工作通常建立在前人研究工作的基础之上，当面对不熟悉的研究领域或寻找创新性研究内容，首先需了解相关领域的研究状况，即通过文献检索、筛选、分析，挑选出密切相关文献，通过阅读文献了解该领域的研究状况，追踪最新研究进展，避免重复别人的研究，这种“查重查新”的过程也就是借助文献筛选与分析帮助形成创新性研究内容的过程。

7.8.2　文献筛选与分析流程

由于种种原因，我们无法保证搜集到的信息都是有价值的，必须对检索出的信息做进一步的筛选与分析。文献筛选与分析流程如图 7-14 所示，首先根据需求确定检索词及检索策略，通常选择质量可靠的文摘索引数据库、全文数据库及学术搜索引擎进行检索（检索词、检索策略及检索方法请参见本书 1.5 节）。从多种途径检索出的文献经过初筛，即根据题录信息剔除重复及不相关的文献，再通过阅读文献全文进行二次筛选，得到相关文献列表；并通过重点文献的参考文献提供的线索或索引数据库的分析结果补充部分相关文献，最后对选出的文献进行多角度分析。

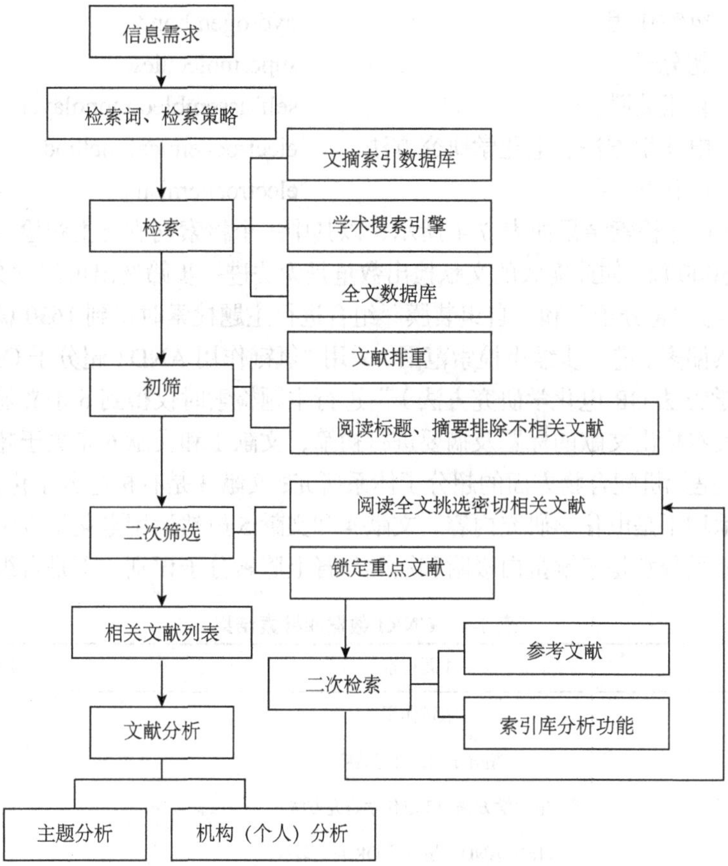

图 7-14　文献筛选与分析流程图

7.8.3　文献信息的筛选原则

科技文献信息筛选可从文献的权威性、新颖性、相似性等几个方面判断其质量优劣。

1）权威性：可从研究者在该领域中的影响力高低、研究者所在单位或课题组的研究水平，以及文献信息源的权威性等方面辅助进行筛选。

2）新颖性：依据文献发表的时间，在同等情况下优先选择最近的研究成果。

3）相似性：优先选择与检索主题在研究内容、研究方法、所依据的理论等方面最密切相关的文献。

7.8.4　文献信息的筛选方法

案例 13　“液相自组装膜中氢键协同作用的原位电化学研究”课题的文献筛选与分析

该课题是基础性的自组装膜电化学研究，属于超分子电化学的拓展。在生命活动的细胞体系中氢键作用非常重要，而超分子体系中的自组装膜是细胞膜很理想的模拟体系，由此初步选定检索主题为：电化学方法研究超分子体系自组装膜中的氢键作用。该案例中的中文文献检索及筛选以 CNKI 中国知网数据库、万方数据库为例，英文文献筛选及分析以 Web of Science 核心合集数据库为例。

检索词：氢键作用	hydrogen bond
超分子	supermolecule
自组装膜	self-assembled monolayer
电化学方法、电化学研究方法	electrochemical method
电化学	electrochemistry

CNKI 数据库检索结果如表 7-4 所示，以其中一个检索词进行主题检索得到的文献数量均超过 8000 篇，如此庞大的文献检出数量是无法进一步筛选出可阅读文献的。尝试“氢键作用”与“超分子”和“自组装膜”组合进行主题检索时得到 1630 篇文献，检索文献数量仍然偏多。进一步缩小检索范围，采用“氢键作用 AND（超分子 OR 自组装膜）AND（电化学方法 OR 电化学研究方法）”进行主题检索时仅得到 6 条文献，如图 7-15 所示。通过查看检出文献的标题及摘要进行初筛，文献 1 和文献 6 是关于超分子体系的构筑；文献 2 是无机配合物方面的超分子体系研究；文献 3 是有机超分子化合物的合成，上述 4 篇文献均不是电化学研究内容。文献 4 和文献 5 虽然运用电化学方法作为表征手段，但研究体系分别是蓝铜蛋白吸附和冠醚与肾上腺素分子识别，不是自组装膜。

表 7-4　CNKI 数据库检索结果

序号	主题检索	检索结果（篇）
1	氢键作用	8 894
2	超分子 OR 自组装膜	15 400
3	电化学方法 OR 电化学研究方法	10 507
4	氢键作用 AND（超分子 OR 自组装膜）	1 630
5	氢键作用 AND（超分子 OR 自组装膜）AND（电化学方法 OR 电化学研究方法）	6
6	氢键作用 AND（超分子 OR 自组装膜）AND 电化学	139

注：检索时间为 2017 年 5 月 26 日，时间范围为 1979 年 1 月 1 日至检索日

同样在万方数据库中用“氢键作用 AND（超分子 OR 自组装膜）AND（电化学方法 OR 电化学研究方法）”进行主题检索，共得到 9 条记录，如图 7-16 所示，其中第 1、第 3、第 4 篇文献与 CNKI 检出结果重复。剔除重复数据后的 6 篇文献中，文献 7 和文献 8 为自组装膜研究，但研究方法主要是 STM 技术，研究内容为自组装膜的结构及影响因素，不是氢键作用。

接下来尝试扩大检索范围，由于电化学比电化学方法范围更广，前者是一个三级学科领域，后者仅是一类方法，因此将检索词“电化学方法”换成“电化学”重新检索，在 CNKI 数据库中进行主题检索检出 139 篇文献，在万方数据库中检出 121 篇文献，其中有 74 条为重复收录数据。从此次检出文献中筛选出 3 篇自组装膜相关文献，如表 7-5 所示。文献 1 研究基于多氢键、离子键的层层自组装膜制备及其光诱导电子转移性能，文献 3 侧重于自组装膜制备研究，均与本检索主题相距较远。从文献 2 标题初步判断与本课题密切相关，阅读全文后发现该文献是关于 L-半胱氨酸自组装双层膜对抗坏血酸的催化（电化学）特性的研究，即采用电化学方法研究 L-半胱氨酸在金电极表面形成自组

装膜的机理及其电化学性质，在解释形成双层膜机理时提到氢键作用和静电引力。虽然该文献的研究内容与案例不同，但文献中提到的氢键作用和静电引力形成分子对的说法提示了氢键作用本质上是一种静电作用，与电化学方法中测试的电信号本质上是一致的，由此产生了用电化学方法研究或调控（control）氢键的想法，但在上述中文数据库中均未检索到此方面密切相关文献。

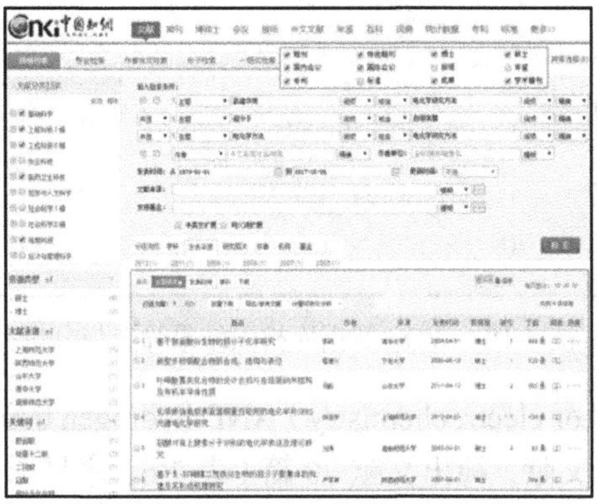

图 7-15　CNKI 数据库检索结果

图 7-16　万方数据库检索结果

表 7-5　自组装膜中文相关文献列表

序号	标题	作者	作者单位	文献类型
1	强非共价键驱动的层层自组装膜的制备及性能的研究	王晓敏	西安工业大学	硕士
2	L-半胱氨酸自组装膜修饰金电极的电化学特性	傅崇岗，苏昌华，单瑞峰	物理化学学报	期刊
3	荧光性超分子自组装膜的制备、性能表征及应用	翁文婷	华侨大学	硕士

该案例偏重于基础理论研究，选择收录该方面内容较多的 WOS 库检索英文文献。WOS 检索结果如表 7-6 所示。表 7-6 序号 1 检索条件、检索范围和检索结果如图 7-17、图 7-18 所示，共检索到 160 篇相关文献，其中电化学方面论文 42 篇。如图 7-18 所示，利用 WOS 检索功能可辅助进行文献分析。通过输出排序功能，按时间排序可获取最新研究信息，按被引频次排序获取核心论文，按使用次数排序获取近期热点论文；通过分类精练检索，可快速锁定某一学科主题、综述文献、重点期刊、核心学者等信息。如图 7-19 所示，也可通过系统的分析工具，按检索字段分析预测研究发展趋势、获取相关研究机构状况等信息。

表 7-6　Web of Science 核心合集检索结果*

序号	检索结果（篇）	主题检索
1	160	hydrogen bond* AND （supermolecule* OR self-assembled monolayer*） AND （electrochemical OR electrochemistry）
2	70	hydrogen bond* AND （electrochemical method* OR electrochemistry） AND control

注：检索时间为 2017 年 7 月 12 日，检索时间范围为 1990 年至检索日

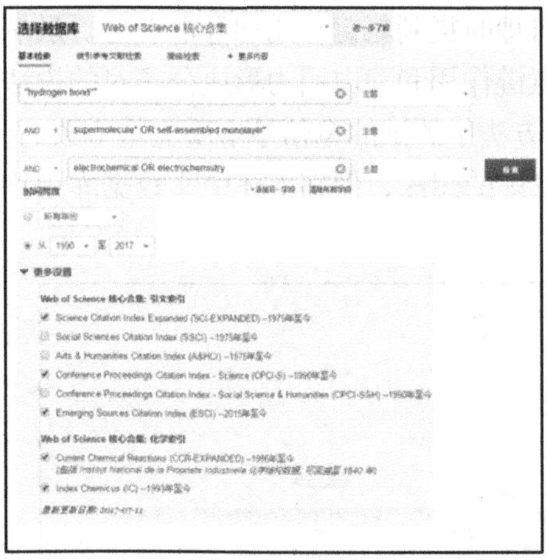

图 7-17　WOS 数据库检索页面

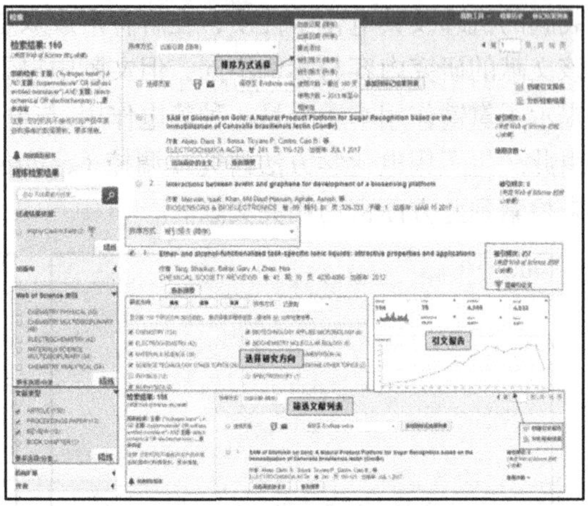

图 7-18　WOS 数据库检索结果筛选与分析

在 WOS 中运用“（electrochemical method or electrochemistry）AND hydrogen bond* AND control”检索电化学方法调控氢键方面的文献，检出文献 70 篇（表 7-6，序号 2）。通过进一步查看发现两位通讯作者 Rotello Vincent M 和 Smith Diane K 的论文数量较多，说明有可能此两人所在的研究组在开展类似的氢键调控方面的工作，此后围绕此两人的论文进行检索。为了避免同姓不同名及姓名简写相同但不是同一人的情况出现，如图 7-20 所示，检索时增加了作者地址限定条件。如表 7-7 所示，最终检索到 Rotello 的论文 76 篇，Smith 的论文 22 篇。在阅读此次检索的论文时，通过文后参考文献发现许多论文引用了 Kaifer Angel E.的论文，又对 Kaifer Angel E.的论文进行了检索，检索到 Kaifer 的论文 16 篇。最后对上述检出论文进行筛选，形成了密切相关论文的清单。

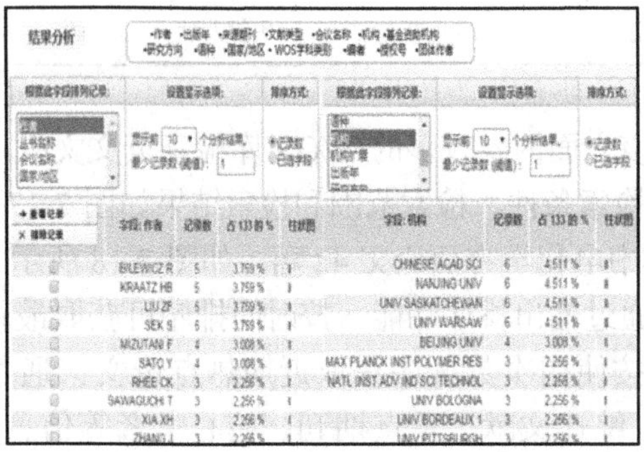

图 7-19　WOS 数据库结果分析页面

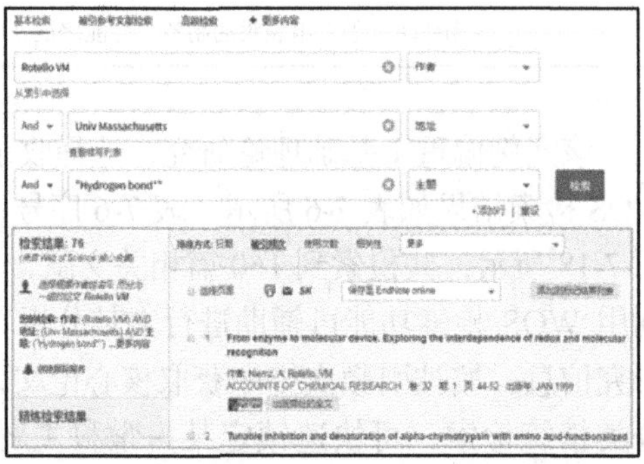

图 7-20　Rotello Vincent M 论文检索结果页面

表 7-7　Web of Science 核心合集检索结果

次序	结果	检索方式
1	76	作者=（Rotello VM） AND 地址=（Univ Massachusetts） AND 主题=（Hydrogen bond*）
2	22	作者=（Smith DK） AND 地址=（San Diego State Univ） AND 主题=（Hydrogen bond*）
3	16	作者=（Kaifer AE） AND 地址=（Univ Miami） AND 主题=（Hydrogen bond*）

注：检索时间为 2017 年 7 月 12 日，检索时间范围为 1990 年至检索日

通过上述文献检索、筛选与分析，对“液相自组装膜中氢键协同作用的原位电化学研究”课题相关研究领域的状况有了更全面的了解，锁定了核心研究机构和研究团队，为后续追踪该方向研究提供了支持。

思考题

1. 文献筛选时在同等情况下优先选择什么样的文献？
2. 请简单描述文献筛选与分析的流程。

第 8 章　科技查新概述

8.1　科技查新的定义及发展现状

8.1.1　科技查新的定义

2015 年发布的国家标准（GB/T 32003—2015）《科技查新技术规范》中，对科技查新做了如下表述：科技查新是“以反映查新项目主题内容的查新点为依据，以计算机检索为主要手段，以获取密切相关文献为检索目标，运用综合分析和对比方法，对查新项目的新颖性做出文献评价的情报咨询服务”。科技查新本质上仍是一种情报咨询服务。区别于普通情报咨询服务，科技查新应遵循一定的技术规范，其结果具有一定的法律效用。

8.1.2　我国科技查新的发展现状

我国科技查新工作最早可追溯到 20 世纪 80 年代。目前，查新机构已超过 300 余家，形成了一个多系统、多层次的查新机构网络。

查新机构主要分布在科研院所和高校。部分国家一级科技查新站如表 8-1 所示。教育部科技发展中心负责高校系统查新站的设立和管理，先后批准了 7 批共 102 所高校查新站。通过教育部科技查新服务平台（http://www.chaxin.edu.cn）可浏览、查询高校系统查新站名单。

表 8-1　部分国家一级科技查新站

查新站名称	网址
中国科学技术信息研究所	http://www.istic.ac.cn
中国科学院文献情报中心	http://chaxin.las.ac.cn
中国国防科技信息中心	http://www.cdstic.org
中国林业科技信息研究所	http://www.rifpi.cn/htmls/xxfw-kjcx.jsp
中国化工信息中心	http://www.cncic.cn/Technology.aspx
冶金工业信息标准研究院	http://www.metalinfo.cn/VIPCenter/cpyfw/kjcx

8.2　科技查新的作用和对象

8.2.1　科技查新的作用

1. 在科研项目选择和立项阶段进行“把关”

通过查新，可以全面、准确地了解科研项目的国内外发展水平、研究开发方向、已解决和未解决的问题等，从而对判断所选课题是否具有新颖性提供客观依据，防止重复研究开发。

2. 为科技成果的评估、鉴定提供客观依据

当前我国的科技成果评估、鉴定主要采用同行专家评审的方式，不可避免地存在着较强的主观性，而科技查新严格的、规范的查新机制，可以在一定程度上弥补科技评价主观性的不足，其结论可以作为专家评审的有益补充。

3. 为科研人员提供信息资源

科技查新工作的基础是文献检索。查新机构以其强大的信息资源支撑、先进的计算机检索手段、查新员熟练的查新技能，在提供科研项目新颖性判断的同时，也可以提供丰富的文献信息，从而帮助科研人员节省文献检索时间。

8.2.2　科技查新的对象

科技查新的对象是指需要对其创新点进行新颖性查证的科研项目、论文、新产品、新标准、专利、奖励申报等。在下列情况下，一般应该进行科技查新（必须与否，视课题需求或主管单位的要求而定）：申报国家级或省（部）级的科学技术奖励；申报各级各类科技计划、各种基金项目、新产品开发计划；各级成果的鉴定、验收、评估、转化；科研项目开题立项、博士论文开题；新技术的引进；国家及地方有关规定要求查新的内容。

8.3　科技查新和文献检索、专家评审

8.3.1　科技查新与文献检索

1. 文献检索是科技查新的基础

文献检索是指从给定的文献集合中找到所需文献的过程，最终提供给用户的是检索出的客观结果即文献，而不是对检索结果的分析结论。科技查新正是在文献检索的基础上，将项目的新颖性与检索结果中的相关文献进行比对，并出具查新结论。

2. 科技查新工作具有规范性要求

科技查新相比文献检索来说，其规范化程度要高得多，它对检索年限、范围、流程

等都有着严格的要求，需要有较高的查全率和查准率，要求结论明确并且具有可鉴定性。此外，查新机构最终提交给用户的查新报告也具有一定的法律效力。

8.3.2 科技查新与专家评审

1. 查新员不同于领域专家

科技查新工作的主体是查新员，专家评审的主体是领域专家。领域专家一定是在某一领域有较深造诣的学者，他们根据自己的领域知识、专业经验，对被评对象的创新性、先进性、实用性等做出主观性评价。而查新员不一定是某一领域的专家，他只是依据计算机检索的结果，通过综合、对比分析，依据文献对项目的新颖性做出合理判断。

2. 科技查新可为专家评审提供客观的参考依据

虽然目前科技项目评价的主要方式是专家评审，但是查新机构所拥有的丰富的文献资源和配备的现代化信息检索系统、查新人员专业的文献检索和文献分析技能，以及查新员通过长期查新工作所积累的较为宽广的知识面，也是评审专家不可企及的。查新机构出具的客观性查新报告可以辅助评审专家，为评审专家在评审时提供客观的参考依据。

8.4 科技查新工作流程

《科技查新技术规范》将查新的程序规定为：查新的委托和受理、查新检索、完成查新报告、查新报告的审核和提交、查新文件归档等步骤（图 8-1）。

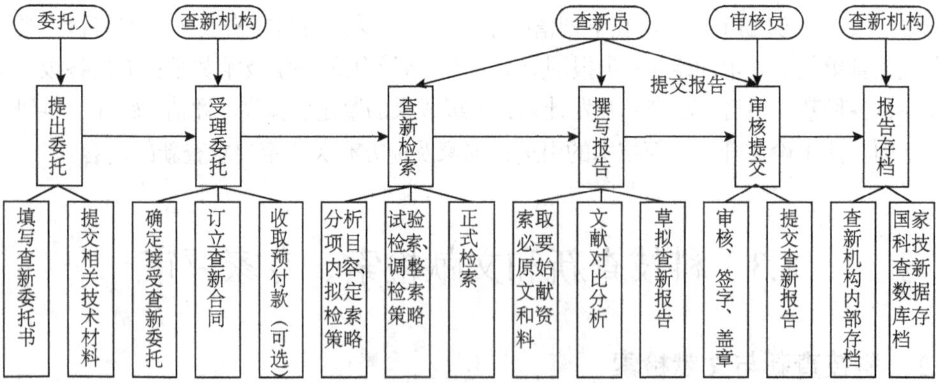

图 8-1 科技查新工作流程

8.5 查新委托单的组成和要求

8.5.1 查新委托单的组成

查新委托单是委托查新的科技项目的要点说明书，是查新员进行查新检索的依据。

一般来说，委托单应包括以下内容：项目题目、科学技术要点、查新点、查新地域（国内/国外）、委托方信息（单位、地址、邮编、联系人、电话）等。

另外，查新员还需要填写查新项目登记号、检索词、分类号、完成时间、收费金额、接待人员签名及查新员签名等。除此之外，委托单还包括查新单位地址、邮编、电话等内容。

8.5.2　查新委托单填写注意事项

委托单可由委托人通过网络或到现场填写。委托单应以第一人称撰写，如“本项目”“本课题”。委托人在填写委托单之前，应对项目内容进行预检索，了解国内外技术发展的基本情况，对自己的项目水平有客观、正确的认识后，才能填写好委托单。

科学技术要点、查新点是委托单填写的两项重要内容，是查新员查证项目新颖性的重要依据。因此，科学技术要点、查新点的填写十分关键，既要全面又要简明扼要，而且每一个观点和数据都应有技术报告、企业标准、检测报告或用户数据的支撑。

1. 科学技术要点

科学技术要点集中反映项目的主题，主要包括科学技术领域、研究目的、技术方案、技术效果等。字数一般可控制在 300～500 字。

1）科学技术领域：是指查新项目技术方案所属或直接应用的科学领域。不过大多数情况下，查新员可从项目名称和技术内容看出项目的所属领域。因而，这部分也可以省略。

2）研究目的：即查新项目要解决的技术问题。填写时主要针对现有技术中存在的不足，用正面的、尽可能简洁的语言客观而有根据的填写，不得采用广告式的宣传用语；当一个项目包含多个要解决的技术问题时，所有问题都应当与一个总的技术框架相关。

3）技术方案：是指查新项目为达到研究目的所采取的技术手段，通常包括采用的技术路线和方法、产品的结构、配方、工艺、技术参数等技术特征。技术方案一般是创新点的核心部分，应当反复斟酌、合理保密。例如，公开创新点的查新必须明确说明技术参数、材料配比等；而不公开创新点的查新则只填写“合理配比”等即可。

4）技术效果：是指查新项目技术方案所获得的结果，包括技术指标、功能、功效、使用范围、推广程度等。技术效果要尽量以数据说话，客观科学，便于对比，如经权威机构检测证明的主要性能指标。切忌不得只填写“项目具有有益的效果”等笼统断语。

2. 查新点

查新点是科学技术要点中要求查证其新颖性的部分，即体现该项目新颖性的全部技术创新点。查新点一般从技术要点中提取，或者是技术要点中技术关键的全部。查新点既可以是理论创新，也可以是技术创造或改进；既可以是单项技术研究，也可以是综合多项技术成果。但不包括管理理念的创新、教学方法的创新等。

查新点填写时应注意以下内容：①不要把查新项目的一般性技术特征列为查新点；②相对独立的查新内容不要合在一起作为查新点；③同一项目的几个查新点彼此应该关联，在同一层次上围绕目标展开；④查新点要少而精，原则上普通项目不超过 3 个，特殊项目不超过 5 个；⑤不使用含义不明确的词，如“高温”“高压”“强”“弱”等词；⑥不使用空泛叙述及修饰性、广告性词语，如“国内首创”“世界一流”“很好”“优秀”等。

3. 科学技术要点和查新点的关系

科学技术要点和查新点既相互依赖，又相互独立。在内容上，科学技术要点包含查新点，而查新点只是从科学技术要点中提炼的若干个关键点。当查新点不足以清楚阐述查新项目特点时，科学技术要点可补充说明。在表达方式上，科学技术要点可包含功能性、技术性、应用性、预测性和前瞻性的语言，而查新点只能包含纯技术性语言，具体指与现有技术相比体现新颖性与先进性的技术特征。

思考题

1. 什么是科技查新？一般在什么情况下需要进行科技查新？
2. 科技查新工作的流程有哪些？
3. 委托人在填写科技查新委托单时，描述科学技术要点和查新点需要注意什么？

参 考 文 献

鲍洪生, 高增荣, 陈俊. 2014. 信息安全技术教程. 北京: 电子工业出版社.

曹锦丹. 2006. 多视角信息组织模式研究. 吉林大学博士学位论文.

常凌翀. 2008. 研究生学术失范与防范研究. 教育探究, 1: 53-56.

陈荣, 霍丽萍. 2015. 信息检索与案例研究. 上海: 华东理工大学出版社.

程娟. 2014. 信息检索. 2 版. 天津: 天津大学出版社.

党民团, 麻小强. 2017. 石墨烯合成及应用研究进展. 渭南师范学院学报, 32(4): 16-21.

邓发云. 2013. 信息检索与利用. 2 版. 北京: 科学出版社.

邓要武, 王星华. 2006. 科技信息检索. 北京: 清华大学出版社.

范宝成, 罗鹏. 2014. 大学生课外科技创新参赛指南. 北京: 冶金工业出版社.

高峰, 王辉, 李超伦. 2015. 世界主要海洋研究机构概况. 北京: 科学出版社.

国家知识产权局. 国际专利分类表. http://www.sipo.gov.cn/wxfw/zlwxxxggfw/zsyd/bzyfl/gjzlfl/201608/t20160831_1289458.html[2017-5-29].

国家知识产权局. 专利文献基础知识. http: //www.sipo.gov.cn/wxfw/zlwxxxggfw/zsyd/zlwxjczs/index.htm. [2017-5-29].

胡泽文, 武夷山, 袁军鹏. 2016. 典型的高校排名做法与借鉴意义. 高教发展与评估, 32(2): 27-37.

花芳. 2014. 文献检索与利用. 2 版. 北京: 清华大学出版社.

黄如花. 2003. 网络信息组织: 模式与评价. 北京: 北京图书馆出版社.

黄如花. 2010. 信息检索. 2 版. 武汉: 武汉大学出版社.

孔玲燕, 袁曦临. 2012. 国外学界对于“学术失范”问题的认识及其应对措施. 新世纪图书馆, 7: 3-8.

李朝葵. 2002. 网络信息资源建设与利用的障碍分析. 图书馆建设, (3): 87-88.

李其庆. 1996. 法国“马克思园地”全国协会成立. 国外理论动态, 30: 239-240.

李志明. 2015. 知网、万方、维普论文相似性检测系统比较研究. 大学图书情报学刊, 33(1): 61-64.

林申清. 1988. 连续出版物定义评述. 大学图书馆学报, 6(5): 28-30.

马春晖. 2016. 信息资源检索与利用实用教程. 北京: 国家图书馆出版社.

马张华. 2008. 信息组织. 3 版. 北京: 清华大学出版社.

孟繁森. 2012. 国家资助企业、大学和科研院所科技项目申报程序和案例分析. 北京: 中国质检出版社.

孟连生. 2006. 科技文献信息溯源. 北京: 高等教育出版社.

庞名立, 申鑫. 2015. 非常规油气辞典. 北京: 中国石化出版社.

全国信息与文献标准化技术委员会. 2015. 信息与文献 参考文献著录规则(GB/T 7714—2015). 北京: 中国标准出版社.

尚克聪. 1998. 信息组织论要. 图书情报工作, 11: 1-4.

石晓东, 王伟, 尹强, 等. 2017. 化学气相沉积制备大面积高质量石墨烯的研究进展材料导报, 31(2): 136-142.

史红改, 方芳. 2013. 实用网络文献信息资源检索与利用. 2 版. 北京: 北京交通大学出版社.

王知津. 2009. 工程信息检索教程. 北京: 机械工业出版社.

吴慰慈, 董焱. 2002. 图书馆学概论. 北京: 北京图书馆出版社.
肖沪卫. 2009. 科技查新: 研究与实践. 上海: 上海科学技术文献出版社.
肖珑. 2013. 数字信息资源的检索与利用. 2 版. 北京: 北京大学出版社.
谢新洲, 周静. 2015. 新编科技查新手册. 北京: 人民出版社.
新闻出版总署. 报纸出版管理规定(2015-05-27). http://www.tuanjiebao.com/tjej/2015-05/27/content_16775. htm [2017-04-28].
杨天平, 任永灿. 2014. 国内外大学评价指标体系的发展趋势. 高教发展与评估, (5): 1-11.
叶继元. 2005. 学术规范通论. 上海: 华东师范大学出版社.
尹新天. 2012. 中国专利法详解(缩编版). 北京: 知识产权出版社.
于双成. 2012. 科技信息检索与利用. 北京: 清华大学出版社.
张柏秋, 王超. 2009. Dialog 国际联机实用手册. 北京: 化学工业出版社.
张昊浩, 高国龙, 钱俊龙. 2011. 国内外学术不端文献检测系统平台的比较研究. 中国科技期刊研究, 22(4): 514-521.
张晓林. 2001. 数字化信息组织的结构与技术(二). 大学图书馆学报, 19(5): 9-14.
张治国. 2003. 学术论文写作“六忌”. 武警工程大学学报, 3: 58-61.
张自影, 卓毓荣. 2007. 新编文献信息检索通用教程. 北京: 首都经济贸易大学出版社: 52-54.
赵静. 2012. 现代信息查询与利用. 3 版. 北京: 科学出版社.
赵荣, 郑鑫, 张丽. 2003. 基于 Web 的 EI 检索系统. 现代图书情报技术, 101: 85-87.
郑晓霞, 孙亮, 张浩. 2015. 数据库原理及新技术研究. 北京: 中国水利水电出版社.
中国科教评价网. 中国大学排行榜. http: //www. nseac. com/html/168/.[2017-05-28].
中国科学院文献情报中心. 资源与服务指南(2015 年修订版). http: //www.las.ac.cn/zhinan.html[2017-03-09].
中国科学院文献情报中心世界科学前沿分析中心. 中科院 JCR 期刊分区说明文档. http://www.fenqubiao.com/Images/中科院 JCR 期刊分区说明文档. [2017-03-15]
中国社会科学院语言研究所词典编辑室. 2005. 现代汉语词典. 5 版. 北京: 商务印书馆.
中华人民共和国教育部. 高等学校预防与处理学术不端行为办法. http://www.moe.edu.cn/srcsite/A02/s5911/moe_621/201607/t20160718_272156.html
周概容. 1993. 应用统计方法辞典. 北京: 中国统计出版社.
周宁. 2003. 信息组织. 武汉: 武汉大学出版社: 5.
《中国大百科全书》总编委会. 2009. 中国大百科全书(第二版). 北京: 中国大百科全书出版社.
Chen X D, Chen Z L, Jiang W S, et al. 2017. Adv. Mater. 9(1): 1603428.
Li Q S, Xu B, Xie Y M, et al. 2007. Dalton Transactions. 38: 4312-4322.
OCLC.FirstSearch Databases in Detail.http://www.oclc.org/support/services/firstsearch/documentation/dbdetails.en.html[2017-05-28].
Turnitin 香港中文. Turnitin 论文相似性检测系统简介. http://www.turnitin.hk/introduce. [2017-04-23]

附　录

附录 1　北京地区主要信息资源

中国国家图书馆

网址为 http://www.nlc.cn。

中国科学院文献情报中心（国家科学图书馆）

中国科学院文献情报中心主要为自然科学、边缘交叉科学和高技术领域的科技自主创新提供文献信息保障、战略情报研究服务、公共信息服务平台支撑和科学交流与传播服务，同时通过国家科技文献平台开展共建共享，为国家创新体系其他领域的科研机构提供信息服务。网址为 http://www.las.ac.cn。

中国社会科学院图书馆（调查与数据信息中心）

中国社会科学院图书馆（调查与数据信息中心）为现代化哲学社会科学数字图书馆，为全国哲学社会科学研究提供可靠的文献信息资源保障。网址为 http://www.lib.cass.org.cn。

北京市科学技术情报研究所

北京市科学技术情报研究所成立于 1973 年，现隶属北京市科学技术研究院。是以信息情报学为核心，覆盖信息资源、信息技术、信息服务三大领域的信息咨询研究机构，是北京地区信息服务业的一支重要力量。网址为 http://www.bjstinfo.com.cn。

中国科学技术信息研究所/国家工程技术数字图书馆

中国科学技术信息研究所（简称中信所）是科技部直属的国家级公益类科技信息研究机构，为科技部等政府部门提供决策支持，为科技创新主体（企业、高等院校、科研院所和科研人员）提供全方位的信息服务。网址为 http://www.istic.ac.cn。

中国国防科技信息中心（749 所）

中国国防科技信息中心成立于 1959 年 3 月，目前已成为集情报与咨询研究、信息资源建设与服务、信息技术开发与应用、技术与项目管理及人才培养为一体的高层次、综合性的信息机构，承担着为我国国防科技发展和武器装备现代化建设提供决策咨询、信息保障和有关技术与项目管理任务。

国家科技图书文献中心

国家科技图书文献中心是基于网络环境的、公益性的科技文献信息服务机构，以构建国家科技文献战略保障服务体系为宗旨，采集、收藏和开发理、工、农、医各学科领域的科技文献资源，面向全国提供普惠的、公益性的科技文献信息服务。网址为 http://www.nstl.gov.cn/NSTL。

中国高等教育文献保障系统

中国高等教育文献保障系统，是在教育部的领导下，把国家的投资、现代图书馆理念、先进的技术手段、高校丰富的文献资源和人力资源整合起来，建设以中国高等教育数字图书馆为核心的教育文献联合保障体系，实现信息资源共建、共知、共享，以发挥最大的社会效益和经济效益，为中国的高等教育服务。网址为 http://project.calis.edu.cn。

中国高校人文社会科学文献中心

中国高校人文社会科学文献中心是在教育部的统一领导下，为高校哲学社会科学教学和研究建设的文献保障服务体系，是全国性的、唯一的人文社会科学文献收藏和服务中心。网址为 http://www.cashl.edu.cn。

附录 2　国内高校图书馆网址

北京大学图书馆	http://lib.pku.edu.cn
清华大学图书馆	http://lib.tsinghua.edu.cn
中国人民大学图书馆	http://www.lib.ruc.edu.cn
中国农业大学图书馆	http://www.lib.cau.edu.cn
中央民族大学图书馆	http://www.lib.muc.edu.cn
北京师范大学图书馆	http://www.lib.bnu.edu.cn
北京理工大学图书馆	http://lib.bit.edu.cn
北京航空航天大学图书馆	http://lib.buaa.edu.cn
中国科学技术大学	http://lib.ustc.edu.cn
南开大学图书馆	http://www.lib.nankai.edu.cn
天津大学图书馆	http://www.lib.tju.edu.cn
东北大学图书馆	http://www.lib.neu.edu.cn
大连理工大学图书馆	http://www.lib.dlut.edu.cn
吉林大学图书馆	http://lib.jlu.edu.cn
哈尔滨工业大学图书馆	http://www.lib.hit.edu.cn
复旦大学图书馆	http://www.library.fudan.edu.cn
同济大学图书馆	http://www.lib.tongji.edu.cn
上海交通大学图书馆	http://www.lib.sjtu.edu.cn
华东师范大学图书馆	http://www.lib.ecnu.edu.cn
南京大学图书馆	http://lib.nju.edu.cn
东南大学图书馆	http://lib.seu.edu.cn
浙江大学图书馆	http://libweb.zju.edu.cn

厦门大学图书馆	http://library.xmu.edu.cn
山东大学图书馆	http://www.lib.sdu.edu.cn
武汉大学图书馆	http://www.lib.whu.edu.cn
华中科技大学图书馆	http://www.lib.hust.edu.cn
湖南大学图书馆	http://lib.hnu.cn
中南大学图书馆	http://lib.csu.edu.cn
国防科技大学图书馆	http://library.nudt.edu.cn
中山大学图书馆	http://library.sysu.edu.cn
华南理工大学图书馆	http://www.lib.scut.edu.cn
重庆大学图书馆	http://lib.cqu.edu.cn
四川大学图书馆	http://lib.scu.edu.cn
西安交通大学图书馆	http://www.lib.xjtu.edu.cn
西北农林科技大学图书馆	http://lib.nwsuaf.edu.cn
兰州大学图书馆	http://lib.lzu.edu.cn
香港大学图书馆	http://lib.hku.hk
香港城市大学图书馆	http://www.cityu.edu.hk/lib
国立台湾大学图书馆	http://www.lib.ntu.edu.tw

附录 3　国外主要大学网址

哈佛大学	http://www.harvard.edu
麻省理工学院	http://www.mit.edu
加利福尼亚大学伯克利分校	http://www.berkeley.edu
康奈尔大学	http://www.cornell.edu
耶鲁大学	https://www.yale.edu
斯坦福大学	http://www.stanford.edu
德克萨斯大学	http://www.utexas.edu
纽约大学	http://www.nyu.edu
华盛顿大学	http://www.washington.edu
波士顿大学	http://www.bu.edu
芝加哥大学	http://www.uchicago.edu
伊利诺伊大学	http://illinois.edu
马里兰大学	http://www.umd.edu

宾夕法尼亚大学	http://www.upenn.edu
普林斯顿大学	http://www.princeton.edu
牛津大学	http://www.ox.ac.uk
剑桥大学	http://www.cam.ac.uk
利物浦大学	https://www.liverpool.ac.uk
爱丁堡大学	http://www.ed.ac.uk
伦敦大学	http://www.senatehouselibrary.ac.uk
多伦多大学	https://www.utoronto.ca
南洋理工大学	http://www.ntu.edu.sg
新加坡国立大学	http://www.nus.edu.sg
东京大学	http://www.u-tokyo.ac.jp
京都大学	http://www.kyoto-u.ac.jp
北海道大学	http://www.hokudai.ac.jp
名古屋大学	http://www.nagoya-u.ac.jp
大阪大学	http://www.osaka-u.ac.jp
首尔大学	http://www.snu.ac.kr
澳大利亚国立大学	http://www.anu.edu.au
昆士兰大学	http://www.uq.edu.au
墨尔本大学	http://www.unimelb.edu.au
巴黎第六大学	http://www.upmc.fr
巴黎第七大学	http://www.univ-paris-diderot.fr
慕尼黑大学	http://www.uni-muenchen.de
慕尼黑工业大学	https://www.tum.de
苏黎世大学	http://www.uzh.ch
苏黎世联邦理工学院	https://www.arch.ethz.ch
日内瓦大学	http://www.unige.ch

附录4　国内外主要搜索引擎

1. 常用搜索引擎

百度	https://www.baidu.com
必应	http://cn.bing.com
360 搜索	http://www.so.com

搜狗搜索	http://www.sogou.com
中国搜索	http://www.chinaso.com
豆瓣	https://www.douban.com
iconpng 搜索	http://www.iconpng.com
Yahoo!	http://www.yahoo.com
OpenFind	http://www.openfind.com
Excite	http://www.excite.com
Lycos	http://www.lycos.com
Webcrawler	http://www.webcrawler.com
Search	https://www.search.com
LookSmart	http://www.looksmart.com
HotBot	http://www.hotbot.com
MetaCrawler	http://www.metacrawler.com
Mamma	https://www.mamma.com
Dogpile	http://www.dogpile.com
InfoSpace	http://infospace.com
SavvySearch	http://www.savvysearch.com
BASE	https://www.base-search.net
skyscanner	https://www.skyscanner.net

2. 学术搜索引擎

百度学术搜索	http://xueshu.baidu.com
Google 学术搜索	http://scholar.google.com
微软学术搜索	https://academic.microsoft.com
CNKI 学术搜索	http://scholar.cnki.net
万方学术搜索	http://www.sciinfo.cn

附录 5　常见科技类英文文摘数据库

Advanced Polymer Abstracts
AGRICOLA
Analytical Abstracts
Biochemistry Abstracts
BioOne Abstracts & Indexes
BIOSIS Previews
Biotechnology Research Abstracts
Chemicals Abstracts
CAB ABSTRACTS
GeoRef
International Construction Database
Industrial and Applied Microbiology Abstracts
INSPEC（1898—present）
Materials Research Database
MathSciNet
Mechanical Engineering Abstracts
METADE
Methods in Organic Synthesis

Catalysts & Catalysed Reactions
Chemical Engineering & Biotechnology Abstracts
Chemoreception Abstracts
Composites Industry Abstracts
Conference Papers Index
CPCI-S
COS Conference Papers Index
Ecology Abstracts
Ei Compendex
EMBASE
Environment Abstracts
Environmental Sciences and Pollution Management
FLUIDEX（Fluid Engineering Abstracts）
GEOBASETM
Oceanic Abstracts
Pollution Abstracts
ProQuest Dissertations and Theses
RAPRA
Risk Abstracts
Sci
Scopus
Sustainability Science Abstracts
Technology Research Database
Textile Technology Digest
Transport Research International Documentation
Petroleum Abstracts
Water Resources Abstracts
Weldasearch

附录 6 常见科技类英文全文数据库

ASC
ACM
ACS
Advanced Technologies & Aerospace Database
Agricultural & Environmental Science Database
AGU
AIAA
AIP
American Society for Microbiology
AMS Journals
Annual Reviews
APS Journals
ASCE
ASME
Biological Science Database
Cambridge Journals Online
Directory of Open Access Journals
Earth, Atmospheric & Aquatic Science
IOS Press Journals
IWA
Japan Science and Technology
Kluwer
Knovel
Materials Science & Engineering Database
Morgan & Claypool Publishers
MSP Journals
Nature
NRC Online Journals
Oxford Journals
Oxford Scholarship Online
PQDT
Project Euclid
Royal Society Journals
RSC
SAE Digital Library
SAGE

Database
EBSCO
Ecological Society of America Journals Online
Elsevier-ScienceDirect
Emerald
GSW
Highwire Press
IEL
IGI Global
IMechE
INIS
International Press
IOP
Science Online
Scitation
SEG
SIAM Journals Online
SPE OnePetro
SPIE Digital Library
Springer Link
SRP
Taylor & Francis Journals
OSA
Wiley Online Library

附录 7　北京部分大学图书馆数据库资源一览表

数据库名称 大学图书馆	清华大学	北京大学	北京化工大学	北京交通大学	北京科技大学	北京林业大学	北京邮电大学	中国地质大学	中国矿业大学	中国石油大学	华北电力大学	北京航空航天大学	北京理工大学	北京工业大学
中国知网（CNKI）	√	√	√	√	√	√	√	√	√	√	√	√	√	√
万方数据	√	√	√	√	√	√	√	√	√	√	√	√	√	√
维普期刊资源整合服务平台	√	√	√	√	√	√	√	√				√		√
CSCD(中国科学引文数据库)	√	√			√		√	√		√	√	√	√	√
超星读秀	√	√	√	√	√	√	√	√	√	√	√	√	√	√
CPCI-S（科技会议录索引）	√	√	√	√	√		√		√	√		√	√	√
CA（SciFinder）	√	√	√		√									
Dialog	√	√	√	√	√		√	√		√				
EBSCO 平台	√	√		√	√	√	√	√	√	√		√	√	
EI（工程索引）	√	√	√	√	√	√	√	√	√	√	√	√	√	√
Emerald 期刊与电子书	√	√	√	√	√			√	√	√	√	√	√	√
ProQuest	√	√	√	√	√			√	√	√	√	√	√	√
SCI（科学引文索引）	√	√	√	√	√	√	√	√	√	√	√	√	√	√
Scopus 平台	√	√			√							√	√	√
Science Derect（Elsevier）	√	√	√	√	√	√	√	√	√	√	√	√		

续表

数据库名称 大学图书馆	清华大学	北京大学	北京化工大学	北京交通大学	北京科技大学	北京林业大学	北京邮电大学	中国地质大学	中国矿业大学	中国石油大学	华北电力大学	北京航空航天大学	北京理工大学	北京工业大学
Springer 电子期刊与图书	√	√	√	√	√	√	√	√	√	√	√	√	√	√
Taylor & Francis 电子期刊	√	√		√	√				√			√	√	√
Wiley 期刊	√	√	√	√	√	√	√	√	√	√	√	√	√	